低碳智库译丛

"十三五"国家重点图书出版规划项目

FINANCIAL POLICY FOR RENEWABLE ENERGY
AND A SUSTAINABLE ENVIRONMENT

Michael Curley

环境金融准则

支持可再生能源和可持续环境的金融政策

（美）迈克尔·柯利　著

刘倩　王遥　译

东北财经大学出版社
Dongbei University of Finance & Economics Press

大连

辽宁省版权局著作权合同登记号：图字06-2015-167号

图书在版编目（CIP）数据

环境金融准则：支持可再生能源和可持续环境的金融政策 / （美）迈克尔·柯利（Michael Curley）著；刘倩，王遥译.一大连：东北财经大学出版社，2017.1
（低碳智库译丛）
ISBN 978－7－5654－2617－9

Ⅰ．环…　Ⅱ．①迈…②刘…③王…　Ⅲ．再生能源-能源发展-金融政策-研究-中国　Ⅳ．①F426.2 ②F832.0

中国版本图书馆CIP数据核字（2016）第309626号

东北财经大学出版社出版发行
　　大连市黑石礁尖山街217号　邮政编码　116025
　　网　　址：http：//www．dufep．cn
　　读者信箱：dufep @ dufe．edu．cn
大连图腾彩色印刷有限公司印刷

幅面尺寸：170mm×240mm　字数：242千字　印张：18
2017年1月第1版　　　　　　　　　　2017年1月第1次印刷
责任编辑：李　季　石真珍　郭海雷　张晓鹏　责任校对：刘慧美
封面设计：冀贵收　　　　　　　　　　版式设计：钟福建
定价：46.00元

教学支持　售后服务　联系电话：（0411）84710309
版权所有　侵权必究　举报电话：·（0411）84710523
如有印装质量问题，请联系营销部：（0411）84710711

气候变化是当前人类面临的最大威胁，危及地球生态安全和人类生存与发展。采取应对气候变化的智慧行动可以推动创新、促进经济增长并带来诸如可持续发展、增强能源安全、改善公共健康和提高生活质量等广泛效益，增强国家安全和国际安全。全球已开展了应对气候变化的合作进程，并确立了未来控制地表温升不超过2℃的目标。其核心对策是控制和减少温室气体排放，其中主要是化石能源消费的CO_2排放。这既引起新的国际治理制度的建立和发展，也极大推动了世界范围内能源体系的革命性变革和经济社会发展方式的转变，低碳发展已成为世界潮流。

自工业革命以来，发达国家无节制地廉价消耗全球有限的化石能源等矿产资源，完成了工业化和现代化进程。在创造其当今经济社会高度发达的"工业文明"的同时，也造成世界范围内化石能源和金属矿产资源日趋紧缺，并引发了以气候变化为代表的全球生态危机，付出了严重的资源和环境代价。在全球应对气候变化减缓碳排放背景下，世界范围内正在掀起能源体系变革和转型的浪潮。当前以化石能源为支柱的传统高碳能源体系，将逐渐被以新能源和可再生能源为主体的新型低碳能源体系所取代。人类社会的经济发展不能再依赖地球有限的矿物资源，也不能再过度侵占和损害地球的环境空间，要使人类社会形态由当前不可持续的工业文明向人与自然相和谐、经济社会与资源环境相协调和可持续发展的生态文明的社会形态过渡。

应对气候变化，建设生态文明，需要发展理念和消费观念的创新：要由片面追求经济产出和生产效率为核心的工业文明发展理念转变到人与自然、经济与环境、人与社会和谐和可持续发展的生态文明的发展理念；由过度追求物质享受的福利最大化的消费理念转变为更加注重精神文明和文化文明的健康、适度的消费理念；不再片面地追求GDP增长的数量、个人财富的积累和物质享受，而是全面权衡协调经济发展、社会进步和环境保护，注重经济和社会发展的质量和效益。经济发展不再盲目向自然界摄取资源、排放废物，而要寻求人与自然和谐相处的舒适的生活环境，使良好的生态环境成为最普惠的公共物品和最公平的社会福祉。高水平的生活质量需要大家共同拥有、共同体验，这将促进社会公共财富的积累和共享，促进世界各国和社会各阶层的合作与共赢。因此，传统工业文明的发展理论和评价方法学已不能适应生态文明建设的发展理念和目标，需要发展以生态文明为指导的发展理论和评价方法学。

政府间气候变化专门委员会（IPCC）第五次评估报告在进一步强化人为活动的温室气体排放是引起当前气候变化的主要原因这一科学结论的同时，给出全球实现控制温升不超过2℃目标的排放路径。未来全球需要大幅度减排，各国经济社会持续发展都将面临碳排放空间不足的挑战。因此，地球环境容量空间作为紧缺公共资源的属性日趋凸现，碳排放空间将成为比劳动力和资本更为紧缺的资源和生产要素。提高有限碳排放空间利用的经济产出价值就成为突破资源环境制约、实现人与自然和谐发展的根本途径。广泛发展的碳税和碳市场机制下的"碳价"将占用环境容量的价值显性化、货币化，将占用环境空间的社会成本内部化。"碳价"信号将引导社会资金投向节能和新能源技术，促进能源体系变革和经济社会低碳转型。能源和气候经济学的发展越来越关注"碳生产率"的研究，努力提高能源消费中单位碳排放即占用单位环境容量的产出效益。到2050年世界GDP将增加到2010年的3倍左右，而碳排放则需要减少约50%，因此碳生产率需要提高6倍左右，年提高率需达4.5%以上，远高于工业革命以来劳动生产率和资本产出率提高的速度。这需要创新的能源经济学和气候经济学理论来引导能源的革命性变革和经济发展方式的变革，从而实现低碳经济的发展路径。

经济发展、社会进步、环境保护是可持续发展的三大支柱，三者互相依存。当前应对气候变化的关键在于如何平衡促进经济社会持续发展与管理气候风险的关系。气候变化使人类面临不可逆转的生态灾难的风险，而这种风险的概率和后果以及当前适应和减缓行动的效果都有较大的不确定性。国际社会对于减排目标的确立和国际制度的建设是在科学不确定情况下的政治决策，因此需要系统研究当前减缓气候变化成本与其长期效益之间的权衡和分析方法；研究权衡气候变化的影响和损害、适应的成本和效果、减缓的投入和发展损失之间关系的评价方法和模型手段；研究不同发展阶段国家的碳排放规律及减缓的潜力、成本与实施路径；研究全球如何公平地分配未来的碳排放空间，权衡"代际"公平和"国别"公平，从而研究和探索经济社会发展与管控气候变化风险的双赢策略。这些既是当前应对气候变化的国际和国别行动需要解决的实际问题，也是国际科学研究的重要学术前沿和方向。

当前，国际学术界出现新气候经济的研究动向，不仅关注气候变化的影响与损失、减排成本与收益等传统经济学概念，更关注控制气候风险的同时实现经济持久增长，把应对气候变化转化为新的发展机遇；在国际治理制度层面，不仅关注不同国家间责任和义务的公平分担，更关注实现世界发展机遇共享，促进各国合作共赢。理论和方法学研究在微观层面将从单纯项目技术经济评价扩展到全生命周期的资源、环境协同效益分析，在宏观战略层面将研究实现高效、安全、清洁、低碳新型能源体系变革目标下先进技术发展路线图及相应模型体系和评价方法，在国际层面将研究在"碳价"机制下扩展先进能源技术合作和技术转移的双赢机制和分析方法学。

我国自改革开放以来，经济发展取得举世瞩目的成就。但快速增长的能源消费不仅使我国当前的 CO_2 排放已占世界 1/4 以上，也是造成国内资源趋紧、环境污染严重、自然生态退化严峻形势的主要原因。因此，推动能源革命，实现低碳发展，既是我国实现经济社会与资源环境协调和可持续发展的迫切需要，也是应对全球气候变化、减缓 CO_2 排放的战略选择，两者目标、措施一致，具有显著的协同效应。我国统筹国内国际两个大局，积极推动生态文明建设，把实现绿色发展、循环发展、低碳发展作为基本途径。自"十一五"以来制定实施并不断强化积极的节能和 CO_2 减排目标及能源结构优化目标，并以此为导向，促进经济发展方式的根本性转变。我国也需要发展面向生态文明转型的创新理论和分析方法作为指导。

先进能源的技术创新是实现绿色低碳发展的重要支撑。先进能源技术越来越成为国际技术竞争的前沿和热点领域，成为世界大国战略必争的高新科技产业，也将带来新的经济增长点、新的市场和新的就业机会。低碳技术和低碳发展能力正在成为一个国家的核心竞争力。因此，我国必须实施创新驱动战略，创新发展理念、发展路径和技术路线，加大先进能源技术的研发和产业化力度，打造低碳技术和产业的核心竞争力，才能从根本上在全球低碳发展潮流中占据优势，在国际谈判中占据主动和引导地位。与之相应，我国也需要在理论和方法学研究领域走在前列，在国际上发挥积极的引领作用。

应对气候变化关乎人类社会的可持续发展，全球合作行动关乎各国的发展权益和国际义务。因此相关理论、模型体系和方法学的研究非常活跃，成为相关学科的前沿和热点。由于各国研究机构背景不同，思想观念和价值取向不同，尽管所采用的方法学和分析模型大体类似，但各自对不同类型国家发展现状和规律的理解、把握和判断的差异，以及各自模型运转机理、参数选择、政策设计等主观因素的差异，特别是对责任和义务分担的"公平性"的理念和度量准则的差异，往往会使研究结果、结论和政策建议产生较大差别。当前在以发达国家研究机构为主导的研究结果和结论中，往往忽略发展中国家的发展需求，高估了发展中国家减排潜力而低估了其减排障碍和成本，从而过多地向发展中国家转移减排责任和义务。世界各国因国情不同、发展阶段不同，可持续发展优先领域和主要矛盾不同，因此各国向低碳转型的方式和路径也不同。各国在全球应对气候变化目标下实现包容式发展，都需要发展和采用各具特色的分析工具和评价方法学，进行战略研究、政策设计和效果评估，为决策和实施提供科学支撑。因此，我国也必须自主研发相应的理论框架、模型体系和分析方法学，在国际学术前沿占据一席之地，争取发挥引领作用，并以创新的理论和方法学，指导我国向绿色低碳发展转型，实现应对全球气候变化与自身可持续发展的双赢。

　　本译丛力图选择翻译国外最新最有代表性的学术论著，便于我国相关科技工作者和管理干部掌握国际学术动向，启发思路，开拓视野，以期对我国应对全球气候变化和国内低碳发展转型的理论研究、政策设计和战略部署有参考和借鉴作用。

何建坤

2015年4月25日

2016 年，由中国担任主席国的 G20 首次将绿色金融写入 G20 峰会公报，推动形成了全球共同发展绿色金融的共识。同年，中国率先在全球推出了第一个比较完整的支持绿色金融发展的政策框架：《关于构建绿色金融体系的指导意见》。

绿色金融是指支持有环境效益的项目的金融服务，包括对环保、节能、清洁能源、清洁交通、绿色建筑等领域的投融资服务。绿色金融要求金融机构在贷款和投资决策过程中充分考虑环境因素，从而减少对污染性项目的投资，加大对环境治理项目的支持。

与绿色金融在全球迅速推进的实践相比，其理论研究的发展相对滞后。在本书中，迈克尔·柯利提出了一套环境金融（"环境金融"经常被视为"绿色金融"的同义词）的理论法则，并且与其 25 年的实践认知相结合，全面介绍和分析了环境金融领域一系列具有可操作性的政策选项，同时对这些政策在不同经济体中的实际和潜在应用进行了讨论。

在我国担任 G20 主席国并与各成员国一起共同倡导绿色金融的背景下，翻译和出版这本环境金融学著作恰逢其时。相信无论是政府和监管部门的工作人员，还是各类投资者、企业工作者、第三方服务提供者、教育工作者和志在投入该领域工作的学生都会从中获益。

尽管由于各国环境和金融政策的具体特点和背景不同，不存在适用于所有情景的"万能药方"，但充分理解金融体系和环境治理科学的基本原则，以及绿色金融所面临的共同挑战是十分必要的。中国作为最大的发展中国家，面临着前所未有的环境挑战，绿色金融在中国的发展前景十分广阔。一方面，我们要结合中国的实际情况，借鉴国际上前沿的绿色金融理论与实践。另一方面，我们也有责任为全球的绿色金融发展，尤其是新兴市场经济体的绿色金融发展，提供更具操作性的中国经验。

相信这本书会成为一座桥梁，将中国正在大规模开展的绿色金融实践与相关的国际理论与经验连接起来。

马　骏

中国人民银行研究局首席经济学家

中国金融学会绿色金融专业委员会主任

　　环境与发展可以说是当今世界面临的最重要的两大课题。即便是在欧美发达国家，如何更加有效地利用能源，在满足社会发展需要的同时，以人们普遍可以接受的方式和成本对环境加以保护，并借此实现可持续发展的目标，也是一项相当棘手的任务。对于经济已经保持了数十年高速增长的中国而言，这更是一个亟待求解的难题。中央财经大学长期从事绿色金融研究的团队慧眼独具，选择并翻译了迈克尔·柯利（Michael Curley）的这本《环境金融准则——支持可再生能源和可持续环境的金融政策》，令人耳目一新。

　　通览全书，给人印象最深的就是作者反复强调的环境金融的核心准则："环境金融的根本目标是以尽可能低的成本为最多的人提供最大的环境效益，而实现这一目标的方法则在于降低环境项目的成本。这也是环境金融的宗旨所在。"换言之，环境固然重要，但保护环境是有成本的，而且成本还不低。环境金融政策的目标就在于物美价廉地实现环境效益最大化。我认为这是极具启发性的理论，凝聚了本书作者在环保、金融、法律和政治等多个领域从业多年的感悟，实在难能可贵。

　　除了上述核心准则之外，书中还提出了20多条其他准则，并将这些准则划分为政策、管理、财政增收和融资等几大类别，兼具现实性和操作性。对于中国目前正在力推的绿色金融，以及与之密切相关的政府与社会资本合作（Public-Private-Partnerships，PPP）项目而言，这些准则的参考价值不容低估，有些准则或与之相似的原则其实也正在为我们所用。

　　以政策准则为例，本书强调政策规制和资金激励是相辅相成的，这与我们当前在为绿色金融保驾护航的同时，致力于构建绿色金融政策法规体系、严格控制金融风险的做法可谓异曲同工。以管理准则为例，本书主张所有信息均应网上公开，让政策和计划完全透明，以加强环保项目的合法性和问责机制，这与中国国务院、国家发展和改革委员会、财政部一直以来所重视并着力推动的 PPP 项目（包括但不限于涉及绿色金融的环保项目）信息公开制度建设，又何尝不是不谋而合？再以融资准则为例，本书提出的若干建议，如担保优于贷款、资金供给应覆盖资产的全生命周期、对环境服务进行全成本定价等，更是契合中国当下环保产业所处的法规、政策及融资环境的金玉良言，非常值得深入思考与借鉴。

近年来，中国在绿色金融领域的发展非常迅速，在理论与制度建设方面也颇有建树。值此绿色金融行业发展之良好契机，我们更有条件，也确有必要放宽眼界，广泛借鉴国际经验，以更好地指导我们的实践。"他山之石，可以攻玉。"本书的翻译和出版，使得中国国内相关领域的从业人员、专家学者，乃至政府工作人员均得以细致了解环境金融领域的最新研究成果和发展思路，善莫大焉。

刘世坚

北京市君合律师事务所合伙人

↘ 译者序

自 2015 年以来，绿色金融已经成为环境治理和金融市场的热点。2016 年，由中国担任主席国的 G20 首次将绿色金融写入 G20 峰会公报，推动形成了全球共同发展绿色金融的共识。同年，中国率先在全球推出了第一个比较完整的支持绿色金融发展的政策框架——《关于构建绿色金融体系的指导意见》。而目前国内关于绿色金融的书籍与资料仍然相对匮乏。为了更好地迎合这一需求，《低碳智库译丛》编委会组织引进了绿色金融领域最新、最有代表性的著作，相信对中国的政策制定者、从业人员以及渴求了解相关领域国际理论与实践进展的莘莘学子一定有所助益。

《环境金融准则——支持可再生能源和可持续环境的金融政策》一书的作者是曾担任国际环境金融中心（International Center for Environmental Finance，ICEF）创始人和执行董事的迈克尔·柯利（Michael Curley）先生。迈克尔·柯利在过去 25 年一直投身于环境金融领域。该书是以作者 25 年的从业经历和思考为基础展开的，可视为环境金融领域简洁易懂的手边读物。

作者在引言中对本书的主旨做了引导和提纲式的介绍，这里不再赘述，只简单分享一些译后感，抛砖引玉。

《环境金融准则——支持可再生能源和可持续环境的金融政策》围绕如何制定有效的环境金融政策主题展开，关注的问题包括：如何以最小的代价筹集更多的环保资金并改变人们的行为方式；如何明智地使用资金以获得更高质量的生活；如何根据科学而非政治来进行融资决策；如何以最符合成本效益原则的方式设计和执行环境金融项目等。

"环境金融"这一术语本身就是一个值得讨论的新概念，哪些才是"环境金融"亟待解决的独特问题？如何衡量环境金融政策是否"有效"？

作者在本书开篇就澄清了这两个关键问题。几乎所有和环境治理有关的项目都是通过项目融资筹集资金，环境融资的目标是成本最小化而不是收益最大化。传统金融强调的是投资收益最大化。一个商业项目因为缺乏资金支持而流产是符合市场规律的，而一个环境公共事业类项目是否成功关乎其服务区域内人民的环境福祉，这类项目由于环境外部性导致的市场失灵无法有效地获得资金支持，为这类项目筹集资金是环境金融最初面临的问题。因此，与传统金融追求投资收益最大化的单一目标不同，环境金融的另一核心目标是以尽可能低的成本为最多的人创造最大的环境效益。

实现这个目标的核心路径是降低环境项目成本。创造优质的环境需要资金投入，而且资金数额可观，尽管我们每一个人都很重视我们的生存环境，但并不情愿为此支付资金乃至付出时间和行动改变现有的生活方式。因此，如何有效地降低环境项目成本，为转变行为提供有效激励就成为实现金融环境效益目标的核心途径。

降低环境项目成本不能仅仅依靠融资需求与融资途径有效匹配，作者根据其25年的从业经验和长期思考，从财政增收、政策制定、金融工具选择以及项目治理四个维度创造性地提出了环境金融的23条准则。反观国内环境金融的发展，必然也离不开政策法规、治理结构的完善以及金融创新和能力建设等多个方面的统筹配合，这必定是一个需要不断优化协调的系统工程。

2013年诺贝尔经济学奖获得者罗伯特·席勒教授在其著作《金融与好的社会》中写道："金融是一门研究目标构成的科学。金融学本身并不包含一个特定的目标，其存在是为了帮助实现其他的目标，即社会的目标，从这个意义上讲，它是一门功能性的科学。"据此，环境金融即是一门运用金融法则公平、高效地实现特定环境目标的科学。一般而言，虽然不同媒介、地域的环境问题存在很大的差异，但治理方案的资金支持架构基本上都遵循统一的法则。如果资金支持的交易结构不同，金融解决方案就会存在范式上的区别。

传统的城市污水处理、垃圾焚烧、污染地块修复等大型点源治理项目多为公共设施，项目资金规模非常大。这类大型公共项目融资难度较低，中央政府和地方政府都有很好的信誉，在金融市场较为成熟的国家和地区，可以通过滚动基金发放委托贷款、建立担保基金或发行市政债券等方式融资；发展中国家的项目主要依赖本国银行业或国际发展银行的优惠贷款，近期也正在发展PPP等股权融资模式。

而像居民安装太阳能电池板、新型隔热门窗，飓风多发地的建筑加固等绿色建筑项目，以及建设可透水路面、农业非点源污染治理、安装汽车尾气处理装置等与大众健康直接相关的非点源污染治理项目，则是涉及几百甚至几千个小型借款人的私人项目。这类项目污染源量大、覆盖面广，每个项目的资金额度偏低，借款人的信用额度偏低，如果为这些项目单独申请贷款，则基本上每一项都是劣质信贷。如何寻找资金来激励人们自愿参与这样的项目是环境金融目前面临的最大障碍。

作者以美国的房屋评估清洁能源计划（Property Assessed Clean Energy，PACE）为例，介绍了美国通过发行市政债券为居民更换新能源设备提供资金激励的成功案例。如果某居民自愿参与了PACE项目，就可以在自家屋顶安装太阳能电池板后拿着账单到市政厅领取支票，并可以在未来的20年通过交房产税的方式偿清资金。引入"资产评估"是因为市政府运用资产抵押的手段获得贷款保证。以政府代替成千上万的小信用机构贷款的方式能够得到还款期限更长、利率更低的贷款，从而降低每户转换能源利用方式的成本。而更换太阳能电池板后，每户每月节约的电费足以支付每个月市政债券还款额，这使得该项目在伯克利市启动的第一年就获得了超额认购。这种方案可以用于向很多分散的、小型的环境治理项目和应对气候变化项目提供资金。

除此之外，作者还在书中详细介绍了如何通过增信方式降低贷款利率或延长贷款期限以降低年度偿还额，为治理非点源污染、促进环境友好型产品的发展提供了可资借鉴的融资模式。如今我国在绿色建筑、能源、交通等多个领域都面临着由传统的补贴模式向多元化资金支持转型的问题，如何结合国情，充分发挥各金融主体的功能并突破外部障碍，为不同融资结构的环境项目提供相应的解决方案成为各个地区需要逐一破解的难题。

决策部门、学术界甚至媒体以往关注的焦点都是如何制定环保政策，很少聚焦政策资金从何而来、如何高效运用这些资金以确保达成既定目标。这从一个侧面说明绿色金融的发展有赖于政府治理理念的转型和治理机制的完善。以往以命令控制加财政补贴为主的治理模式主要适用于解决传统的大型工业污染源的污染问题，在面对成千上万分散的小企业、农业非点源污染、亿万化石能源终端消费者，以及各个地区不断爆发的生态危机与环境退化时，这种模式的治理边际成本正在升高，显现出增效乏力的势头。

中国绿色金融体系的建立意味着环境部门将由"直接监管者"向"信息提供者"和"信用提供者"转型。政府部门的主要角色不再集中于设定具体的环境标准并加以执行，而是要明确环境政策、决策最迫切需要的信息，通过最有效的方式提供权威的环境信息数据和分析模式，以公众可理解的方式对这些数据进行加工，并以免费的方式向社会公开，从而为全社会监督环境质量变化和环境项目成效提供权威、快捷、界面友好的信息平台和信息充分的环境氛围。同时，无论是以PPP模式组织新型环境基础设施的多元化融资，还是为信用额度较低的小型私人部门和环境友好型产品的开发、推广新的融资模式，都离不开政府及其相关机构的信用支持。而政府部门作为权威的"信息提供者"及"信用提供者"，这两个角色也是相互促进的。环境项目筛选、决策、运营等各方面信息的透明度越高，政府的信用基础就越有保障；而信用基础越有保障，消费者、非政府组织及企业参与环境监督、治理和与政策落实的驱动力就越强。

此外，传统条块分割式的治理结构导致环境部门长期以来更擅长处理单一介质的污染问题，对于具有复合性、跨区域、污染主体高度分散等特征的复杂环境问题缺乏高效的治理机制，且缺乏与能源、农业、交通、金融、国际事务等部门沟通解决跨部门、跨区域问题的适当协调机制。事实上，在社会经济系统发展日益复杂的背景下，这也是各个部门普遍面临的一个问题。我国金融监管部门、各类金融机构中具有综合性投资管理能力的机构也非常少见，尤其缺乏能够为环境金融决策提供财政承受能力、税收体系健康度和偿还能力等方面的评估，以及提供成本效益分析、融资渠道筛选、风险分担机制、违约控制机制筹划的具有多方面运营能力的机构。

　　美国白宫和国会于1970年7月共同成立了国家环保署。1989年，环保署正式成立环境金融咨询委员会（Environmental Financial Advisory Board，EFAB）并召开第一届启动会议，设立了包括公共部门环境金融选择、税收政策障碍、小社区金融策略和促进私人部门提供环境服务在内的四个主题工作组。自20世纪90年代末起，EFAB以赠款项目在全美支持建设环境金融中心（Environmental Financial Center，EFC）。在最新的2015年竞标中，EFAB出资200万美元，资助包括南缅因州大学、马里兰大学在内的8所大学和1个乡村社区援助公司建立环境金融中心，并为每个中心划分了服务的地理范围。环境金融中心的目标不仅仅是为所服务的地区争取环境补助或贷款，更重要的是帮助区域评估环境项目规划，实施可持续的环境投融资机制，策划税收方案，扩展新的资本来源，并在该过程中逐步拓展合作伙伴和社区参与水平。由于环境问题的跨区域特性，EFC通常需要为处理跨区域问题构建跨区域或囊括私人和公共部门等众多参与主体的对话机制。这些机构大部分都以大学为实体，主要是因为中标的大学研究机构拥有环境、金融、法律、技术等多方面的专家，并长期从事环境投融资的研究，能够以较为独立的方式与所在社区、企业、NGO和居民形成很好的互动关系，便于深入追踪服务区域面临的问题，更好地为持续性的环境融资提供更具针对性的创新服务。

　　"他山之石，可以攻玉。"在本书中，作者以简洁明快的方式向我们展示了美国如何在尊重环境规律、金融法则的前提下创造性地解决资金缺口扩张与环境治理成本上升之间的激烈矛盾。本书将永远在我们的书架上占有重要的一席之地，因为每一章都可以引申出一系列有趣的、值得深入思考的问题。例如，目前我国现有的金融产品或工具是否足够解决从国家到地方层面的绿色融资需求，并满足流动性、风险分担或转移等多方面的需求？在目前的绿色金融试点中，是否可以尝试引入绿色金融中心，以理顺开展绿色金融的全流程措施并促进财政、金融政策、治理结构的相应调整？如何建立我国的绿色金融实施方案、管理流程及评价机制？相信这本书会成为善于学习和思考的读者的灵感之源。

我们十分荣幸成为这部经典著作的主要译者。在长达一年的翻译过程中，我们建立了由中央财经大学气候与能源金融研究中心、中央财经大学绿色金融国际研究院的优秀青年学者和学生组成的译者团队，通过系统研读全书，以讨论班的形式分享各章节的核心内容，向业内专家请教专业意见，多次讨论、修订书稿，力求准确表达本书内容的精华，并便于读者理解。本书已经正式成为中央财经大学气候与能源金融研究中心讨论班的参考书以及中央财经大学经济学院环境经济学硕士研究生的"环境金融"课程教材。

非常感谢中央财经大学气候与能源金融研究中心主任助理、财经研究院许寅硕博士，新西兰驻华使馆经济政策研究官员江蓓蓓，北京理工大学能源与环境政策研究中心王琼，康奈尔大学公共事务学院MPA金哲昊，清华大学经济管理学院硕士冯泽京，中央财经大学财经研究院硕士孙司宇，中央财经大学金融学院硕士研究生曹畅、任佳宁、伊科拉木·麦麦提、马玉宝及本科生吴若广、董子源等，他们参与了本书的翻译、讨论和校对工作。

特别感谢清华大学低碳能源研究院院长、国家应对气候变化专家委员会副主任何建坤教授的指导！特别感谢中国人民银行研究局首席经济学家马骏博士长期以来对我们开展绿色金融研究的关切，对本书提出中肯的修改意见，并为本书作推荐序。感谢北京市君合律师事务所合伙人刘世坚律师在百忙之中阅读全书并提笔作序。台北大学施懿宸教授对译稿提出了专业的修改建议，并进行了最终的校对，对此我们深表谢意！感谢迈克尔·柯利先生第一时间满怀激情地为中国读者发来序言。感谢能源基金会低碳发展项目主任胡敏及其同事，以及东北财经大学出版社国际合作部李季主任对出版本书给予的支持。感谢中央财经大学财经研究院的领导和同事对环境金融研究团队的长期培育和支持。感谢所有牺牲休息时间参与本书研读讨论和翻译的老师、同学及其家人！

刘倩　王遥

　　随着全球人口数量的不断增长和发展中国家经济规模的扩张，到2050年，全球能源需求量将是现在的2~3倍。美国的研究数据显示，预计到2050年，世界人口将从现在的72亿上升到90亿以上。伴随着人口的增长，对有限的自然资源的需求量也将持续增加，并导致能量消耗量显著增长。地球上所有的生命都依赖于能源和碳循环。低廉的能源资源对于经济社会的发展、食物的生产、水的供给以及可持续的健康生活都是非常重要的。为了防止在获取能源资源时造成长期负面的或是潜在的不可逆的影响，我们必须探索能源生产和消耗的方方面面，包括能源效率、清洁能源、全球碳循环、碳源碳汇、生物质能等，以及它们与气候和自然资源的关系。对于能源的了解使得人类与其祖先相比，以不可想象的速度繁衍生息。全球对于化石能源的依赖大约始于200年前。汽油被我们用光了吗？并没有，但可以肯定的是，20世纪50年代以来，我们正在逐步耗尽有限的石油资源，以促进世界经济的发展。我们知道如何回收再利用并获得运转发电厂，驱动飞机、火车和汽车的化石能源，于是我们开始据此对碳循环体系予以修正，以减少额外的温室气体排放。由此，也引发了对一系列问题的争论，包括化石能源的可获得性，石油使用的峰值时期何时到来，化石燃料时代可预期的终结时刻，能源价格及其对环境的影响等；也包括各种可再生能源及其运用，碳足迹和碳排放，还有碳排放的控制，例如总量限制与配额交易机制，以及"绿色能源"的出现等。

　　我们现在的消费在很大程度上依赖于石油在移动交通工具上的应用，以及煤、天然气、核能或水力在固定设备上的应用。为了从更综合的角度研究解决能源问题，需要考虑资源的复杂性。任何能源资源，包括油、气、煤、风、生物质等，都是复杂供应链中的一个元素，也应该放到整个生产和消费的链条中去考虑。系统中的所有元素都是相互关联和相互依存的。比如说，关于石油，我们要考虑到包括勘查、钻探、生产、运输、水的使用和生产、精炼、炼油厂产品和副产品、废物、环境影响、分配、消费/应用以及最后的排放在内的各种因素。任何一个环节的效率低下都可能影响到整个系统，任何一个环节中断都可能造成很大的干扰和很高的成本。正如我们以前所经历的，勘探的中断会导致生产中断、精炼和分配受到限制以及消费短缺，这也可能成为推进氢能作为移动能源的主要阻碍。因而，任何解决能源短缺问题的建议都需要进行谨慎的评估。

尽管我们付出了大量的努力，以提高能源在运输和使用中的效率，前方还是面临着很多挑战。人口增长、新兴经济、能源利用方式的创新和发展均受到有限的自然资源量的限制。所有解决能源短缺的方法都是有风险的。这些风险来自于技术混战、市场需求改变、经济驱动力以及其他方面。如果解决能源问题的提议中包含了未经测试的可替代能源，风险将尤为显著。

化石能源的排放导致的气候变化及其产生的灾难性后果令人甚为担忧。在过去 50 年里，尽管能源效率有所提高并惠及更多人群，但全球累计温室气体排放也在急剧增加。很多人建议提高能源利用效率、节约能源以减少温室气体排放，避免灾难性的气候变化。然而，种种原因使得能源效率的提高并没有减少温室气体的排放，对大气中温室气体的构成也没有带来显著影响。尽管人们对能源使用和温室气体排放之间的关系仍然存在很大争议，但仍有办法能够在生产能源哪怕是利用化石燃料产生能源的同时控制温室气体排放。我们也有新兴技术与设计方案，将来可以真正实现对大气构成的管理，这需要我们在对新的技术有深刻了解的同时谨慎地加以利用。

事实上，我们需要退一步，再次审视我们在能源使用中扮演的角色和我们对能源使用的理解。以往对温室气体排放的微观管理办法在长期来看既不适用也没什么效果。在未来的几年，我们需要也一定会产生更多的确定可以影响碳循环的方法。对于碳循环的修正意味着我们应该关注所有管理温室气体排放的选择，包括生产、消费和处理能源的多种方法。我们需要积极面对现实并努力搜寻可选择的方法。技术似乎可以帮上忙，但并不总是奏效。我们所提出的建议不应该是"直接而快捷的方法"，而应该是一个建立在坚实的科学研究基础上，运用了积极的调查研究，并且处于不断发展之中的、全面的、长期的（10年、25年，甚至超过50年的）方法，且新的方法也应该可以整合运用到现有的能源链当中。同时，我们必须持续寻找能够提高能源的热、电转化率的方法。

界定可持续发展较为合理的一个维度就是包括能源在内的有限资源长期的、能承受的可获得性。可持续发展有很多的限制因素。最大的限制因素就是能源生产、制造业和农业生产过程中对水资源的竞争以及在消费和发展中清洁水资源的短缺。可持续发展也依赖于地球上有限的肥沃的土壤。可以预见，在不远的将来，修复和构建肥沃的土壤将成为可持续发展的重要任务之一。我们需要集中讨论自然资源保护的动机、经济性、好处和技术进步在影响可持续发展中具有的局限性。换言之，我们面对的问题是，海中可以捕捞的鱼的数量是有限的，而不是我们没有更大的船只和质量更好的渔网。因此，可持续发展的路径不能仅仅建立在提升技术水平的基础上，对于化石燃料而言尤为如此。我们需要综合考量，对能源使用以及以碳和水文地质循环为代表的碳、水和地球生命体系的管理统筹考虑。控制大气中的温室气体面临巨大挑战，需要跳出常规的思维，利用创新的方法、想象力和大胆的工程项目以实现可持续发展的目标，需要巧妙地探索更多的能源并且将其与控制温室气体整合起来。

能源的可持续发展和应用对于社会的可持续发展具有重大意义。因此，我们需要考虑能源选择的方方面面，包括对绩效和既定标准的权衡、基本的经济性与效益的比较、效率、加工和使用要求、基础设施要求、补贴和信贷、废弃物与生态系统以及无法预料到的对于自然资源和环境产生的影响等。而且，我们的考虑应包含所有的变化，根据未来用于替代的可再生能源、经过改进和提升的化石能源的发展现状和未来趋势，评估资金投入和其他自然资源投入等问题，勾勒未来能源运用的图景。例如，水就是我们需要重点考虑的一项主要的自然资源投入。水与能源、环境以及可持续发展具有复杂的关联性，水在美国西部特别是西南地区是非常珍贵的资源，且对能源及其替代品的生产都有重要的影响。

我们围绕可替代能源和环境这一主题推出一系列著作，其主要动力来自于美国国内围绕相关主题开展的一系列讲座以及目前各大校园中正在开展的以能源、环境、诸如水之类的自然资源等为主题的宣讲活动。如果这些元素之间的相互关联和相互影响为人们所熟知，大家也就更容易就把可替代能源资源整合并运用于能源矩阵中的观点达成一致。此外，随着可再生技术在美国许多州、全美甚至全球范围内的不断推进，对于见多识广和训练有素的人力资源的需求也就更加迫切，由此也催生了一批相关领域的大学、社区学院、为未成年人设立的贸易学校以及颁发证书的课程项目，甚至在一些地方设置了可再生能源和可持续发展专业。随着该领域的不断发展，还需要越来越多的训练有素、可以将所学技能运用到日常工作之中的经营者、工程师、设计师和建筑师。我们每天都会收到传单、电子邮件和短信，有各种短期的为对太阳能、风能、地热能、生物质能等感兴趣的人群提供的课程，这些培训资源均可以进一步推动他们的个人事业，为他们提供与金融部门、政府和产业组织沟通所需要的资源。

基于对该领域的以上了解，我下了很大功夫，找到了一套完整的、能够非常合理地阐明替代能源的书。这些书既能填补目前相关专业教学大纲的不足，有潜力发展为未来的大学课程，又可以作为致力于在相关领域工作的人的参考资料。我找到了能源、能源系统、天然核反应、可再生能源保护等方面的书籍，也找到了自然资源的可得性、使用以及对能源和环境的影响等方面的书籍。详细阐述和涉及多种主题的书籍还是很少。于是，我们启动了这套书，讲述特定的可再生领域的技术。目前已经出版的主要是有关风能、太阳能、地热能、生物质能、水能的教科书，其他一些仍在编写。我们的目标读者是高年级的本科生和研究生，有很好的科学和数学基础、对行业又有一定了解的人士，参与设计、开发可再生能源的实体单位，以及愿意为其科学家和工程师、咨询组织和资料室提供更多参考资料的个人和组织。除了基础内容外，每本书还设计了一系列数值和概念性的问题，旨在激励读者进行创造性的思考和提出新的问题解决方案。

　　在这里还要向我的妻子马里亚姆（Maryam）表达深深的谢意，她是我的激励者同时也是一个充满智慧的陪伴者，更多的时候是我努力工作的"受害者"。她的帮助、鼓励、耐心以及参与对于丛书的完成意义重大。

阿巴斯·加塞米博士
于新墨西哥州拉斯克鲁塞斯

本书不是传统意义上的教科书。在这本书里，你看不到枯燥的事实陈述和乏味的理论堆砌。我对环境金融问题的研究和思考始于25年前，在这期间目睹过很多骇人听闻的案例，这本书就是以我多年的见闻和亲身经历为基础展开的。

我曾经在华尔街工作，深知商界如何高效地处理金融问题，这种金融市场的高效率正是政府需要借鉴的。

在任职于华尔街之前，我也有过在纽约州从政的经历。如温斯顿·丘吉尔（Winston Churchill）所说，"民主并不是什么好东西，但它是我们迄今为止所能找到的最好的一种制度"。他也说过，"你到街上去找一个普通选民聊上5分钟，就能找到反对民主的最好理由"。我并不是一个愤世嫉俗的人，但也清楚地觉察到，因为政治的需要，将商业领域内的高效率运用到环境金融中的美好愿景总是受到打压。我理解为什么州立法者会给一个补贴项目投票，即使执行这个项目意味着浪费和蛮干。虽然我对他们的选择深表同情，但仍然会坚决指出这些行为的愚昧之处。

写书期间，有同事询问书名，我回答这是一本有关**"支持可再生能源和可持续环境的金融政策"**的书，他们无一例外都会开玩笑地反问："你什么时候开始虚构小说了？"他们的反应在我的意料之中，因为目前确实没有关于可再生能源的金融政策，也没有关于环境可持续发展的金融政策。

当我教授环境金融学这门课时，我常常开玩笑地告诉我的学生，给他们讲课的是这个世界上最伟大的环境金融学专家……不是有句老话嘛："蜀中无大将，廖化作先锋！"

这句玩笑话不无道理。在过去25年里我一直在践行我所定义的"环境金融"，这期间还从没遇到过其他人也致力于这一事业。在与美国环境保护署（以下简称环保署）合作25年后，我可以负责任地估计，美国环保署1.7万多名雇员中不超过千分之一——也就是大概17人了解什么是环境金融。请别误会，美国环保署的每位员工都是相当优秀的，而且毋庸置疑，他们都一直致力于改善环境质量。只是他们中的绝大多数人，甚至这个国家的多数人，都认为环保署仅仅是一个规制机构。而事实上，它也是世界上最具规模和最为成功的环境金融项目的孵化基地。环保署的工作人员深谙"大棒"类的管制政策，却对与之密不可分的"胡萝卜"类激励措施知之甚少。

环境金融学是一门关于如何以尽可能低的成本为最多的人创造最大的环境效益的学科。之所以强调这句话，是因为这是整本书中最重要的一句话。本书第2章列出了环境金融的23条基本准则，这句话是其中最基本也是最重要的第一条准则，我们会在后文反复提及。

因此，这本书的核心内容也是如何以尽可能低的成本为最多的人创造最大的环境效益。若想在人口越来越稠密的地球上提高环境质量，代价将是高昂的。用可再生能源代替化石燃料也同样会是一个曲折的过程。但是，这是两个必达的目标，而且我们要以尽可能小的代价实现这两个目标。

令人欣慰的是，在中国，中央财经大学已经有意使用本书作为授课教材。中国也已经有很多可以向全球展示的环境金融实践。

2015年4月22日，中国金融学会绿色金融专业委员会（Green Finance Committee，China Society for Finance & Banking，GFC，以下简称绿金委）正式成立。绿金委设立在中国人民银行领导的中国金融学会下，以2014年7月由中国人民银行研究局牵头设立的中国绿色金融工作小组为基础，其宗旨是从事绿色金融研究、推动绿色投融资产品与服务创新、在机构投资者中形成绿色投资理念和强化能力建设，以及推动绿色金融政策在各部门实施。在短短的一年半时间内，绿金委已经发展成为有168家机构成员的组织。这些机构成员管理的金融资产已达120万亿元，约占中国金融业总资产的65%，且持续有新会员申请加入。

如前所述，中国已经有很多可以向全球展示的环境金融实践，没有其他任何国家在应对绿色投资挑战方面能够前进得如此深远。欧洲和西半球国家都没有像绿金委这样拥有如此广泛的成员，致力于探索新的投资范式，以实现优质的人居环境的机构。在此，也对中国人民银行、绿金委以及中国人民表示我诚挚的祝贺。

《环境金融准则——支持可再生能源和可持续环境的金融政策》一书讲述了如何制定有效的环境金融政策；如何以最小的代价筹集更多的环保资金并改变人们的行为方式；如何明智地使用资金以获得更高质量的生活；如何根据科学而非政治来进行融资决策；如何以最符合成本效益的方式设计和执行环境金融项目；如何制定政策，才能实现以尽可能低的成本为最多的人创造最大的环境效益的目标。

如前所述，目前可再生能源和环境可持续发展领域还没有相关的金融政策，这是美国大部分州、美国联邦政府乃至全球的普遍情况。这并不奇怪，美国甚至都没有能源政策，更遑论可再生能源政策。有些人追求廉价的能源和能源安全（独立），也有人希望更多地使用可再生能源和清洁能源。但无论可再生能源还是清洁能源，都是十分昂贵的，只有通过补贴才可能使群众的态度由大范围反对转为广泛接受，而补贴的钱从何而来又成为一个亟待解决的问题。政府要拆东墙补西墙，但谁也不愿为此事买单，提高任何税费或增加新的税种都是人们不愿意看到的。许多人担心使用可再生能源会使能源安全受到威胁，这种担心并不是杞人忧天。如果我们只能依赖可再生能源，那未来很长一段时间都无法实现能源安全，短期的能源安全更无法得到保障。

基于此，本书指出了为提高环境质量而融资所面临的问题。更重要的是，本书提出了人们当前亟待采取的行动，以确保我们的后代能享受高质量的环境。

最后，我想鼓励中国所有从事环境金融的同行在思考和践行环境金融时应不忘跨越国境的界限。如我前面所说，绿金委及其实施的行动在全球范围内都是史无前例的。我们希望了解你们在做什么，我们需要向中国学习。因此，请与世界分享你们在环境金融领域的行动和进展，向世界各国展示中国为推动绿色投资所做出的巨大努力。

　　如我所说，中国在绿色投资领域的成就已经遥遥领先。对于中国所取得的成就，我表示衷心的祝贺。同时，我也希望未来能够了解更多关于中国绿色投资的实践与进展情况！

　　祝您阅读愉快！

↘ 致 谢

在撰写本书期间，我会在需要建议和帮助的时候咨询一些朋友，他们都无比慷慨地给予我宝贵的意见和帮助，在此表示衷心感谢。

首先，感谢我超过20年的老朋友——约翰·J.博兰（John J. Boland）博士。约翰是环境经济学领域的专业工程师，约翰·霍普金斯大学（Johns Hopkins University）的退休教授。他在约翰·霍普金斯大学任教超过40年，发表文章150多篇，出版著作4部，并为世界各地的环境基础设施建设项目提供咨询。他在美国环保署的环境金融咨询委员会工作了6年。约翰知道我想知道的任何事。

下一位要感谢的是佳格·胡曼（Jag Khuman）（排名不分先后）。他是马里兰州水质量融资管理局的主管，负责运转马里兰州最成功的清洁水州立滚动基金和安全饮用水滚动基金。佳格是工程师，拥有路易斯安那大学（Louisiana University）的工商管理硕士和理学硕士双学位，了解有关环境基础设施建设以及为其融资的任何事情。

保罗·K.马尔凯蒂（Paul K. Marchetti）自1988年以来一直担任宾夕法尼亚州基础设施投资管理局（Pennsylvania Infrastructure Authority，Pen-nVest）的执行董事。投资管理局处理政府所有的基础设施建设融资事务。保罗拥有马里兰大学（University of Maryland）的经济学博士学位，并且在1994—1996年间担任基础设施融资理事会（Council of Infrastructure Financing Agencies，CIFA）的主席。基础设施融资理事会是美国国内102家清洁水和安全饮用水滚动基金的联合协会。保罗是政府里的企业家。许多州都在拼命应付营养物信用交易（Nutrient Credit Trading Program）的关键问题。大部分地区都仅仅止步于有限的点源交易，而保罗开发了全美第一个包含点源与非点源在内的、全面成熟的营养物信用交易计划。

　　我接触空气质量问题的研究比较晚，之后才开始了解气候变化问题。罗伯特·K.布伦纳（Robert K. Brenner）是这些领域的专家。罗伯特拥有普林斯顿大学伍德罗·威尔逊学院（Princeton University's Woodrow Wilson School）的经济学与公共政策学士和硕士学位。他教给我很多我不知道的东西。在他所拥有的众多职位中，最著名的可能是1988—2011年间担任美国环保署政策分析与评估办公室（EPA's Office of Policy Analysis and Review）的主任。他对1990年《清洁空气法案》（Clean Air Act，CAA）修订案的颁布和生效起到了关键作用，这也是在过去25年里影响最深远的环境法规。罗伯特在1993年、1998年、2003年分别获得了乔治·H.W.布什、比尔·克林顿、乔治·W.布什等历任总统的奖励。

　　最后要感谢的是道格·西格林（Doug Siglin）。他对人类在维护环境质量斗争中展现的人性化的一面和政治化的一面都有清晰的认识。他非常了解环境金融对联邦预算和个人家庭预算的影响。道格最初是美国和平护卫队（Peace Corps）的一员，志愿参加过刚果民主共和国清洁水系统的建设，之后在人道主义组织美国援外合作署（Cooperative for American Relief Everywhere，CARE）理事会任职。他从一名国会工作人员起步，并逐步负责包括大自然保护协会（Nature Conservancy）、世界自然基金会（World Wildlife Fund，WWF）、非营利环保组织"美国河流"（American Rivers）、切萨皮克湾基金会（Chesapeake Bay Foundation）在内的四大主要环保组织在华盛顿的工作。2001—2013年，道格担任切萨皮克湾基金会的华盛顿代表和华盛顿特区办事处主管。

↘ 作者简介

迈克尔·柯利（Michael Curley）作为一名执业律师，大部分职业生涯都专注于金融领域，尤其在过去的25年里一直投身于环境金融。他目前是华盛顿环境法律学会的访问学者。2012—2013年间，他担任乔治·华盛顿大学商学院（George Washington University School of Business）的客座教授，教授"能源、环境法律和环境金融学"这门课。

柯利是国际环境金融中心（International Center for Environmental Finance，ICEF）的创始人和执行董事。国际环境金融中心由美国环保署拨款300万美元建立，在过去10年间致力于在前苏联国家、中美洲和亚洲建立和开发环境基础设施建设的金融体系和气候变化项目。他为许多政府机构和非政府组织提供咨询建议，包括世界银行（World Bank，WB）、北大西洋公约组织（North Atlantic Treaty Organization，NATO）、亚洲开发银行（Asian Development Bank，ADB）、全球环境基金（Global Environmental Facility，GEF）、美国国际开发署（US Agency for International Development，UNAID）、联合国环境规划署（United Nations Environment Program，UNEP）、世界资源研究所（World Resources Institute，WRI）、全国城市联盟（National League of Cities，NLC）和英国壳牌石油基金会（Shell Oil Foundation，SOF）等等。

柯利也是金融担保业的先驱。在20世纪80年代，他筹集风险投资建立了全球第三家金融担保公司，并担任董事长和首席执行官，直到后来他将这家公司卖给汇丰银行。

柯利还担任纽约州经济开发银行（New York State's Economic Development Bank）、纽约就业发展局（New York Job Development Authority）的董事长和首席执行官。同时，他还是纽约州经济发展局（New

York State Department of Economic Development）的副局长和总顾问，以及纽约州的风险投资机构——纽约州科技基金会（New York State Science and Technology Foundation）的顾问。在那之前，他还担任纽约州众议院的议员以及发言人的法律顾问。在职业生涯的早期，他曾在华盛顿特区担任国会议员理查德·D. 麦肯锡（Richard D. McCarthy）的助理。1979 年离开政府部门后，他成为谢伊古尔德（Shea & Gould）律师事务所的合伙人。

1993 年柯利撰写的教科书《供水和污水处理系统的项目融资手册》，由刘易斯出版社出版。他也曾撰写过环境金融学的专著，发表文章 30 多篇。他在马里兰大学、克利夫兰州立大学（Cleveand State University）和雪城大学麦斯威尔学院（Maxwell School at Syracuse University）建立了环境金融中心。同时，他还是约翰·霍普金斯大学的高级讲师，讲授能源和环境领域的金融、法律课程。除此之外，他还是纽约大学（New York University）银行金融系的兼职教授，讲授风险资本、资本市场和投资银行方面的课程，在佛蒙特法学院（Vermont Law School）讲授环境金融和法律课程。1990 年，美国环保署任命柯利加入环境金融咨询委员会，在 4 届总统任期内供职 21 年。他还是国际农村水利基金会（International Rural Water Foundation）的董事会成员，以及马里兰州州长马丁·奥马利过渡小组（Maryland Governor Martin O'Malley's Transition Team）的环境金融和预算分委会（Environmental Finance and Budget Subcommittee）的共同主席，并担任马里兰-亚洲环境伙伴关系（Maryland-Asia Environmental Partnership）的咨询委员会成员，同时也是马里兰州主教管区全球行动委员会（Global Missions Committee of the Episcopal Diocese of Maryland）的成员。马里兰州前州长威廉·唐纳德·舍费尔任命他为切萨皮克支流融资项目（Financing of the Chesapeake Tributaries）蓝丝带小组①（Blue Ribbon Panel）的成员。柯利在纽约居住

_____

① 译者注：蓝丝带小组（有时被称为蓝丝带委员会）是一个非正式术语，通常用来描述一组被指派调查或研究一个特定问题的特定成员。他们的价值来源于他们的能力，即利用他们的专业知识得到调查结果或建议，然后提供给决策层。

期间，纽约市长爱德华·科赫（Edward Koch）任命他为联合国开发公司（United Nations Development Corporation）的董事会成员。

↘ 引 言

在我撰写本书时，人类正处于应对环境问题的关键时刻。美国历史上第一部重要的环境法令——《清洁空气法案》于1970年正式通过。1980年，五大环境法令的最后一部——《环境反应、赔偿与责任综合法》（Comprehensive Environmental Response, Compensation, and Liability Act, CERCLA），又称为《超级基金法》（Superfund Law））正式颁布。从19世纪七八十年代到现在，美国在环境质量改善方面取得了重大进展。城市污水过去一直是国家运河开发的最大障碍，而联邦建设补贴计划使得各个城市能够建立高效的污水处理工程。现在，五大湖这些主要的水体都已经洁净到不用氯气消毒或煮沸就可以安全饮用的程度。我们的空气中曾经存在大量的铅污染，而在实行车辆废气排放控制计划后，尤其是颁布汽车禁止使用含铅汽油的法令后，室内铅毒素水平下降了94%。但是，正如第1章所说，这些都是一些唾手可得的成果，实现起来比较容易，也基本上得到了解决。

事实上，第二代污染难题涉及成百上千个小污染源。而且，这些污染源主要来自私人企业或个人。城市污水处理厂这类公共设施很容易筹集到建设资金，但对于一个只拥有一辆脏兮兮、排放大量废气且行驶里程超过200万英里①的旧卡车的小商贩来说，这辆车可能就是他的全部财产，为旧卡车减排提供资金就不是那么容易的事了。这一类污染治理资金必须依赖一系列补助资金②和贷款的精妙组合。那么，问题来了：补助资金的来源是什么？如果补助资金不够的话，哪个政府部门来为这些卡车提供

---

① 译者注：1英里=1.609344千米。

② 译者注：原文为Grant，本文译为补助资金或补助金，指通过一项特殊的活动或项目将一些资金奖励给筹资方，这一类资金的特征是不需要偿还，例如财政拨款、国外赠款或一些"软"贷款，即如果项目出了问题也免于偿还的资金等都属于补助资金。

贷款?

目前，无论在金融方面还是行政管理方面，都没有这类项目计划，因而需要我们去创造。但愿你可以成为这些计划的缔造者之一。同时，也希望你可以记住这本书中一些关键的语句，从而引导你参与到这些创造之中。

本书要面对的另一个问题与全球变暖、气候变化、温室气体等概念，以及新能源在应对这些问题中发挥的作用相关。

本书旨在讲解人类面对环境挑战时应遵循的关键金融准则，从而支持人们通过制定政策和实施策略来应对这些挑战。

第1章"谁该为环境治理买单?"，讲述了我们是如何走入今日的环境困局的，并选取案例阐明了我们所面对的挑战，列举了我们曾执迷不悟地采取的一些令人震惊的错误政策。本章还介绍了什么是我们俗称的"第二代环境问题和第二代污染者"及随之而来的挑战。

第2章"环境金融的23条准则"，介绍了制定稳健和连贯的环境政策应遵循的23条基础性准则，以便为提高环境质量融资。本书接下来的章节将对这些准则展开更加深入的探讨。

接下来的5章解释了这23条准则的细节。

再之后的4章介绍了一些关于贷款和金融的基础知识。这些都是需要你理解并与23条准则配合使用的融资工具，包括补助资金、各种各样的贷款、税收抵免、股权、贷款担保以及其他类型的财政激励。理解每种工具的运作原理以及各种工具在哪种环境下能发挥最大作用，对于制定融资决策以服务于理想目标来说非常重要。

本书剩下的部分指出了设计高效的环境融资项目时应强调的主要问题。

当然，我们必须时刻牢记，我们的首要目标是，以尽可能低的成本为最多的人创造最大的环境效益。

↘ 目 录

第1章　谁该为环境治理买单？　/1

1.1　什么是环境金融？　/2

1.2　什么是第二代环境问题？　/3

第2章　环境金融的23条准则　/20

2.1　环境金融的两条核心准则　/21

2.2　政策准则　/22

2.3　管理准则　/22

2.4　财政增收准则　/23

2.5　融资准则　/23

第3章　环境金融的两条核心准则　/25

第4章　环境金融的政策准则　/33

第5章　环境金融的管理准则　/39

第6章　环境金融的财政增收准则　/44

第7章　环境金融项目的财政收入来源　/51

7.1　航空客运里程税和空运税　/51

7.2　增加公路收费　/52

7.3　船舶特种牌照费　/53

7.4　钓鱼执照费　/54

7.5　不透水表面费　/54

7.6　州汽油税　/61

7.7　在租税增额融资特区 / 特别税区征税　/61

7.8　机动车尾气排放项目监测收费　/61

7.9　水使用税　/62

第8章　环境金融的融资准则　/64

第9章　融资机制　/70

9.1　负债类型　/71

9.2　偿债可用现金额　/78

9.3　覆盖率　/80

第10章　融资方案的比较　/83

10.1　年支付法　/83

10.2　总支付法　/84

10.3　货币的时间价值理论　/85

10.4　额外的费用　/95

第11章　隐性和非隐性融资成本　/98

11.1　承诺费或额外费用　/99

11.2　财务顾问费　/100

11.3　律师费　/101

11.4　服务费　/102

11.5　承销费/中介费　/102

11.6　信用增级费　/103

11.7　评级机构费　/104

11.8　杂　费　/105

11.9　非金融附加成本因素　/106

第12章　期限长短对年还款额的影响　/110

12.1　等额本金法　/110

12.2　等额本息法　/114

第13章　补助资金和可支付能力　/116
13.1　补助资金　/116
13.2　可支付能力　/120

第14章　股权的作用　/126
14.1　股权融资与债权融资的比较　/126
14.2　私募股权融资　/129
14.3　在环保项目中使用股权融资　/135

第15章　补贴的诅咒　/138
15.1　补贴需求　/142
15.2　补贴分配　/144
15.3　可支付能力的衡量　/145
15.4　设计更好的补贴　/148
15.5　补贴：有时真实存在，有时只在想象中　/149

第16章　杠杆：担保的力量　/154
16.1　项目融资的主要工具　/156
16.2　贷款担保　/163

第17章　成本效益分析　/168
17.1　效益矩阵　/171
17.2　成本矩阵　/171
17.3　案例研究：格鲁吉亚共和国饮用水安全项目　/172

第18章　信用增级　/178
18.1　分层设计　/179
18.2　自筹资金储备　/182
18.3　二级损失准备金　/185

18.4　国际开发银行的作用　/186

18.5　税收截留　/187

18.6　外部资金担保　/189

18.7　法律担保　/191

18.8　金融担保保险　/192

第19章　税　费　/196

19.1　什么是"好税费"　/196

19.2　税费应覆盖项目全成本　/197

19.3　税费设计方案的选择　/199

第20章　气候变化和可再生能源　/208

20.1　起　因　/208

20.2　气候变化和可再生能源的金融政策　/211

第21章　总量控制与配额交易计划　/219

第22章　如何降低成本　/223

附录A　具有非投资级别主权债券评级的国家名录　/225

附录B　第10章贷款利率的计算过程　/228

中英文术语表　/229

第1章

谁该为环境治理买单？

1952年，伦敦的异常天气导致空气中的煤烟排放物聚集，形成历史上著名的"伦敦雾霾"，导致1.2万人死亡。1969年，位于克利夫兰的凯霍加河受到严重污染，导致河流起火燃烧。1976年，含有二噁英的浓厚蒸汽云污染了意大利赛维索附近地区，危及3万多人口，引发一系列疾病和出生缺陷。2年后，具有讽刺意味的"拉夫运河"（Love Canal）事件在纽约尼亚加拉大瀑布被曝光，2.1万吨有毒废料被掩埋在这条废弃的运河内，已经迁址的公司用黏土掩埋有毒废料。随后政府允许在其上开发住宅，但在建设的过程中，黏土层破裂了两次。每逢下雨，雨水冲刷黏土外层，有毒的气泡就会在地表涌出。当地居民协会的一项报告表明，1974—1978年间56%的新生儿有出生缺陷①。

一系列灾难事件激起人们寻求保护的强烈意愿。之后的20年间，针对这些问题而起草的一系列里程碑式的环境法律在美国得以通过，包括：1970年的《清洁空气法案》（the Clean Air Act，CAA）；1972年的《清洁水法案》（the Clean Water Act，CWA）；1976年的《资源保护和修复法》（the Resource Conservation and Recovery Act，RCRA）；1980年的《环境

---

① 2002年，纽约健康研究部门发表研究成果对该研究结论进行反驳，其结论为染色体平均缺陷为3%，稍高于区域2%的平均水平。到2002年该污染事件引发的恐慌已基本告于段落。参见：http://www.health.ny.gov/environmental/investigations/love_canal/902news.htm.

反应、赔偿和责任综合法》（Comprehensive Environmental Response, Compensation, and Liability Act, CERCLA），其更广为人知的名字是**《超级基金法》**（Superfund Law）。

当我还是一个住在伊利湖岸的小男孩时，我站在湖里，湖水刚好到我肩头，站着就能透过清澈的湖水看见湖底。15 年后，我在法学院读书，当水没过脖子就很难看到肩膀了。隔了一代人之后，如今湖底又清晰可见了。因为有了《清洁水法案》，像德卢斯、芝加哥、底特律、克利夫兰、布法罗和罗切斯特这样的城市可以获得大量补助资金，并通过采取一系列强制措施改善城市污水处理系统。现在，在五大湖上泛舟时，你如果口渴，完全可以大胆地拿杯子直接舀湖水喝。

联合国环境规划署（United Nations Environment Program, UNEP）在 4 年一次的全球环境评估报告《全球环境展望（四）》（GEO-4, 2007）中指出，过去的 40 年我们通过大量种植污水自净植物，规定汽车每英里平均油耗最低限值，规定安装车辆催化净化器，禁止工业企业排放污水和废气等手段，在应对直接、简单的环境问题上取得了明显成效，空气比 40 年前更清新了，河道也变得更干净。

这样看来，在这场环境之战中我们似乎赢了，但若是我们真的赢了，为什么西北太平洋地区的鲑鱼业正面临关闭？为什么墨西哥海湾水体富营养化形成的"死亡地带"仍在蔓延？为什么加利福尼亚州和华盛顿州仍然禁止使用室内壁炉？

事实上，我们现在正在面临第二代环境问题，它比第一代环境问题的治理难度更大，筹集资金的难度也更大。大量的强制政策和补助资金是应对第一代环境问题的典型方式，而应对第二代环境问题的方式需要进一步优化，这是本书所研究的环境金融概念所处的新背景。

1.1 什么是环境金融？

环境金融与传统金融的不同之处在于传统金融强调的是投资收益最大化，而环境金融强调的是以尽可能低的成本为最多的人创造最大的环境效益。这条黄金法则作为**环境金融"魔法"**的唯一"咒语"，将在本书中反复强调。

　　环境金融有两大根本途径——传统的项目融资与市场机制。两者相辅相成，几乎所有和环境治理有关的项目都要通过项目融资即发行债券和股票来筹集资金，环境融资的目标是成本最小化而不是收益最大化。

　　在空气和水质量改善领域，人们引入了一种全新的自由市场机制——**总量限制与配额交易机制（Cap-and-trade）**。简言之，政府设定一定范围内排污机构允许排放的污染物总量以确保实现具体的环境政策目标，参与者可以向政府购买排放配额，或者由政府免费发放配额，于是就产生了**排放配额和排放抵消额**（Allowances and Offsets）。售卖配额而取得的收益降低了售卖者（污染者A）的污染治理项目的成本，同时也减少了购买者（污染者B）的合规成本。因此，经过污染者A与污染者B之间的配额交易，二者的减污成本总和就会低于他们分别减污的成本。

　　以尽可能低的成本为最多的人创造最大的环境效益这一准则意味着，创造环境效益的成本越低所获得的环境效益就越大。如果建立环境资源的自由市场能够降低企业合规成本，那么更多的环境效益就会接踵而至。同样，如果承担一项环境治理项目的成本很低，就会有更多这样的项目出现。

　　总之，为了实现环境质量改善的目标，要么通过总量限制与配额交易市场降低总体的合规成本，要么通过传统项目融资手段降低环境治理成本。

1.2　什么是第二代环境问题？

　　伴随着从传统的减污治污到应对第二代环境问题，污染源也从传统的点源（只有一个借款人）转为非点源①（很多借款人），由此，环境金融交

---

　　① 译者注：非点源污染是指在工农业生产与人们的生活中，土壤泥沙颗粒、氮磷等营养物质、农药等有害物质、秸秆农膜等固体废弃物、畜禽养殖粪便污水、水产养殖饵料药物、农村生活污水垃圾、各种大气颗粒物等，通过地表径流、土壤侵蚀、农田排水、地下淋溶、大气沉降等形式进入水、土壤或大气环境所造成的污染。它具有分散性、隐蔽性、随机性、潜伏性、累积性和模糊性等特点，因此不易监测、难以量化，研究和防控的难度较大。

易结构也在经历整个范式的转变。

比如，传统的供水和污水处理项目是点源项目，多为公共设施，规模大，数量小。而无论在哪个郡/县，都不大可能在10年间两次兴建大型排污系统。

大型公共项目融资难度较低。国家和城市都有很好的信誉，大部分都获得了由国际信用评级机构授予的**投资信用评级**。即使项目规模达数百万美元，当地污水管理部门也可以通过发行市政债券来融资。

第二代环境问题就没那么简单了。

30年前，像切萨皮克湾这种大型水体的污染源是市政垃圾。而现在城市垃圾污染要轻于农业非点源（Non-point Source，NPS）污染。农业废料大部分来源于动物粪便和化肥，粪便中的氮、磷之类的营养物质会进入地下水，最终渗入并污染附近的水体。化肥也一样，除非农民适量运用化肥，否则过量的肥料也会进入并污染地下水。

对于这些问题有多种应对策略，成本也各不相同。我们可以花费几千美元种植树木来吸收那些营养物质，或是沿着水流建造围栏，也可以建立价值几十万美元的动物废物管理系统（Animal Waste Management System，AWMS）。这些项目与花费数百万美元的污水处理厂完全不同，它们都是一些小型项目。另外，对于农民，即使是拥有大型企业的农民来说，他们也很少能够获得与郡（县）污水管理局一样的信用评级。

从财务角度来看，污水处理厂一类的大项目，信用良好。而沿着水流建造围栏或引进动物废物管理系统则是涉及几百甚至几千个小型借款人的私人项目，借贷者的信誉都相对较低。若是你，你会选择贷款给谁？

另一个例子是在港口和邻近码头几英里范围内**运送集装箱的货车**，这些货车通常是公路上最严重的移动污染源，污染物聚集在港口设施附近污浊的空气里，对其下风向居民的生态环境造成严重污染。卡车都是司机个人的，司机一般都是典型的小本经营，收入有限，只买得起倒了三四手，最陈旧、污染最严重的车。怎么才能将这些卡车更换成崭新的符合环保要求的卡车呢？与上面农民的例子一样，司机更换卡车也是小型的项目，项目借款人的信誉都相对较低，而且这些卡车司机从一开始就根本没有能力买新车。这就是第二代环境保护问题，很难为这样的环境治理项目筹集资金。

　　最后一个例子，借用一下美国音乐人约翰科·戈尔·梅林坎普（John Gougar Mellencamp）的一曲《杰克和戴安娜》（Jack and Diane），歌词大意是"杰克和戴安娜，两个美国孩子已经尽了全力"。杰克和戴安娜生活在美国西部的普通家庭，杰克是一名季节工，每年大约只工作30周，每周工作40小时，每小时赚15美元，即年收入1.8万美元；戴安娜在当地的一家超市作收银员，每周工作20小时，每小时赚7.25美元，年收入7 250美元。两个人一年的总收入是25 250美元。他们还有两个孩子，生活水平仅仅略高于贫困线。

　　在工作淡季，杰克会去猎捕鹿、鸭、鹅和鱼，还要种植菜园来补贴家用。他还从国家林业局获得了收集倒塌木材的许可，好用这些木柴烧火。他们只能用一个老式的柴炉取暖，但烧老式柴炉却有损他们孩子的健康。

　　杰克和戴安娜的小女儿患有哮喘，一点燃火炉就会咳嗽。天气寒冷的时候，他们和邻居的火炉就像达摩克利斯之剑一般悬挂在这个村庄。整个村庄都属于**空气质量不合格区域**，也就是说村里根本没有清洁空气可供呼吸。杰克知道柴炉正在慢慢地侵害女儿的健康，但是他没有能力把信用卡甩在五金店柜台，用3 500美元换一个新炉具。

　　杰克和戴安娜，以及货运摆渡卡车司机和农民们，都与第二代环境污染有关。他们之间的共同点就是拿不出钱来治理污染。即使银行能够提供为期5~7年、利率为8%~10%的贷款也无济于事。

　　而且在这些例子中没有人受到法律强制要求去做些什么。没有针对土壤营养流失的环保法规，没有针对货运摆渡卡车司机的环保法规，也没有针对柴炉使用的环保法规。他们没有义务做出改变，就只有这样一直污染下去。

　　如果想让他们改变行为方式，一要通过法律法规来强制，二要对他们的改变予以奖励，更理想的是同时使用这两种手段。遗憾的是，有些人永远都不会改变自己的行为方式，不论这些行为会产生什么影响。他们认为自己拥有上帝赐予的、受宪法保护的处置其私有财产的神圣权利，不必顾忌后果。各个法学院都会向学生教授普通法系的基本原则：**"使用自己的财产时务必不损害他人财产"**（Sic Utere Tuo Ut Alienum Non Laedas）。简单来说，就是只要不损害他人权益就可以任意处置自己的财产。这句话在英语国家流传了几个世纪，但是涉及人们的房屋、农场或者卡车时，你却不能用这句话来跟他们讲道理。

然而，不论我们是否制定规则，我们都需要设计激励方式——金融激励，来应对第二代环境问题。这就意味着我们不得不给他们钱——我们的钱——来让他们去做他们本该去做的事情。这听起来似乎很愚蠢。但是看看杰克和戴安娜还有那些卡车司机，如果不给他们提供一些经济援助的话，我们怎么能指望他们改变呢？

只要提到为一些事情付钱，尤其是像气候变化这种看不见摸不着的事情，人们的第一个疑问就是：我们负担得起么？答案是肯定的，只是我们要用很聪明的方法才能从人们手中拿到钱。

2008年金融危机发生以前，世界上所有证券交易所的股票总价值约为70万亿美元。下跌至40万亿美元之后开始缓慢回升，2012年又回升到54.6万亿美元。而根据国际清算银行的数据，世界上所有未偿还债券余额约为82万亿美元。因此，地球上所有资产接近150万亿美元。这是一个非常大的数字。

另外，2012年地球上所有国家的GDP总额超过70万亿美元。由英国政府委托进行的一项研究表明，应对气候变化每年要花费5 000亿美元，约占全球年GDP总额的0.7%。虽然一想到要投入到温室气体减排中的费用几乎占到GDP总额的1%并不令人愉快，但我们终归是负担得起的。

1988年以来，美国环保署一直在运营一只规模为1 000亿美元的清洁水州立滚动基金，为水污染治理提供资金。1996年起，美国环保署为安全饮用水设立了价值150亿美元的饮用水州立滚动基金（Drinking Water State Revolving Fund，DWSRF）。因此除了一些示范补助之外，美国环保署并没有更多的资金可用于治理空气污染。

这里我们首先看一下这两项州立滚动基金作为**"杠杆"**撬动资金的

能力。

人们讨论与金钱有关的问题时，一听到"**杠杆**"之类的词语，就会认为这是一些华尔街的江湖骗子们玩弄的把戏。然而事实上，每个人都在运用杠杆，只是他们没有这么说而已。

在"次级"房屋抵押贷款还没有声名狼藉的那段时间里，人们在购买房屋时只需要交首付款。购买一套价值 25 万美元的房产，只需交 5 万美元，或者至少 2.5 万美元作为首付。购房总额与首付的比例就是杠杆。如果首付是 2.5 万美元，杠杆就是 10∶1。如果首付是 5 万美元，杠杆就是 5∶1。买车也一样，如果你为价值 2 万美元的轿车交了 2 000 美元首付，就运用了 10∶1 的杠杆。

这样看来，美国环保署两项州立滚动基金的合并净资产（州和联邦的资金加上利息收益）超过 400 亿美元。政府比个人拥有更高的信用评级，若个人在购买房子和轿车时大概能够使用 10∶1 的杠杆，根据国际信用评级机构标准普尔的杠杆比例，政府部门为供水和污水治理这样的环境保护项目制定的财政计划，可能会实现 75∶1 的杠杆。这意味着州立滚动基金的 400 亿美元能够撬动 3 万亿美元的环境项目，远远超过了地球上所有供水和污水处理项目所需资金的总和，更不用说美国境内项目所需的资金了。

如果州立滚动基金有至少 3 万亿美元的融资能力，为什么美国环保署拿不出钱来治理空气污染呢？因为这两项州立滚动基金的资金只能用于提供饮用水和污水治理，而不能用于治理空气、土地或者其他种类的污染。美国环保署的一项研究表明，污水处理项目总共只需要 2 240 亿美元，仅清洁水州立滚动基金就能提供，还能富余很多资金用于其他类型的环境项目。然而，事实上，即使这些基金有 3 万亿美元的融资能力，其资金也不能用于治理空气污染，空气治理项目只能获得微不足道的资金。

之所以会有这样的问题，原因只有一个，那就是在众议院中，运输和基础设施委员会拥有《清洁水法案》的管辖权，而能源与商务委员会拥有《清洁空气法案》的管辖权。如果这两个委员会能合作，3 万亿美元就可以用来解决全部的环境问题！但政治家们无法逾越这个障碍。

和"杠杆"一样，**"期限"** 是另一个非常重要的金融概念，即花多少年来支付费用。如果我借给你100美元，没有利息，给你5年的时间来偿还，那么你每年必须还20美元。如果给你10年时间，每年你只需还10美元——是之前的一半。换句话说，我可以通过延长期限来将你每年的偿还额减少到原来的一半。

当普通人向银行借款时，银行贷出资金时间越长越担心，因此，他们希望我们用5年的时间来偿付柴炉、新的卡车和农具的费用。而对于政府借款的偿还期限则没有人为限定。政府借款的期限可以与所购买物品的使用寿命相匹配。污水处理厂一般能运行30年以上，政府可以发行30年期的债券来为建设污水处理厂筹集资金；校车能用10年，学校所在的区就可以发行10年期的债券。

一辆新型柴油卡车能使用10年；一个动物废物管理系统可以用30年；一个新的柴炉也一样。杰克和戴安娜无法把信用卡甩在五金商店的柜台，带着价值3 500美元的新炉子离开，但是如果他们能够通过政府融资，每个月只需偿还不到19美元。在预算紧张时，这虽然不是最理想的办法，但肯定会缓解他们孩子的哮喘。（而且，如果政府通过一项禁止使用非环保署认证柴炉的条例，或许对劝说他们购买一个新的柴炉也会有所帮助。）

这里所强调的重点是，如果政府可以贷款，他们可以比个人贷款获得更长的偿还期。这样可以大幅度减少个人成本。现在，这不仅仅只是一个概念了。

2008年，一个能够让杰克和戴安娜用超过30年的时间来偿还新炉具费用的方法席卷整个美国。美国环保署的环境金融咨询委员会（Environmental Financial Advisory Board，EFAB）发行了自愿改善环境债券（Voluntary Environmental Improvement Bonds，VEIBs）。美国能源局（Department of Energy，DoE）称其为房屋评估清洁能源计划（Property Assessed Clean Energy，PACE）。最终，能源部在宣传上赢得了优势，所以大多数市民都更加熟知"PACE计划"这个名称。

这一创举最初发端于加利福尼亚州伯克利市，市长汤姆·贝茨（Tom Bates）通过鼓励当地居民安装太阳能电池板来减少碳足迹，每个电池板将花费2万~4万美元，如果直接向银行贷款利率为8%，期限为5年，房主每月需要偿还417~835美元①。但是，房主在卖掉房子之前，必须将贷款付清，房子卖出后，太阳能电池板留给新房主，这使得项目的前景并不太乐观。

因此，市长制定了一项使有意愿参加该项目的房主都能购买太阳能电池板的计划——发行一只市政债券，债券通过房主不动产的纳税评估进行偿付。太阳能电池板的使用寿命是20年，因此这个城市发行了期限为20年的债券。这样，每月偿还的资金降至134~267美元。更重要的是，当房主卖房时，税收留置权和太阳能电池板都可作为原房主的资产。因此，新房主在享受太阳能电池板所带来的好处的同时，也将支付相应的费用。这使得该项目在伯克利市启动的第一年就获得了超额认购。

伯克利是加利福尼亚州有"特许权"的城市，有权利自行制定这样的新政策，而加利福尼亚州其他行政辖区则没有权利开展这一计划。加利福尼亚州随后通过了一项新的法律，允许加利福尼亚州所有地方政府都开展类似计划。之后科罗拉多州也通过了类似的法律。目前，这两个州的很多社区都开展了这类自愿项目，其他州也开始通过类似的法律。

然而，环境金融咨询委员会在2009年的一份报告中对自愿改善环境债券或称房屋评估清洁能源计划加以肯定，同时也指出这些州和地方政府可以在应对很多问题时采用这一办法来支付一系列环境治理所需的资金，不仅可以用于提高能源效率，也可以用于治理空气污染和非点源水污染，如可以为动物废物管理系统融资，也可以为前文提到的杰克和戴安娜的新柴炉融资。

可以使用自愿改善环境债券的环境治理项目包括：

---

① 你也许觉得这个数字计算得不够准确，事实上，市政债券每年有本金及利息支出。把它们加到总额上，然后除以12才得到每月需要的支出，也就是说传统的抵押实际上每月都有支出。

- 太阳能电池板
- 绝缘材料
- 新型隔热门窗
- 即热式电热水器
- 地热循环
- 符合美国国家环境保护署标准的加热设备[①]
- 可渗水路面
- 雨水花园[②]
- 雨水管理系统
- 绿色屋顶
- 化粪池系统的修缮和替换
- 动物集中饲养系统
- 动物废物管理系统
- 过水通道
- 水流缓冲区（树和栅栏）[③]
- 农业柴油设备更换
- 含铅油漆清除
- 石棉清除
- 氡气减排
- 室内管道工程
- 飓风或龙卷风多发地的建筑加固

伯克利的项目确实是神来之笔。首先，项目完全自愿参与，除非用户愿意，否则其税款并不会增加。其次，所有的改善和评估都与财产挂钩，因此购买房屋的新房主也能够受益并且仅需支付自己应付的费用。最后，

[①] 译者注：新式炉具以及可通过液体循环加热的热水器。

[②] 译者注：指自然形成的或人工挖掘的浅凹绿地，被用于汇聚并吸收来自屋顶或地面的雨水，通过植物、沙土的综合作用使雨水得到净化，并使之逐渐渗入土壤，涵养地下水，或使之补给景观用水、厕所用水等城市用水，是一种生态可持续的雨洪控制与雨水利用设施。

[③] 译者注：为减少水土流失而设置的围栏等设备。

项目尽可能地延长了还款期限，使得更多的居民能够负担得起。

然而，伯克利这一环境金融创新并非一帆风顺。

联邦国民抵押贷款协会（Federal National Mortgage Association，FN-MA），我们通常喜欢称之为房利美（Fannie Mae），是美国最大的专门运作由联邦住房委员会或其他金融机构担保的住房抵押贷款的金融机构。当购房者去当地银行办理抵押贷款时，银行同意办理抵押，它们会马上将抵押资产周转起来，卖给房利美。房利美是政府赞助企业（Government-sponsored Enterprise，GSE）。房利美的股票已经在纽约证券交易所交易了42 年，受美国联邦住房金融管理局（Federal Housing Finance Administration，FHFA）的监管。在次贷危机重创房地产金融后，联邦住房金融管理局认真研究了伯克利的自愿改善环境债券项目，它给出的结论是并不赞同太阳能电池板在法律上享有优先于房利美抵押品的受偿权，这会导致房利美月均损失上千亿美元。因此，联邦住房金融管理局责令房利美和房地美拒绝为购买附有房屋评估清洁能源计划质押权房屋的贷款者提供贷款，这一决定致使该项目止步不前。在这之后，加利福尼亚州州长对联邦住房金融管理局、房利美、房地美提起了诉讼，地方法院判决加利福尼亚州政府获胜，但经上诉后法院推翻了原判决。

这一矛盾冲突何时才能平息呢？回想过去百年，每当地方政府修理腐蚀渗漏的排污系统时，都会逐步把所有家庭的排污系统连起来，而且采用的是资产留置权融资的方式来支持这些项目，这与房屋评估清洁能源计划的留置权是一样的，房主有大约20 年的期限来为这个项目付款。联邦住房金融管理局知道这个项目在全国范围内每天都在运行，但是从来都不会去干涉，为什么它只是阻挠房屋评估清洁能源计划的留置权？

首先，太阳能电池板的花费为2 万～4 万美元，远远高于连通污水排放管道的花销。其次，联邦住房金融管理局对这类项目的自愿参与性很反感。对于安装污水排放管道的项目，房主没有别的选择，他们必须将自己的房屋接入城市污水排放系统。然而，是否安装太阳能电池板，则是房主可以自主决定的。

　　我们对联邦住房金融管理局在未来如何处理气候适应性的相关项目非常感兴趣。"适应"是应对气候变化领域的专业术语，是指加固建筑物以增强其对飓风和龙卷风等灾害性天气的抵御能力。例如，要垫高房屋使其能够承受洪水的冲击，每所房子大约需要花费15万美元。这些改造都是没有选择余地的，因为如果不改造，就没法办理洪水保险，而没有洪水保险，又无法申请抵押贷款。很多人是无法承担这些改造费用的，都需要一定的帮助，当地政府很自然就会启动房屋评估清洁能源计划之类的计划，帮助房主支付这些改造费用。很明显，相关的修缮费用非常昂贵，且房主并不能自由选择，让我们拭目以待，联邦住房金融管理局在面临这样的项目时，又会做出什么样的选择。

　　由此可见，在以上的案例中已经暗示了问题的解决方案，即无论是国会还是法院，只要通过立法，问题就会迎刃而解。如果杰克和戴安娜所在的地方政府禁止使用老式柴炉，并且对位于不达标地区患有肺部疾病的老年人或婴儿、接近贫困线的家庭等目标群体设立类似于房屋评估清洁能源计划的贷款，联邦住房金融管理局应该不会横加阻拦，因为其反对是缺乏法律依据的。适应性改造项目也是如此。

　　回过头来再看可以通过自愿改善环境债券融资的环境治理项目清单，那些直接与大众健康相关的项目，如柴炉、氡的减排、室内水管设施等，也许可以使用房屋评估清洁能源计划的方式。其他的一些——如河流缓冲区或者绝缘材料可能就不太适合。

　　房屋评估清洁能源计划之所以如此引人注目，其中一个原因是太阳能电池板项目可以通过延长期限来降低每期偿还额。之前我们提到过，**期限**是环境金融中最重要的概念，另一个是**杠杆**。这两个概念都会在下例中有所涉及。

　　2004年，马里兰州议会通过了《海湾环境恢复基金法案》（Bay Restoration Fund Act，BRFA），提出向每户征收污水费2.5美元，并且在历史上第一次对化粪池系统征收同样的费用。2012年，这一费用涨到每月5美元，翻了一倍。之所以增加这些收费，是为了支持州属的66个大型污水处理厂的营养物质强化去除（Enhanced Nutrient Removal，ENR）项目。

马里兰州最初估计项目预算为8亿美元。而污水费每年大概为6 000万美元，可用于偿还为营养物质强化去除项目发行的8亿美元债券。但项目在实际运作过程中遭遇了两个难题：第一，他们估计的成本从8亿美元上升到了13亿美元。第二，国家宪法规定债券期限为15年，这意味着一个仅有6.7亿美元财政支付能力的州政府需要偿还13亿美元的债务。之所以发生这种情况，是因为期限的不同会直接影响融资额。例如，如果你只能申请一笔15年期限的抵押贷款，并且每月只能偿还1 500美元，在利率为5%的情况下，你只能获得19万美元的资金。但是，如果另外一家银行可以办理长达30年的抵押贷款，同样在每月偿还1 500美元的情况下，你可以获得28万美元。换句话说，在每月偿还额相同的情况下，还能够多获得9万美元。因此，解决马里兰州问题的方法就是修改宪法中的一个词：把15改成30。营养物质强化去除工厂的使用寿命是30年，因此应该发行30年期的债券。自1941年起美国农业部（US Department of Agriculture，USDA）在没有任何障碍的情况下，为农村供水和污水处理系统开展了一项长达40年的融资计划。在马里兰州议会中，你认为又有多少议员拥有长达30年（或15年）的房屋抵押？然而，现实却是，尽管马里兰州和美国环保署因为在海湾松懈的管理工作而被切萨皮克湾基金会（Chesapeake Bay Foundation）起诉，政策制定者也没有修订马里兰州宪法来延长项目融资的期限。

　　从马里兰州政府的案例可以看出，它如何浪费了紧要的资金，前文所述州立滚动基金无法用于解决全部的环境问题同样也是失败的案例，下面再来看一个失败的例子。

　　2009年，价值8 700亿美元的《美国复兴与再投资法案》（American Reinvestment and Recovery Act，ARRA）对更换老式柴炉的人们给予高达1 500美元的税收抵免。在杰克和戴安娜那个浓烟弥漫的村庄中，市区收入较高的人也在这里拥有度假屋。1 500美元的税收抵免可以说服来自城市的富裕夫妇更换炉子，而杰克和戴安娜仍会不为所动。杰克和戴安娜收入水平低，基本上不交税，因此通过税收减免，将新火炉由3 500美元降到2 000美元对他们来说没什么用，他们根本支付不起。

与其对所有收入水平的人不加区分地提供1 500美元补贴，不如将同样数额的资金用于设立州立的奖励补贴计划，特别是对一些可以为此匹配资金的州。如果州政府决策明智，对资金的使用会更加有目标性。

补贴目标首先是环境问题突出的地区，例如空气质量不达标地区——杰克和戴安娜所在的村庄，陈旧的炉子产生的烟尘微粒才是产生问题的真正原因；其次是特定的人群——如同杰克和戴安娜这类收入低、房屋里没有其他热源的家庭，甚至是那些由于受到室内烟尘污染、家人的哮喘或肺部疾病正在加重的家庭。简而言之，国会制定的1 500美元税收抵免计划没有必要浪费在富人的身上。如果将那些住在空气质量达标地区并且能够支付新火炉费用的人排除，很可能可以为杰克和戴安娜提供100%的补助金，这对他们来说就意味着更健康的生存环境和更健康的后代。

为治理环境提供融资激励的一个重要原则就是成本越低，受益人越多。如果可以降低太阳能电池板、货运摆渡卡车或者柴炉的价格，就会有更多的人负担得起。这就是政府能够做到并且应该做的事情——为人们降低成本。

这里还要提一下"利率"这个词。政府可以以低于个人贷款的利率借款。这是因为一般的州和地方政府相对于个人而言有更好的信用评级。杰克和戴安娜的信用卡利率为18.9%；二次按揭贷款的机构对太阳能电池板能提供利率为8%～9%的贷款；金融公司可以为新货运摆渡卡车提供利率为12%～15%的贷款，而政府则可以在相同的市场以5%的利率借款。因此，如果政府可以用这么优惠的贷款服务于居民，居民的成本也会降低，而成本越低，参加环境项目的人就会越多。

当我们谈及政府——而不是个人——借贷的时候，我们脑子里就会敲响一个警铃。众所周知，信用评级都是基于违约模型的计算结果，用违约模型计算所得的信用评级越低，就越有可能拖欠贷款，如果信用超过了700，就说明信用级别比较高；如果信用水平为500，要么只能得到利率超高的高利贷，要么就什么贷款也拿不到。因此，如果政府介入低评级借款者和信用市场之间进行调节，政府本身能够避免违约吗？一旦发生违约，政府从哪里拿钱来弥补？

这个问题也有办法解决。在杰克和戴安娜以及农民的案例中，自愿改善环境债券项目可以通过将其偿付义务和对他们房屋或农场的纳税评估联结到一起，从而减轻其信用风险。在货运摆渡卡车的案例中，司机们的问题可以通过聚集不良信用并建立缓冲机制来解决。

聚集不良信用听起来似乎不是一个好主意。有一句老话说，"别想用一堆鸡屎做出美味的鸡肉沙拉"，同样，100 个不良信用加在一起也不可能变成一个好的信用。这也就是为什么缓冲机制十分重要。

有两种策略可以为货运摆渡卡车的贷款提供保障。其一是以**租赁代替贷款**。如果贷款项目违约，借款者就需要上法庭，这是一个时间更长、花费更多的过程。租赁项目意味着，如果一位卡车司机拖欠款项，很快就会有其他的卡车司机代替他，为这项租赁继续付款。其二是**债券超额抵押**（Overcollateralization），或称为自筹资金储备（Self-Funded Reserves，SFRs）。如果在一个租赁项目中有 100 位卡车司机，银行分析表明有偿还问题的人数比例低于 5%，而且这些人也会想办法继续支付，否则就会失去卡车，别的卡车司机就会把卡车租下来，并且继续支付费用。因此，在100 个卡车租赁者当中，可能只有 5 个以下出现偿付问题。

债券超额抵押也叫作自筹资金储备。如果每辆卡车花费 10 万美元，需要借贷的总额则为 11 万美元，也就是说，不仅仅要借 10 万美元，还要把多出来的 1 万美元存到自筹基金储备之中，作为这 100 辆卡车的抵押金。因此，对于价值 10 万美元的 100 辆卡车来说，你拥有一项价值为1 000 万美元的项目，可以通过港务局一类的政府部门来发行市政债券。但是港务局会发行价值为 1 100 万美元的债券，并且将多出来的资金存入到一个账户中用于防范卡车司机逾期违约。债券超额抵押或自筹资金储备会在第 18 章中详细介绍。

现在的问题是，谁来为这 100 万美元买单？答案是卡车司机们为其付款，这与房屋抵押贷款中按贷款利息支付的方式是一样的。

当你以 2% 房屋贷款利息获得 30 万美元抵押贷款时，你实际上是进行了价值为 30.6 万美元的抵押贷款，银行在抵押贷款本金上附加了 2% 的利息。同样，对于货运摆渡卡车司机来说，1 万美元的利息加到了他们价值

10万美元的贷款上。但是，在他们的案例中，比例不是2%，而是10%。这对于收入水平很低的卡车司机来说确实有些昂贵，但我们还要考虑到一些其他的问题。第一，对于大多数的货运摆渡卡车司机来说，他们倒了三四手的旧车已经行驶了200万英里，以这辆旧车做抵押，根本贷不到任何资金，司机只能支付现金。第二，如果通过市政债券融资，他们可以获得20年的贷款。如果他们跑短途，1个司机1年只跑4万英里，20年之后行驶里程为80万英里。因此，在20年的租赁期结束后，租赁项目中的货运摆渡卡车比现在港口使用的这些卡车平均少跑了120万英里。

一笔10万美元、期限为20年、利率为5%的贷款，每月需要偿还670美元[1]。若为这笔贷款增加1万美元，则每月所支付的金额仅仅上涨到712美元。这虽然不是很理想，但是可行。

在港口设置卡车租赁项目是个好主意，除严格意义上的金融要素以外，还有一些其他原因。第一，当港务局购买100辆卡车时，它会得到一笔相当大的折扣——大概10%或者更多，这些资金可以用于**债券超额抵押**支出或自筹储备资金。第二，这个项目的参与者可以组成一个车队，拿到"车队燃料折扣"，减少5%~6%的燃料费用。第三，再回到我们刚才所说的信用问题，如果港务局确实担心卡车司机的偿付能力，它可以简单估算卡车司机每月运输的集装箱数量，然后与托运商协商，从每个集装箱的运费中扣除一定金额来支付司机每月的货车租金。它甚至可以采取监管措施，禁止拖欠租金超过60天的任何卡车司机进入港口。如你所见，解决拥有资本较少、资信度较低的贷款偿付问题有很多有效办法。

长滩和洛杉矶港口已经开始实施这样的项目，每个进入港口的集装箱都要征收附加费，以补贴更换卡车的费用。长滩和洛杉矶港口是美国最大的两个港口，从西面刮过来的风将港口所有的污染物都刮到了位于下风向的洛杉矶和奥兰治郡，这使得它们都遭到了来自加利福尼亚空气资源委员会（California Air Resources Board，CARB）的压力和明确警告。奥克兰

---

① 译者注：按照等额本息法计算年金，$100\,000 = (c/5\%) \times [1 - 1/(1+5\%)^{20}]$，计算出每年的还款额（ADSP）为 $8\,024.2587$ 美元，则每月还款额 $= 8\,024.2587/12 \approx 670$（美元）（保留到个位数）。

和西雅图/塔科马也有意采取类似的措施。但是美国其余的港口却盲目地保持拒绝的态度"租赁卡车？哦，我们才不会干这些！我们只是一个港口！"

曾任美国驻苏联大使和纽约州州长的埃夫里尔·哈里曼（Averell Harriman）的父亲是19世纪后期的美国铁路大亨。这位大亨曾经说过，他们家族的大部分铁路在卖出之后都歇业了，原因是落后的管理团队认为他们只是在做铁路生意，而没有意识到他们是在做运输生意。

港口通常认为它们仅仅是码头，然而，随后一些港口意识到它们能够提供其他港口所没有的优势，最终开始从事与经济发展相关的其他业务。当政府出重拳制定更加严格的空气质量法规时，港口——不论是否愿意——都会意识到它们已经受到了空气质量法规的管制，最终也都会开始实施卡车租赁政策。

由此可见，第二代环境问题的特征是污染源量大、覆盖面广，每个项目资金额度偏低、信用额度偏低，但对于这类环境问题仍然有很多应对策略。这其中还暗含着另一个更加重要的问题。

《清洁水法案》同时针对点源和非点源水污染。点源就是指工厂或城市污水处理厂的排放管道。非点源就是大雨过后农村土地的水土流失而形成的褐色径流。径流的褐色来自于雨水冲刷带走的泥土，大部分来自于农场。这些径流夹杂着化肥与动物粪便，其中含有大量的氮和磷。

再来看一下规模达1 000亿美元、可为点源和非点源治理项目融资的清洁水州立滚动基金，如果告诉你这1 000亿美元中的96%都花在了点源项目上，你会吃惊吗？只有4%的资金用于治理非点源污染，原因很简单：点源项目受监管的程度很高，每个污水排水管都要依照国家污染物减排系统（National Pollutant Discharge Elimination System，NPDES）规定的合法的污染物种类和排污量进行管理。如果你排放的污水超过了规定的污染排放量，就必须采取措施来解决。如果是公共事务类项目，如城市污水处理厂，可以向州立滚动基金贷款。如果项目是私人所有的，则另当别论。但不论是公有还是私有，都需要妥善处置，否则不是要支付巨额罚款就是有可能面临刑事指控。

对于一个种植了数百英亩农作物的农场来说，所有农作物都需要化肥、农药和除草剂，数百头牲畜每星期产生上万吨废物。许多化肥、化工原料和肥料都将最终污染临近的水体，这与获得国家污染物减排系统许可的排放设施排出的污水是一样的。然而，国家污染物减排系统并没有制定针对非点源的排放许可。控制农场的径流，或者其他治理非点源水污染的项目完全靠个人自愿实施。

了解了这一点后，对于清洁水州立滚动基金只将4%的资金用于非点源项目，你还觉得吃惊吗？对于数百万农民和其他人都不愿花巨额资金来处理污染的现象，你还会觉得吃惊吗？下面再看一下为减轻暴雨洪水的影响改进公共设施的案例，问题的答案就更加清楚了。

为了减轻暴雨洪水的影响需要更换不透水的路面。当然，可以禁止修建不透水路面。但是如果你颁布了这样的禁令，你的政治生涯也就到头了。你可以去州立滚动基金申请低息贷款，甚至是零利率贷款。但是你如何劝说小型购物中心的所有人，将1英亩①的不透水停车场路面更换成透水路面？每平方英尺②要花费10美元，一共需要借款43.6万美元，且要自行偿还，这根本不可能。

屋顶绿化也能够减轻雨水的影响，每平方英尺大约也要花费10美元。你想让平顶建筑物的业主安装绿色屋顶吗？你打算强迫他们吗？如果不想丢掉工作，你是不会这么做的。你如何劝说一名拥有1万平方英尺屋顶的人借10万美元来做屋顶绿化，还要自己偿还借款？这是第二代环境污染面临的重大难题。

解决这一难题的答案是你为他们付钱让他们去做这件事。为停车场所有者更换可透水路面付款，为房屋所有者绿化屋顶付款。

几年前，华盛顿特区一个就职于非常重要的环保非政府组织的说客曾经透露，他家的排污管道有问题，而且距离敏感水流地区非常近。当被问及他是否愿意以1.5万美元的低利率贷款更换排污管道时，他笑了。当被问及如果能获得100%的补助时，他思考了一分钟后也拒绝了，因为院子

---

① 译者注：1英亩=6.0702846亩。
② 译者注：1平方英尺=0.092903平方米。

一整年都要被掘开，这会打扰他的生活，他觉得很不值得。而当被问到如果能够获得100%的补助，且有额外2 500美元补贴来解决其他的问题，相当于获得117%的补助时，他才勉强同意。一名支持环境保护的说客的个人决定尚且如此，更不用说每一个普通公民了。

治理第二代环境污染需要成千上万的小项目，倘若为它们提代贷款，则基本上每一项都是劣质信贷。寻找资金来激励人们做自愿项目就是我们面临的最大障碍。

这一章通过故事和案例向您介绍了金融在环境治理中的重要角色。本书的下一章将会向您介绍为解决第二代环境污染问题制定有效策略时需要用到的"23条准则"。

第 2 章

环境金融的 23 条准则

这一章概述了设计环境治理的金融政策需要遵循的一系列准则。

其中，前两条准则是环境金融独有的根本准则，此外还包括商业发展中最佳管理实践（Best Management Practice，BMP）所遵循的准则，还有一些是金融数学的基本准则，余下的就是一些常识了。这些准则中有非常简单易懂的，如"选定一个责任人"，也有较为复杂的，例如"无论如何，尽可能使用贷款担保而非贷款"。无论这些准则源自何处，都有必要在环境金融中再次提及，尤其是当它们又组成不可分割的整体在环境金融中运用时，就有必要再次系统阐述。希望您能将所有准则列在一张纸上，放到办公桌的抽屉里，方便随时翻看。

为了方便运用这些准则，先把它们集中放在本章进行概述。总共有23条准则，大致可以分为5类。第一类是环境金融的两个核心准则。第二类是政策准则，在制定政策时首先要确定政策目标。第三类是财政增收准则，主要是关于如何运用税收收入等工具为环境项目融资。第四类是融资准则，其中一些可能会使你震惊，或至少感到吃惊。第五类是管理准则，这些准则都不是环境金融中独有的，有一些你可能会觉得非常熟悉。对其中一些准则我们只需要简单地阐述，而另外一些在后面的章节将单独阐述，比如，杠杆这条最重要的金融准则就值得单独写一本书。

这份准则清单是经过十几年才逐渐完善的，最初只有12条，经过3年时间又发展到了19条，后来又增加了4条。因此我想强调的是，准则清单应该是灵活的,可以动态调整的。如果您对任何一条准则有异议,或者认为还有除这 23 条准则之外的准则,请联系我:mcurley1@jhu.edu。无论你对准则清单持反对还是支持意见,都非常欢迎你参与讨论和提供想法。

2.1 环境金融的两条核心准则

(1)环境金融的根本目标就是以尽可能低的成本为最多的人提供最大的环境效益。

(2)实现上一目标的方法是降低环境项目的成本。因此,环境金融的宗旨就是降低环境项目的成本。

世界上没有任何一个改善环境质量的项目是不需要花钱的。建设优质的环境需要资金投入,而且资金数额可观,这些钱来自每一位公民的腰包。尽管公民们可能很重视环境,但是他们并不情愿为此付钱。第一章马里兰州的例子就可以证明为什么这两条核心准则是最重要的。

现在,马里兰州的每个家庭每年要付 60 美元的海湾环境修复费,用于污水处理,新闻界将其戏称为"冲马桶税"①。除此之外,该地区还要交暴雨洪水修复费用,保守估计州内人均每年需要支付的金额超过 1 000 美元。如果这 1 000 美元费用通过长期的、低利率的市政债券来进行融资,那么年还款额约为 60 美元。不是每个家庭交 60 美元,而是每个人。假定平均每个家庭有 2.5 个人,就需要另外交 150 美元。再加上 60 美元的海湾环境修复费,每个家庭的费用高达 210 美元!

马里兰州居民对如此之高的税赋感到很愤怒。2012 年马里兰州政府要求 9 个最大的郡以及巴尔的摩市建立管理暴雨洪水的公共设施,并用征收暴雨洪水税(或费)的方式来偿付。然而,9 个郡中只有 1 个郡颁布了一项每块土地征收 0.01 美元税款的规定,以此向州长和议会表示明确抗议。在 2014 年的马里兰州立法大会上,州长和议会需要进一步解决这个

---

① 你将会看到,这些资金大部分都被浪费掉了。

问题。

因此，如果真的想实现优质的环境目标，我们必须以尽可能低的成本为最多的人提供最大的环境效益。我们的总体政策必须要降低环境治理的成本。第3章将详细讲解这两条关键准则。

2.2 政策准则

（3）政策规制和资金激励是相辅相成、缺一不可的，最好能"胡萝卜"和"大棒"并用。

（4）所有人都在直接或间接地污染环境，因此不能囿于"污染者付费"这一区别对待原则。所有人都需要为治理环境付费，多污染，多付费。

2.3 管理准则

（5）确定一个负责人，让他为自己的行为负责，并做好解雇他/她的准备。

（6）需要建立咨询委员会而不是执行委员会。

（7）坚持所有信息网上公开，使政策和计划完全透明。这样做会加强环保项目的合法性和问责机制。如果人们需要付钱，就必须要知道他们的钱是否花在了刀刃上。

（8）学会变通。如果一个策略不能达到预期效果，就果断抛弃并采取另外一个策略。

（9）开发新的策略。目前的法律和政策管理工具无法处理像非点源水污染和小污染源的空气污染这类问题，我们应该设计并采用新的策略。

（10）现在就是运用环境融资工具的最佳时机。在通货膨胀的作用下，所有的东西在未来都会花费更多。

管理准则将在第5章进行介绍。

2.4　财政增收准则

（11）尽量避免通过单一渠道来筹集大量资金，应代之以分散的小渠道，资金来源于多个小渠道比来源于单一大渠道更加稳定。

（12）将筹集到的环保资金放在一个篮子中，不要分散处理或者随意浪费。

（13）增加财政收入的同时也要通过税费的设置引导人们改变行为。不要对所有人征收同一水平的税费；应对污染者征收更多的税，同时奖励节能环保行动。

（14）将专项财政收入（比如年度税费）作为金融资本进行融资，不要用作项目运营费。

（15）尽可能减少征/加税的阻力。如果联邦政府提高普通税如所得税的税率，必将激起全国各地抗议的声浪，也会引得华盛顿的说客大军在国会大厅里频繁活动以说服国会议员反对这项提案。同样，如果州政府出现增加所得税或不动产税的提案，几乎所有的报纸都会发表社论强烈反对，说客将会"围攻"州议会。反对的人越多，环境融资项目通过的可能性越低。

财政增收准则将在第 6 章进行介绍。

2.5　融资准则

（16）资金杠杆化。环境金融中最重要的词汇就是杠杆。

（17）停止发放浪费了数十亿美元的一般性补贴，要向真正需要的人们提供有针对性的补贴。

（18）基于严格的成本效益分析进行金融决策，在做成本效益分析时不要被政治因素和机会主义所干扰。

（19）除非绝对必要，否则不要提供补贴。

（20）不要发放贷款，而是提供担保。

（21）资金供给应覆盖资产的整个服务寿命周期。

（22）坚持对环境服务进行全成本定价。完全成本法定价可以促进节能和技术创新，而技术创新可以降低未来环境项目的成本。

（23）慎重选取科学和经济学方法精确估算成本。低估成本会导致愤怒和失望，高估成本则会遭到拒绝和反对。

融资准则将在第8章进行介绍。

如前所述，以上23条是真正为制定更加完善、有效的环境金融政策而提出的准则。

本章一开头就提到，治理环境没法不花钱。以往，政府、学术界，甚至媒体的注意力的焦点都是如何制定环保政策，很少或者说根本没有人注意落实这类政策的钱到底从何而来，而更重要的是，这些钱又将如何花掉。

几年前，英国财政大臣委托尼古拉斯·斯特恩勋爵（Sir Nicholas Stern）估算了应对气候变化的成本，结果是每年要花费5 000亿美元。这看起来是一个十分惊人的数字！而相比全球50万亿美元的国内生产总值（GDP）来说，应对气候变化的成本只占1%。不管占全球GDP的比例是多少，5 000亿美元本身就是一个巨额数字。因此，当务之急是在出台解决环境问题的政策时，至少要花同样的时间制定相应的、高效的金融战略来保证这些环境政策得以实施。首先，要知道这些环境政策会实现哪些预期的环境结果；其次，要搞清楚需要筹集多少资金；最后，要知道这些资金应该如何负担，并且对所有人都公平。

在以下的章节中将会详细介绍这23条准则。

第3章

环境金融的两条核心准则

第2章提到的23条环境金融准则中，前两条准则最为重要，在后文中还将反复提及。

准则1：环境金融的根本目标就是以尽可能低的成本为最多的人提供最大的环境效益。

传统金融的目标是投资收益最大化，财政金融的目标是必要公共服务的供给成本最小化，而环境金融的目标则是以尽可能低的成本为最多的人提供最大的环境效益——请政治家和业内人士在设计环境类的项目融资时一定要时刻坚守这一准则。

你可能觉得这是不言而喻的，其实并不尽然。令人难以置信的是，在我认识的（美国）国内很多管理环境融资项目的人中，大部分人竟然笃信其职责是"不亏钱"，他们就像被股东们死死盯住的银行家一样尽心竭力地节省交付给他们的每一分钱。难道"不亏钱"是更为重要的目标吗？当然不是，首要的目标应该是使整个国家的空气和水更加清洁。管理金钱的确是他们的职责之一，但是改善环境和生活质量应该更为重要。尤其需要警惕的是，担心亏钱会带来一个非常不幸的负效应：规避风险。每一个人都渴望**金融创新**，但很少有人将其付诸实践。规避风险足可以被视为一种"人类的瘟疫"，阻碍人类创新。

全美50个州以及波多黎各所拥有的900多亿美元清洁水州立滚动基

金①，只有4%用于非点源水污染治理，当然原因有很多，但其中一个主要原因就是规避风险。

合法排放的点源一般都属于地方政府或其附属机构②。这些机构基本上都可以从三大主要国际信用评级机构那里获得良好的信用评级，因此很容易借到资金，偿还资金也不成问题。

非点源的污染治理则非常不同。大部分非点源属于个体、农民或小企业主等私人部门，即使他们的信用评级再高，与当地的供水或污水处理机构相比，也不值一提。个人或私人部门很可能会遭遇失业或承受一些金融风险，例如申请滚动基金贷款安装了雨水花园，却无法偿还贷款。而当地的公共供水机构有足够的现金储备确保偿还贷款，发放给当地供水和污水处理机构的贷款通常是无风险的，而发放给像你我一样的私人部门的贷款则需要承担金融风险。

大部分由私人拥有的、非点源的工程将由滚动基金通过委托贷款提供资金支持。基本流程如下：首先，滚动基金以比银行存款利率低2%的利率水平贷款给银行，然后银行以比正常贷款利率低2%的利率水平为你发放贷款（当然，你不会知道在正常情况下银行会以什么样的利率水平贷款给你）。滚动基金根本不用承担每项贷款的信用风险，而是将风险转移给了当地银行。

假设银行的存款利率为4%，那么滚动基金将以2%的利率贷款给银行，正常情况下银行将以8%的利率水平贷出资金，而由于滚动基金接受了比正常存单利率低2%的利率水平，银行同样也可以接受更低的利率水平，以6%的利率发放贷款。最后，银行依然得到了他想要获得的8%的贷款利率，其中6%来自于贷款方，2%来自于滚动基金。

然而，这一过程存在一个问题：如果借款方不偿还贷款，银行就会遭受损失。即使借款方违约，银行仍然需要向滚动基金偿还贷款。之所以要

---

① 清洁水州立滚动基金是自筹储备资金（Self-Funded Reserve）中的一种。
② 根据《清洁水法案》，私人拥有的点源并不能获得州立清洁水滚动基金的支持，这是该法案诸多失误之一。

这么操作，是因为滚动基金想规避风险，不希望处理与个人信用相关的业务。

在美国环保署工作的乔治·阿姆斯，是滚动基金项目的发起人之一，目前也正在管理滚动基金项目。他非常恼火地指出，很多滚动基金项目的工作人员认为他们就是来为自己的州挣钱的（或者至少不亏钱），而忘记了这一项目设立的初衷是让水资源变得更加清洁。

最具讽刺意味的是，由于以低于通货膨胀率的利率水平放贷，所有的滚动基金贷款每天都处于亏损状态。这就像是银行为你的存款支付4%的利率，同时以2%的利率贷款给你。按这种方法来经营，这一基金很快就会经营不下去。

不难发现，这种委托贷款模式造成了极大的资金浪费。滚动基金本应该以6%的利率贷款给你，这样你所在的州将会挣得6%的利息，而不是区区2%。

你能理解这有多疯狂吗？滚动基金的工作人员毫无风险地挣得了2%的利息而认为自己做得很好。而事实上，如果他们假定贷款存在风险，并收取6%的费用，只要借款者中违约人数少于4%，他们就会一直占据主导权。退一步说，滚动基金还可以用房屋留置权来为借款人提供担保。借款人一旦违约，将如临世界末日。但归根结底，即使借款人违约，其所在的社区和州也将会得到借款人所建立的雨水花园的环境收益——这才符合《清洁水法案》的目标和建立滚动基金的初衷。

一些运营环境融资项目的政府员工忽略了"环境金融的根本目标就是以尽可能低的成本为最多的人提供最大的环境效益"这一准则。不仅仅是滚动基金的工作人员忽略了第一条核心准则，国会和州立法机构的管理者也同样如此。因此，"最低成本"准则被忽略了，在很多情况下人们为了追求最低风险而牺牲了最低成本。

规避风险是一种人为因素，很容易理解，但是在法律中也有类似的制度因素能够带来同样致命的后果——有些法律条款提高了环境治理项目的成本。下面我们看两个所谓的**"捷径政策"**（Crosscutters）。

2009年，为帮助美国脱离次级贷款危机，美国国会通过了《美国复兴与再投资法案》。由于供水和污水处理都属于劳动密集型项目，国会连续两年为饮用水滚动基金和清洁水滚动基金增加了数百万美元的投资。但是2010年它们又附加了两项条款，第一项就是要求"购买美国货"①。如果当地的污水处理部门已经选定了成本节约型技术，"购买美国货"的要求不仅对他们的工作计划造成了一定的阻碍，而且还增加了计划实施的成本。一般一项污水处理工程需要3年或更长时间来制订项目计划。假如某项工程通过3年的工作才最终决定采用一种最节约成本的德国技术，但最后还是根据限制性条款选择了"购买美国货"，相当于浪费了大量的时间和努力，如果前期的分析是合理的，那么最终的选择将产生一个不符合最低成本原则的低效结果。

"保护美国的就业机会"的口号似乎是非常值得称赞的，但是"购买美国货"的要求可能并不是达成这一目标的正确方法。很多年以前，当纽约市处于破产的边缘时，政府人员让所有的州立采购部门来"购买纽约货"，并且敦促纽约市政府执行同样的要求。紧接着，宾夕法尼亚州政府也立即宣布：如果纽约实施了"购买纽约货"的政策，他们将会禁止本州的采购机构购买任何纽约产品，同样也会敦促该州所有地方政府遵照执行。位于奥尔巴尼的纽约州政府并未对此做出官方回应，但据传，陆军国民警卫队第42步兵师的先锋部队曾一度聚集在宾夕法尼亚州的边境。

这一案例虽然听起来很愚蠢，但能简单地说明贸易战的严重后果。如果每一个国家都"只能购买国货"，那么世界贸易将会逐渐停止，贫困人群将进一步跌入无知和贫穷的泥沼。

在州立滚动基金里硬生生地加入一条"购买美国货"的政策真的能帮到美国的工厂吗？相反，正是这一新条款使企业无法获得州立滚动基金所带来的好处。一般，如果是拥有国家污染物减排系统排放许可的地方政

---

① 译者注：《美国复兴与再投资法案》也被称为"经济刺激法案"，"购买美国货"条款是经济刺激法案的第1640条。该条规定，在不违背美国对国际协定承诺的前提下，经济刺激法案支持的工程项目必须使用国产钢铁和其他制成品，除非联邦政府认定购买美国钢铁产品或其他制成品成本过高，会损害公众利益。美国国会2009年2月13日通过7 780亿美元的振兴经济方案，"购买美国货"的条款也包含在内。引自：高永富. 国际金融危机与"购买美国货"条款[J]. 国际商务研究，2009(2)：37-45.

府，就能够从滚动基金中得到资金援助。而一些为了生存在努力挣扎的美国制造企业虽然拥有国家污染物减排系统的排放许可，但如果不去"购买美国货"就不能申请滚动基金项目，也就无法获得滚动基金项目支持，得不到应有的资助。

国会除了"购买美国货"，还制定了另外一项"捷径政策"，给 2010 年的滚动基金项目又增加了一道难题，这就是《戴维斯-培根法案》（Davis-Bacon Act）。这一法案并不十分引人注目，人们对其普遍存在误解，认为这一法案要求对所有联邦合同工人都支付工会水平的工资（Union-scale Wage），而工会规定的工资水平基本上相当于非工会工资水平的两倍，这看起来更像是一个经典的"支持或反对工会"的议题。然而这些仅仅是一种表象。

首先，戴维斯和培根并不是支持工会的民主党人，而是共和党人，1931 年签署《戴维斯-培根法案》的总统赫伯特·胡佛（Herbert Hoover）也是共和党人。这项法案得以通过是因为当时全国各地的建筑工人的工资之间存在着巨大的差距。当联邦建筑工程在纽约招标时，建筑工人工资较低的密西西比州的承包商就能够因为成本低廉而中标，他们用卡车运送当地的工人到纽约，让工人住在棚屋里。这显然剥夺了纽约当地建筑工人宝贵的工作机会，而正是这些工人选出了为本州争取联邦预算拨款的国会议员和参议员。

针对这一问题，《戴维斯-培根法案》要求建筑商向工人支付与当地水平相同的工资，以平衡密西西比建筑商和纽约建筑商之间的成本竞争。密西西比的建筑商仍然可以用卡车将他们的工人运送至纽约，但是他们支付给工人的工资必须与纽约建筑商所支付的工资水平相同。这么做的意义是什么呢？

在很多地方，"主流"工资就相当于工会水平的工资。这是因为该地区大部分的工资很明显是由工会出面商定并签订合同所决定的。由此看来，工会工资水平的流行是一个偶然事件，并不是《戴维斯-培根法案》的根本目的。

而关键问题是《戴维斯-培根法案》导致劳动力成本加倍。供水/污水处理行业中有一个经验法则（Rule-of-thumb），即原材料费用占了项目经费的50%，劳动力成本占另外50%。一个2 000万美元的项目，其中1 000万美元是材料费，其余1 000万美元则是劳动力费用。如果《戴维斯－培根法案》生效，劳动力的成本将加倍，达到2 000万美元，项目成本则增长到3 000万美元。而且污水管理部门也会根据《戴维斯－培根法案》将征收的费用提高50%。这很难说是以尽可能低的成本为最多的人提供最大的环境效益。可笑的是，2011年1月20日，为制定财政刺激方案，从未来10年的财政预算中挤出2.5万亿美元，国会的共和党人试图废止《戴维斯－培根法案》，同样是这些人，在2013年投票表决使得该项法案成为州立滚动基金的固定条款。很明显，他们觉得这项法案对于联邦政府而言太过昂贵了，但是对各州来说并不算贵。

在任何情况下，无论是善意的为放贷人提供贷款的项目，还是像"购买美国货"和《戴维斯－培根法案》一样善意的"捷径政策"，如果你接受了它们，那么请小心：你并没有以尽可能低的成本为最多的人提供最大的环境效益。[①]

准则2：降低改善环境的成本。

这一准则在本书中不但有其独立的章节（本书最后一章）集中论述，而且也在另外三章中占有很大的比重。我们将在这一章中简单介绍，在后续的章节中还会更加深入地讲解。

很多年前，住在纽约肖托夸郡（Chautauqua）肖托夸湖边（Lake Chautauqua）的一个富有的医生拥有很多房产，为了给房屋供暖，他一次性支付6万美元建造了一个地热系统，为房屋提供可再生能源。该地热系统每个月能为他节省1 000美元电费。简单计算，在不考虑折现的情况下，他将在60个月（也就是5年）后收回项目投资。

回忆一下，我们在第1章中所讨论的房屋评估清洁能源计划。它是指国家借款给个人来实施可再生能源项目，个人在整个项目的存续期内偿还

---

① 在1987年《清洁水法案》通过时，美国国会在《清洁水法案》第6章中的清洁水州立滚动基金的财政资助部分列了17项所谓的"捷径"政策。幸运的是1996年这些政策都已过期终止。

该项贷款。国家通过发行应税市政债券①来筹集这部分资金。肖托夸郡在穆迪评级公司获得了A1的信用评级，因而能够得到5%的优惠利率。地热系统使用期达30多年，因而该郡能够发行30年期的债券。在5%的利率水平下，30年期6万美元的贷款每月偿付额②为325美元。③

也就是说，如果该郡实施了房屋评估清洁能源计划，这名医生第一个月就会获得好处，而不需要等待5年来收回初始投资。他第一个月支付325美元，节省电费1 000美元，净赚675美元，之后30年月月如此。

不是所有的人都能够开得起6万美元的支票，甚至很少有人愿意等待5年来收回投资，但是如果我可以在第一个月花费325美元，然后节省1 000美元，我明天就会采用新能源。我敢打赌会有很多人也愿意这么做。

如果你问："什么时候该郡的居民会毫无顾虑地接受太阳能或者其他的可再生能源呢？"答案是：当这些能源比传统的能源更便宜的时候。

降低改善环境的成本这一准则，不仅能够降低改善环境的直接成本，而且能够防止资金流失和浪费。

举例来说，一般地区滚动基金的模式是将20年期的市政债券的直接借款成本降低为市场利率的50%。这意味着如果你们的社区想要从该基金借款100万美元，当高质量的20年期市政债券的市场利率是4%时（所有的滚动基金都拥有AAA的评级），滚动基金将会以2%的贷款利率贷款给你。51个基金项目中至少有34个会如此运作。

首先，滚动基金会以4%的利率发行20年期100万美元的债券，该债券的年还款额为73 582美元，然后将得到的100万美元以2%的利率借款给你所在的社区，社区年偿付额为61 157美元，两者之间的差额12 425就

---

① 这一债券是应税的，因为该债券的受益人是私人，而非公共实体。

② 与住房抵押贷款不同，市政债券的偿付是以半年期利率和年利率为主，因此当我们提到市政债券的"每月偿付额"时，我们指的是用一年两次偿付的总额除以12。

③ 译者注：年利率水平为5%时，月利率水平可由$(1+r)^{12}=1+5\%$来计算，得出月利率水平$r=0.42\%$。现值$PV=A \times (\frac{1}{(1+r)}+\frac{1}{(1+r)^2}+\cdots+\frac{1}{(1+r)^n})$，由此可计算出每月偿付额约为325美元。

是基金所提供的补贴资金额。那么，滚动基金从哪儿获得这部分资金呢？答案是，要么将基金的资金保留一部分用于投资（也就是不用于资助清洁水项目的债券发行），要么调用其他社区的项目偿还款。无论哪种情况，都存在着资金成本。衡量这个成本可以简单地假设将一笔资金以4%的利率存在银行20年，在这种情况下滚动基金不得不投资310 625美元在存单中，这笔存款所获得的收益才可以弥补该项补贴。

第一个教训：这部分金额占基金总额的31%以上，但这部分资金不能用于支持清洁水源项目（见第15章，补贴的诅咒）。第二个教训：如果不从滚动基金借款，假设你所在的社区发行了一只100万美元的市政债券，则在2%的优惠利率下20年期的滚动基金贷款将花费你61 157美元。假设债券利率为4.5%，期限为30年，则年还款额为61 392美元。换句话说，一只30年期的市场利率债券和一只优惠利率为2%的20年期的滚动基金贷款（该贷款还浪费了310 625美元）之间的差额只有235美元。如果你的社区真的需要那区区235美元，那么获得这笔津贴的成本将是5 875美元。因而，降低环境治理成本的准则并非总是那么简单——但确实是我们始终要追求的。

这就是这一准则如此重要的原因。如果我们能够降低环境工程或者可再生能源工程的成本，就有更多的人有能力负担这些工程。因此，请在阅读余下章节的过程中一直记住我们的目标就是以尽可能低的成本为最多的人提供最大的环境效益，而且，我们要通过坚持不懈地降低环境项目的融资成本来尽可能实现项目成本最小化。

第4章

环境金融的政策准则

人们可能会认为环境金融至少会有二十几条政策准则。我在第2章也提到过，这些准则并不是一成不变的，在这一领域工作得越久，能够鉴定出的准则就越多。但是在25年之后，只有两条政策准则异常重要。据我观察，联邦、州和地方政府试图解决环境问题的政策很少能同时符合这两条准则。例如，暴风雨导致的雨水径流问题一直困扰着马里兰州，政府的调控是有时间顺序的。马里兰州最大的9个郡和巴尔的摩市都发放了国家污染物减排系统许可，限定了雨水排放的总量，但是政府对如何通过资金激励或者将资金激励与法律法规协调起来以真正地减少雨水径流（Storm-water Runoff）则关注甚少。

以下两条准则是环境金融的政策准则，你会发现准则4对污染者付费这一原则的看法与传统观念略有不同。

准则3：政策规制和资金激励是互补的，"胡萝卜"和"大棒"应配合运用，这对因为经济困难而无力达到标准或不在法律管制范围内的人尤为关键。

这是一条不错的准则，但也需要放在特定的环境中在必要的时候加以运用。有时将环境法令和资金激励结合起来很重要，但有时又没有这个必要。

或许关于这一准则最简单的例子就是第1章提到的杰克和戴安娜的柴炉和他们患哮喘的孩子。

逃离老式柴炉的第一步就是要找到问题的根源。在这个例子中，**空气质量低劣的非达标地区**问题的根源在于使用老式柴炉。第二步是制定规则：在非达标地区取缔老式柴炉。第三步是为居住在非达标地区的杰克与戴安娜这样的人群提供100%补助——他们非常贫穷，没有其他的热能来源，而且还有一个家庭成员患有肺部疾病。综合运用法律法规且在有需要的地方提供补助金是一套解决问题的好方法。政府不能仅仅创造一个毫无意义的税收抵免政策，然后就对其置之不理，还好像做出了什么业绩一样。

不幸的是，其他的例子并没有这么简单。

就像在第2章中提到的那样，在遇到雨水径流问题时，马里兰州对其最大的9个郡和巴尔的摩市实施了很严格的政策规制，但是它们并没有配合使用任何资金激励措施。另外，它们对地方政府制定的法规包含如下条款：地方政府不仅要负责设立地方的雨水机构，还要用地方税/费为这些机构提供资金支持。

解决雨水问题就是延缓雨水流入储水体的速度，在马里兰州的案例中，也就是延缓雨水流入切萨皮克湾的速度。这一目标可以通过积攒雨水来实现。当雨水流过屋顶时，你可以用水箱或者蓄水池来保留雨水。如果你有一个很大的平屋顶，你可以在上面放上沙子、种植蔬菜，从而延缓雨水流失（也能够起到隔离房屋表层的作用）。如果你拥有一些像车道和停车场那样的不透水表面，可以用可透水表面来代替，这样会使雨水缓缓地渗入。然而，更换不透水表面，建造蓄水池、水箱或绿色屋顶、雨水花园都非常昂贵。

重点就在于这9个郡和巴尔的摩市并没有足够的公用土地来建设雨水缓流工程。如果它们要遵守规则的话——事实上它们必须遵守——那么它们必须找到让私人房主来承担相关项目的方法。它们怎么能做到呢？它们会制定规范吗？难道它们要通过地方性法规强行规定任何一个拥有超过1英亩不透水表面的人将其不透水表面减少20%？

如果某人在一个商城里拥有两三个空置商铺以及一个2英亩左右的停车场，他该怎么办呢？他显然没法从所拥有的财产中获得非常好的收益。那么，地方政府是要强迫他自费拆除2英亩的停车场并更换成可透水表面吗？对这一点我深表怀疑。

如果地方政府为他提供资金激励呢？这就是核心准则2的来源：降低环境项目的成本将会促使更多相关的项目得以实施。换句话说，资金激励越多，反对项目的房主就会越少。很明显，如果资金激励覆盖了100%的成本，那么房主就没有什么理由抱怨了。

马里兰州的居民至今还没有领会这一准则的重要性，但是他们会慢慢领悟到的。

所以我们强调，在某些情况下，政府规制应该与资金激励并用。

但是之前我们已经提到，要在"必要的时候"实施资金激励。那么，在什么情况下资金激励是不必要的呢？

《清洁空气法案》规定了车辆尾气排放问题以及像电站这种主要的工业污染源的排放问题。这些强制性条款并没有配合任何资金激励政策。如果配合资金激励呢？如果政府给予汽车制造商和电力公司资金激励，它们毫无疑问会用这些钱来支付环境管制的成本。这意味着汽车的成本和电价不会上涨。但是，从保护环境的角度来看这是一个好主意吗？我们要减少其成本来鼓励人们更多地使用汽车吗？我们要补贴电力成本来鼓励人们更多地用电吗？我认为任何一个关心环境的人对这两个问题的回答都是"不"。这一例子很自然地将我们引向了准则4，即"污染者付费"。因为你可以从之前的例子中看出，汽车制造商和电力公司并不是污染者，我们才是。

在我们继续探讨准则4之前，让我们看一看《清洁水法案》中出现的一些令人头疼的规制/激励问题。

如前所述，《清洁水法案》通过发放国家污染物减排系统排放许可来管理点源污染。无论是私人企业还是政府，只要有排污管道就必须拥有该许可。公有污染源（如政府）能够从州立滚动基金获得大量资金激励，而私人污染源则无法获得资金支持①。

---

① 只在极特殊的情况下有可能获得资金支持，自从州立滚动基金1987年设立以来，这种情况只出现过一次。

如果是一个非点源污染者——无论是公有的还是私有的——都不在监管范围内，是否遵守法规是自愿的行为。尽管没有"大棒"来管制，却有很多潜在的"胡萝卜"，即可以获得资金支持。

核心问题就在于这个词：**自愿**。

美国环保署表示："根据2000年的**国家水质调查报告**，农业非点源污染是各州被调查的河流和湖泊水体污染的主要原因……"[1]在高度敏感的切萨皮克湾，38%的氮来源于农业排放[2]。

治理农业非点源污染是自愿的，你不能强迫一个农民减少农场排放。尽管州立滚动基金可以为农民提供低成本贷款，但这毕竟是**贷款**，农民依然要用自己的钱去偿还，就像农民无法提高所种植的谷物或饲养的牲畜的价格一样，也没有办法像污水处理机构一样提高收费。除了一些富有的农民出于善心去承担这些项目，或另外有些农民偶然发现减排项目能提高产出外，农民们为什么要借钱治理污染呢？这个问题与雨水问题有一定的相关性。在雨水问题中，存在（潜在的）规制与（潜在的）资金激励的结合，即如果有足够的资金激励，你或许可以迫使私人房主承担雨水缓流项目。然而，在非点源污染地区，没有任何规制，没有"大棒"。

随着时间的流逝，农业排放造成的水污染占比越来越大，对农业活动的规制将逐渐开始，最终将会有"大棒"出现。到了那时，这些项目是否能成功将取决于资金激励的程度。

准则4：忘记"污染者付费"这一区别对待的原则。所有人都是直接或者间接的污染者。我们都应该付出代价，而且污染越多，付出的代价应该越大。

这一准则不言自明，无须过多讨论。比如我们说过的机动车和用电的案例。开车造成的污染是直接污染；我们使用的电能大部分来自于化石燃料，因此我们也是间接的污染者。

因此，我们都是污染者。再来看这条准则的后半部分：污染越多，付

---

① USPEA.Protecing Water Quality from Agricultural Runoff.EPA 841-F-05-001,at 1.

② Chesapeake BayProgram,Phase 4.3 Watershed Model,5/11.

出的代价应该越大。本书随后就会讨论为环境金融项目筹资的方法。现在来看一下多污染者多付费的例子——车辆排放税。

车辆尾气的排放直接导致大气氮沉降，从而造成水污染，同时也会产生二氧化碳。仍然以马里兰州为例，全州的汽车每年产生的二氧化碳高达1 488.5万吨，卡车排碳达1 482.4万吨。

假设对卡车统一征收40美元的尾气排放税，且根据机动车的空气污染得分和温室气体得分征收另外一部分浮动税，这笔浮动税最高可达40美元。空气污染得分和温室气体得分由美国环保署创立，用来对机动车的尾气排放水平进行评级，最低为1，最高到10，10分代表尾气排放的最低水平。某辆车的税收水平计算过程如下：首先，对两项得分取平均值，用10减去该值，再乘以0.1，然后乘以最高的附加税值。以丰田普锐斯为例，其空气污染得分是8，温室气体得分是10，平均值是9，用10减去9得1，1乘以0.1得0.1，最后用0.1乘以40美元的税率得到普锐斯车主应该每年交4美元的税。总之，两项得分的均值应该为5，这意味着机动车拥有者应该平均每年上缴20美元的排放附加税。马里兰州有2 583 261辆汽车，汽车排放附加税平均为每年20美元，足以筹集5 200万美元，为8亿美元环境项目债券偿还年度债务。

马里兰州还有1 849 201辆卡车，汽车排放附加税平均为每年40美元，足以筹集大约7 400万美元，为11.38亿美元环境项目债券偿还年度债务，所得收益足以支持马里兰州全境雨水径流项目的补助计划。因此，对汽车和卡车所征收的汽车排放附加税总和为1.26亿美元，可以支持发行的债券总额约为19.38万美元。这一数额占马里兰州所需要资助的环境金融项目资金总额的36%以上。

最后一点是关于"污染者付费"的问题：1987年美国国会修正了《清洁水法案》，用国家滚动基金计划代替了1972年创立的建设补助计划（Construction Grant Program）。建设补助计划只局限于为公共污水处理设施（Publicly Owned Treatment Works，POTWs）——也就是非私人点源提供资金支持。新设立的清洁水州立滚动基金还是沿用同样的方式：只有公共污水处理设施有资格得到资金支持，私人点源污染得不到。到底出了什么问题？这仅仅是一个尽可能去接近建设补助计划的案例吗？或者难道是国会中有一些议员对私人污染者素来就怀有敌意？

我感觉两者兼而有之。很多人希望清洁水州立滚动基金与建设补助计划越像越好。但也的确有人认为即使没有任何来自政府的资金援助，私人工厂也应该为其排放的污染物付出代价。在任何政府中都有一些反商业的团体。此时，不管是有意还是无意，他们都成了胜利者。

2009年的《美国复兴与再投资法案》为清洁水州立滚动基金提供了一笔"意外之财"，但也附有限制：清洁水州立滚动基金要求申请借款者必须"购买美国货"，这是对美国国会极大的讽刺："我们希望你从这些美国的私人企业购买产品，以帮助这些企业生存和创造就业，但我们不考虑为这些企业的污水处理措施提供资金支持。"即要求这些借款者必须光顾美国的工厂，也正是该基金将这些工厂排除在该基金之外。

国会理解"购买美国货"与这些企业及就业机会之间的关系，却没有想到，如果不支持这些企业得到国家污染物减排系统许可，最终这些就业机会依然会失去。

来看一个简单的例子：假设某企业要承担一个1 000万美元的项目以达到国家污染物减排系统许可的合规要求，但现在大多数的企业都不能进行长期融资，除非拥有一份优质的资产作为抵押。而这些企业能够抵押的只有那些（用过的）污水处理设备，这些设备的抵押价值却是0！

假设所有的企业都能以9%的利率借到5年期的贷款（1 000万美元），则其每年应偿还2 570 920美元。而如果它们能够从滚动基金获得这笔贷款，即使是以4%的无补贴利率借款20年，年度债务偿还额为735 818美元，即州立滚动基金的偿还额比传统贷款低71%。

如果污染者偿还债务的压力稍微得以缓解，就能够保住很多的就业机会。但是现在污染者要自己承担污水处理项目的全部费用。处在生存边缘的私人企业真的需要获得补贴来适当地缓解财务压力。

第5章

环境金融的管理准则

本章是对第2章提到的23条环境金融准则的进一步阐释。这里涉及的是直接应用于环境金融的**管理准则**，共有6条。大部分准则都是常识。而且，也非常简单、直接，并不晦涩难懂。这从另一个角度说明其中很多准则是非常难实施的，甚至是不可能实施的。

由于前两条准则谈到的是同一个问题，我们同时说明这两条准则。

准则5：确定一个负责人，让他/她为自己的行为负责，并做好解雇他/她的准备。

准则6：需要建立咨询委员会而不是执行委员会。

这两条准则都是常识，但或许是不可能实现的。

所有的政府都由若干职能部门构成。在大多数情况下，"环境"保护部门是监管者，但是也有例外。例如，美国国家环保署以及马里兰州的环保部门都不仅仅是监管者，也是金融激励政策的制定者。而大多数的州，例如缅因州、纽约州、得克萨斯州、俄亥俄州、宾夕法尼亚州以及弗吉尼亚州都将金融激励职能与监管职能分开。这些州并不是由来自两个部门的工作人员共同对环境问题负责，反而是没人负责，也就是说找不到一个负责人来质问他/她执行的环境项目是否能实现效益最大化目标。

环保部门也不是政府中唯一负有环境保护责任的部门。在联邦政府，环保署、能源部、农业部、交通部、内政部、商业部、住房和城市发展部都负有责任，像国家海洋气象局和海洋能源管理局这样小有名气的机构也一样负有部分责任。所以，当问及谁应该对环境负责时，答案是没有任何人对环境负责。

当然，我们也可以说总统负责。虽然他对环境负有责任，但并没有真正直接承担责任，也不会真的管理和处理相关的日常事务。

指定一个负责人负责国防事务有意义吗？有意义。负责交通呢？有意义。国家领土呢？有意义。环境呢？有意义。当然，事实上这些基本上都不会发生（我们有美国环保署署长，但他也不是对美国环境负责的人）。

不仅联邦层面存在这样的问题，州和地方政府也一样。各州有环境监管部门、自然资源管理部门、农业管理部门、规划部门等。地方政府也有环保办公室、规划部门、公园管理部门。无论哪一个层级，都没有专门的环境责任人。由于我们目前的政府结构基本上长期固化，以后也很难有专门的负责人对环境负责。

如果没有专门的责任人，那么设立一个由上述各机构的领导组成的"执行委员会"呢？

这里强调一点：只要委员会的各个成员有各自不同的法定责任，那么"执行委员会"一词本身就是一个不折不扣的矛盾。

只有当总统、地方长官或郡长召开"环境内阁会"，并且有人愿意负起责任时，这才是真正的执行机构。即便如此，也很难通过这种方式处理日常事务。

那么，"咨询委员会"呢？咨询委员会有很多种定义。在我看来，一个真正的咨询委员会是一个由专家和股东所组成的委员会。专家能够为事情的完成提供最好、最有效的方法，股东能够就政府环境决策对生活和人们财产的影响提出建议（和警告）。只有符合这种情况的咨询委员才能够为我们提供很好的服务。

准则7：坚持所有信息网上公开，使政策和计划完全透明。

正如英国哲学家弗兰西斯·培根（Francis Bacon）所说，"知识就是力量"。越多的人了解到政府为保护环境正在做出的努力，人们就会感觉越有力量，也就越支持这些环保努力——除非他们是反环境主义者。

很多年前，我在为纽约州政府准备第一次发行债券的文件，其间向纽约州预算总监小彼得·戈德马克（Peter C.Goldmark，Jr.）咨询意见，他建议我"永远坚持信息披露"。从那时起，全面披露的理念就贯穿了我的金融职业生涯。我完全无法想象在没有全面及时地披露相关信息的情况下能够实施任何影响公众的行动。即使是在不确定某些信息是否相关的时候，我也会遵循小戈德马克的忠告——"坚持披露信息"。与小戈德马克的这段对话发生在多年以前。但当我在一些金融新闻报道中看到证券交易委员会（Securities and Exchange Commission，SEC）、金融业监管局（Financial Industry Regulatory Authority，FINRA）或法庭依然在追捕对一些非常重要的金融交易没有披露重要事实的政府官员、公司管理者时，我从来也不会感到吃惊。因此，不要将信息透明当作想当然的事情，要及时核实你是否做到了信息公开并坚持下去。

准则 8：学会变通。如果一项策略不能达到预期效果，就果断抛弃并采取另外一项策略。

一些人似乎总是固守着一些项目模式和政策，而且没有持续地或至少定期地审核政策效果，这种做法并不明智。

自从 1987 清洁水州立滚动基金设立以来，大多数州都通过委托贷款为非点源污染治理工程提供资金。每个农民可以向清洁水州立滚动基金申请 10 万美元贷款来为农场安装动物排泄物管理系统。银行直接将农民列入优质客户名单，之后农民就可以与银行洽谈具体的利率和相关条款，并最终获得贷款。基金将会在银行存入相同期限的相当于贷款总额的资金（10 万美元），并接受一个低于市场利率水平的利率，如 2%。银行向农民收取的贷款利率同样也比市场利率低 2%（当然，无法得知市场利率真正是多少）。值得注意的是，如果农民没法偿还贷款，银行也会承担损失，因此银行存在损失风险。

该项目存在两个问题。很明显，第一个是向农民收取利率的问题，第二个是期限问题。银行不愿意发放超过 5 年期的贷款，能接受的最长期限是 7 年，而动物排泄物管理系统的资产或服务寿命至少是 20 年。政府资助这些资产的项目并不能只凭银行家们的一时兴起，而应覆盖资产的整个服务寿命周期。如果要资助一个持续 10 年的校车项目，学校董事会应资助

10年，而不是5年，也不是20年。

因此，对类似于动物排泄物管理系统这样的项目而言，州立滚动基金应该在项目整个生命周期中一直处于运营状态。如果银行以4%的利率为农民发放了5年期的贷款（10万美元），农民每年需要支付22 463美元；如果是以4%的利率发放了20年的贷款（10万美元），农民每年的支付额仅为7 358美元。请记住环境金融的核心准则：某个项目的实施成本越低，就有越多类似的项目得以实施。

我只能说像这样的委托贷款项目在多年前就应该被废除，且用来自州立滚动基金的更长期的贷款取而代之。在由州立滚动基金为环境项目所提供的1 000万美元的资金中，为什么只有不到4%的资金支持了如动物废物管理系统这样的非点源治理项目呢？

因此，我们应该周期性地评估环境金融项目，如果这些项目没有高效地达成目标，就抛弃这些项目设计，代之以真正能发挥作用的项目。

准则9：目前的法律和政策管理工具无法处理像非点源水污染和小污染源的空气污染这类问题，我们应该设计并采用新的策略。

如第1章所述，三四十年前美国主要的环境法案实施以来，我们在治理那些较为容易处理的环境问题上取得了很多成就。大气中的铅含量和汽车尾气排放量大幅减少；通过加大力度处理（并大量资助）城市污水问题，主要的水体质量也得到改善。我们现在正在关注第二代环境问题，也就是成百上千的小型非点源和小空气污染源所带来的污染问题。

在上文中，我提出应该废除委托贷款项目，而由州立滚动基金直接发放贷款。但现在我得承认这一建议相当"愚蠢"。州立滚动基金并没有充足的资金储备为成百上千的农民和其他非点源污染者提供资金。州立滚动基金是用来为公共污水处理设施提供上百万美元贷款的项目。基金工作人员可以通过在网上查阅信用评级机构的信息来了解企业的信用情况，但没有那么多的员工来处理上千个农民的信用问题，也没有相关的线索来评估某一个农民的信用。如果按照中等信用评级向农民提供私人贷款呢？如果这是贷款给信用评分很差的农民，但是他以农场做抵押呢？州立滚动基金没有一个员工曾经处理过这样的问题。

如果你继续往下读，就会发现的确有一些策略可以有效地处理这类问题，关键在于我们必须现在就开始设计并实施这些新策略。

准则10：现在就是运用环境融资工具的最佳时机。在通货膨胀的作用下，所有的东西在未来都会花费更多。

这一准则也是个简单的常识。每一个人都可以直观地理解货币的时间价值。

我经常举这样的例子：与现在的价格水平相比，当我还是一个小男孩时，23美分可以买一夸脱①牛奶；我姐姐曾经用3.5万美元买了一套很棒的三居室。

每个人都有这样的故事可讲，这就是真实世界的通货膨胀。任何东西在明天都会比今天花费更多的钱。所有东西的成本都随着时间不断增长。因此，我们必须确保今日事今日毕，不要把今天本该完成的项目拖到明天，明天完成同样的项目成本将会更加昂贵。

如同我在本章一开始就提到的，以上都是简单的、常识性的准则，我们需要做的仅仅是确保现实中的环境项目都能够符合上述准则。

---

① 译者注：夸脱是液体或固体的容积单位，1夸脱等于0.25加仑或2品脱，约0.95升（美制）或1.14升（英制）。

第6章

环境金融的财政增收准则

下文所述的是5条适用于环保项目融资的准则。

当探讨为环保项目融资时，资金**规模**与**稳定性**是两个常常论及的关键问题。为环保项目融资时，最好能够将筹集到的资金用于环境债券每年的还本付息，因为基本所有的公共债务都采用等额本息法偿还，也就是年还款额是一样的，因此要保证资金筹集量的稳定性。这是一个非常实际的问题，因为资金稳定性会直接影响偿债利率。

美国所有的公共债务都需经过三大国际信用机构的信用评级。这些机构在评定某一债券的信用等级之前会调查这一债券的偿付能力。收入流越大，在长期内表现越稳定的债券，获得的信用评级越高。

收入流的规模直接影响融资项目的大小。假如发行一只利率为4%、期限为30年的债券，每年的还款额为本金的5.7%。也就是说，如果每年收入流达到57美元，就可以发行一只1 000美元的债券支持环境项目；如果收入资金流达到了每年5.7万美元，你就可以完成一个100万美元的项目。因此，收入流的**规模**与**稳定性**共同决定了为偿还债务所付的利息，在进行环保项目融资时请牢记这两个概念。

准则11：尽量避免通过单一渠道来筹集大量资金，应代之以分散的小渠道，资金来源于多个小渠道比来源于单一大渠道更加稳定。

比如通过提高汽油税来募集资金，但是当汽油税高达1加仑7英镑时，人们会减少开车的时间，汽油销量就会大幅下跌，导致汽油税收入锐减。销售税也一样。你可以用一部分销售税收入来偿付环保债券，但若遭遇经济衰退，社会消费大幅降低，销售税收入就会下滑。

更好的做法是建立多个小渠道的收入流，比如增收汽车排放税、船舶注册费、过桥／隧道费、船用燃油费等。换句话说，因为彼此独立的收入能够避免受同一个经济事件影响，一系列的收入流可以使债务偿还变得更加稳定。

但在对基本服务征税时，也存在例外情况。例如，马里兰州规定凡是与市政污水设施连接或安装了化粪池的房屋所有者都需要交"**冲马桶税**"，除非他们切断自家排污管道与市政污水处理系统的联系。在这种情况下，评级机构也会愿意给"冲马桶税"支持的债券很高的信用评级。

准则12：将筹集到的环保资金放在一个篮子中，不要分散处理或随意浪费。

2006年，我有机会审查马里兰州自然资源部的预算。令人惊讶的是，这个部门的资金来源有20多条小渠道。对照刚刚列出的准则11，这样会使资金流更加稳定，似乎是一件好事。但问题是马里兰州通过每一条小渠道募集来的资金只能用于特定用途，例如"野鸭基金"只能用于保护野鸭子，"牡蛎基金"只能用于保护牡蛎，"石斑鱼基金"只能用于保护石斑鱼。

在不同的基金之间设有一道法律防火墙无疑是不合理的。如果牡蛎已然泛滥，我们就没有必要动用牡蛎基金去扩大牡蛎的繁殖规模，如果此时石斑鱼急需扩大繁殖规模，牡蛎基金对此却无能为力。我了解牡蛎养殖人会努力争取"牡蛎基金"，同时猎人也会全力争取"野鸭基金"，但是两者仍应有一个相互协作的过程，以确保每年筹集到的资金能投入到最需要的领域之中。

准则13：在筹资的过程中区别征税，多污染者多缴税，同时奖励节能环保行为。

在第4章中，我们讨论了环保署的汽车尾气排放附加税，税收从4美元到40美元不等。最环保的汽车可以享受到4美元的低税收，而排放污染最多的车辆需要支付40美元。4美元与40美元的差价并不会改变人们的行为，人们不会为了节省36美元换一辆节能环保汽车。假如汽车尾气排放附加税收从每年4美元递增到每年4 000美元，人们就不会再依赖汽车，因此提高汽车尾气排放附加税是正确的一步，也符合"污染者付费"准则。

同样的道理也适用于气候变化与温室气体排放。人类向大气中排放了440亿吨二氧化碳，这些气体与其他温室气体一样，将太阳光阻挡在大气层中引起温室效应。自两万年前的冰川时代以来地球的气温不断回升，人为排放的440亿吨二氧化碳加剧了这一过程。

减少碳排放量最有效的方法之一是征收碳税。在过去的3年中，全球都在进行"总量控制与排放交易"的实验，这样的实验允许减排成本低的人将其所获得的减排信用额度出售给减排成本高的人。目前关于对这个体系的效果的论断，结论并不一致。政府一旦认识到征收碳税得到的资金可以促进可再生能源的发展，迟早会对温室气体排放征税。

准则14：用"专项财政收入"（比如年度税费）来融资，而不是直接投资环境项目。

正如上文中提到的，规模较大的多元化资金收入流的最好用途是偿付环境债券每年的利息。

之前已经详细介绍了马里兰州臭名昭著的海湾环境修复费以及"冲马桶税"，这笔资金用于支持对从污水体系流入海滩中的95%的营养物质强化去除项目，种植了66种海湾污水脱氮植物。目前，"冲马桶税"每年收入约1.2亿美元，而营养物质强化去除项目的资金需求为13亿美元，如果每年投入1.2亿美元，则需要10年以上才能完成此计划。因此，最明智的做法是不把这笔资金用作直接补助。事实上，营养物质强化去除项目将于2017年完成，这要归功于马里兰州以每年获得的1.2亿美元"冲马桶税"收入作为基础为该计划发行债券，再用1.2亿美元支付债券的年度利息。

准则15：尽可能减少征/加税的阻碍。

正如上文所提到的，政府一旦提高总体税率，比如收入所得税、财产税或销售税，必然会招致全国范围内的怒火和抗议，每家报纸都会撰文反对。华盛顿特区与各州首府的政客也会行动起来，在国会山与州议会不断游说议员，反对加税。

关于这一点，我们可以从马里兰州借鉴一二。2007年，马里兰州政府成立了切萨皮克湾和大西洋沿岸海湾信托基金（Chesapeake and Atlantic Coastal Bays Trust Fund），当地人普遍将其称作"**绿色基金**"。为这项基金融资的收入流主要来自于一个在政治上别出心裁的征税方式：汽车租赁税。

在马里兰州租车的人中有多少是本地人呢？当然并不多，大部分租赁汽车的人都来自于州外。因此，马里兰州的媒体不会反对这一政策，政客也就不会因此频繁在马里兰州议会活动。缴税的外地人也不会反对，就算反对，也并不会引起州议员的注意。只有当地的汽车租赁公司会反对，但赫兹（Hertz）与安飞士（Avis）①的游说团体并不是很有力度，在税收支持者面前这无异于螳臂当车。因此，这项税收政策就毫无阻力地通过了。

还有一项财政收入的来源也几乎没有阻碍。这项收入从租税增额融资特区（Tax-increment District，TID）收取。租税增额融资特区主要应用于美国棕色地块环境修复计划。通常，一个臭气熏天的废弃垃圾填埋场所在街区的土地资产价值一定是被严重低估的。当地政府决定解决垃圾填埋场的问题，将废弃垃圾填埋场改造成高尔夫球场。首先用非渗透的材料包裹，然后再覆盖上几尺厚的表层土壤。事实上。一旦这块土地的臭味与丑陋感消失，再建设崭新的高尔夫球场，土地的资产价值就会迅速反弹。假定将要建设高尔夫球场的棕色地块的土地价值为1万美元，当高尔夫球场真正建成后，这块地升值为5万美元。再假定，高尔夫球场用地的房地产税是1%，那么高尔夫球场建成前，政府获得100美元税收，现在土地价值为5万美元，保持房地产税率不变，政府可获得500美元税收。

假设某地方政府设立租税增额融资特区作为垃圾填埋场向高尔夫球场

---

① 译者注：当地的两家汽车租赁公司。

转型的融资方案。融资特区包含垃圾填埋场及相邻的几个街区，这些街区的土地资产价值也受垃圾填埋场影响被低估。

划分租税增额融资特区的三个关键法律要素是：第一，租税增额融资特区会为环保项目发行市政债券融资；第二，租税增额融资特区范围内土地资产的税收会增加；第三，这些增加的税收会用来偿付年度债务，直到债券的清偿期限结束为止，之后的收入归政府所有。

这样一来，租税增额融资特区增加了400美元的房产税，特区范围内居民的房产变得更有价值。诚然，他们因此需要缴纳更多的税，但并不是因为税率提高了，而是资产的评估价值提高了。有资产升值作为补偿，因此，租税增额融资特区项目几乎没有受到阻碍。

来看一个马里兰州采用这一融资方案修复海湾环境的真实案例。

切萨皮克湾海岸线及其附近的房产总是令人梦寐以求，房价高的核心因素就是地处海边，海岸线房产的所有者十分关心海湾环境状况。如果海湾成为天然排污口就会导致资产价值陡降。因此，考虑到海湾房产所有者得到的海湾直接经济效益远远比马里兰州民众得到的要多，让他们承担更多维护海湾环境的花费是公平的。

根据马里兰州的地质调查，其境内切萨皮克湾（及其分支）的海岸线长达6 776英里。距离海岸线1 000英尺（可以换算成0.189英里）内区域设定为优先区，这意味着在马里兰州有1 283平方英里（相当于821 333亩）的优先区。

假定每亩地的价值是10万美元，则全部优先区的估值是821.3亿美元。如果进一步考虑到这些地段的热门程度，每亩地的价值甚至可能达到20万美元。

房产税中归马里兰州政府的部分占0.112%。马里兰州大部分地区的房产税率（包括归州政府的部分）大概在房产估值的1%左右。这样来看，州政府所征的税大概占当地税收的10%。假定优先区每亩地价值10万美元，州政府从优先区可以得到91 989 333美元的税收。

假设马里兰州在这821 333亩地上再实施优先区的租税增额融资特区方案。

在棕色地块案例中，租税增额融资特区所有房产都要被重新评估，以反映其更高的价值，因为它们邻近的是高尔夫球场而不再是垃圾填埋场。

但是在马里兰州作为租税增额融资特区的优先区，并没有相关的计划，也没有项目，自然就不用重新评估。那么钱从哪里来呢？当然来自于新房主。

房屋在美国的所有权变动频率大概是7年一次。我们假定在7年的周期内，优先区的房价增长了20%。在正常的房屋成交量下，这意味着关键区域一年可以收入1 800万美元。这部分收入可以用来支持发行海湾环境修复债券。

在这个案例中，租税增额融资特区方案面临的阻力比棕色地块计划阻力更小，因为在棕色地块计划中原有住户要缴纳更多的税费，而在优先区，只有新住户才需要缴纳更高的税，原有住户则不需要，这样问题就容易多了。

除了租税增额融资特区之外，政府还有一个有趣的选择，即将租税增额融资特区打造成特别税区（Special Tax District，STD）。特别税区的概念简单易懂，即划出一块独立的区域，该区域内的房产拥有者需要交特殊的税，而区域外的则不用交。既然马里兰州议会有为修复海湾环境融资的责任，它可以再划出一个切萨皮克湾优先区域的特别税区，覆盖821 333亩优先区。这项在特别税区内征收的海湾环境修复附加费等于当前马里兰州征收的税。这又会为海湾环境修复项目带来一笔超过9 100万美元的收入。

特别税区具体是如何发挥作用的呢？假定在海岸线上有一座价值50万美元的房子。当地总税率在1%左右（其中0.9%由国家收取，0.1%由州政府收取），即总税收为5 000美元，州政府获得500美元。在特别税区制度下，通过征收海湾环境修复附加费（Bay Restoration Surcharge），州政府收取的税率实际上翻倍了，为0.2%。多收的500美元可用来支撑发行海湾环境修复债券。

多余的500美元海湾环境修复附加费会让总税费增加到5 500美元，仅占总量的9.1%。对于直接从海湾房产升值中获利的居民来说，纳税额提升9.1%并不多。

在租税增额融资特区的基础上再设立特别税区，肯定还是有阻碍的。在优先区居住的富有房主们一定会竭力反对，但这仍然可以作为筹集资金的一种选择。

第7章

环境金融项目的财政收入来源

前几章讨论了为环保创造更多的税收来源的一些准则。第4章介绍了美国环保署的汽车尾气排放税，第6章讨论了更多类似的案例，包括马里兰州不被大众熟知的**"冲马桶税"**、租税增额融资特区和更激进的**切萨皮克湾特别税区政策**。

这一章还会介绍更多的税收来源，有资金规模庞大的航空客运里程税（空运税），也有资金规模很小的钓鱼执照费等。征收**航空客运里程税**与发放**钓鱼执照**的阻力并不大（因为两者所征收的税费都很小，且渔夫往往很关心水质的提升）。还是有很多的征税案例违背了"尽量减少征税阻碍"这条准则，不能毫无阻力地征收税费。下面具体阐述这些筹集资金的方法。

7.1 航空客运里程税和空运税

运输统计局称，2010年飞行年期间（2010年5月到2011年4月），国内外乘客在美国上空总共飞行了8 177亿英里。假如每个乘客每飞行1英里支付1美分的费用，政府每年能筹得超过80亿美元。如果按照人口比例分配资金，美国人口最稠密的加利福尼亚州（占美国总人口的11.91%）每年能够筹集9.74亿美元。排名第二的得克萨斯州（占美国总人口的8.04%）可筹集6.057亿美元，即便是人口最少的怀俄明州（仅占美国总人口的 0.18%）也能筹集 1 500 万美元。

如果要发行一只利率为 5% 的 30 年期债券，则每年需要偿还本金的 6.5% 左右；发行一只 100 万美元的债券，则每年需要支付 6.5 万美元。这意味着，如果加利福尼亚州使用 9.74 亿美元航空客运里程税的全部税收收入来支持环保项目，则可发行 150 亿美元环保债券；得克萨斯州可发行 100 亿美元环保债券；怀俄明州可发行 2.3 亿美元环保债券。

航空客运里程税带来的票价上升对纳税人的影响并不明显，例如纽约与波士顿的空中距离是 190 英里，一位从纽约飞往波士顿的旅客会额外缴纳 1.9 美元的航空税，多出来的 1.9 美元并不会使人的生活水平下降到贫困线以下。纽约距洛杉矶 2 448 英里，每位乘客会多交 24.48 美元航空税，纽约肯尼迪国际机场到洛杉矶最便宜的机票价格是 1 033 美元，额外的 24.48 美元只会使票价上升不到 2.4%，比托运行李的费用还低。

再来看一下空运税。2011 年，航空公司平均每英里运输货物 73 亿吨。如果每吨货物飞行 1 英里交空运税 1 美元，可筹得的资金额将超过 70 亿美元。加利福尼亚州可获得资金约 8.7 亿美元，也就可以发行超过 130 亿美元的债券；得克萨斯州可以筹资 5.87 亿美元，发行超过 90 亿美元的债券；怀俄明州可以筹得 300 万美元，发行超过 2.02 亿美元的债券。这些债券数额是非常庞大的，并且发行阻力较小。

7.2　增加公路收费

增加公路收费也是马里兰州的一个案例。2005 年 6 月，切萨皮克湾基金会进行了一系列民意调查，结果显示有超过 78% 的受访者同意小幅调高税费，将资金用于海湾环境修复。其中，75% 的受访者同意每年多支付 10 美元，66% 的受访者同意每年多支付 25 美元，53% 的受访者同意每年多支付 50 美元，用于农业污染减排项目。这表明小幅上调一些种类的税费，例如公路收费，较为符合本地居民意愿。

马里兰州总共有 6 个收费站，收费站的名字与交通流量见表 7-1。

表7-1	马里兰州的收费站和交通流量	单位：万辆
收费站	交通流量	
海湾大桥	1 300	
麦克亨利堡隧道	4 300	
海港隧道	2 400	
哈特姆桥	465	
I-95	1 450	
键桥	1 100	
奈斯桥	300	
总计	11 315	

注：以上收费站只计算了单一方向的交通流量，总流量应加倍。

因此，收费每增加10美分就会带来1 131.5万美元的收入；增加25美分会带来2 829万美元的收入；增加50美分会带来5 659万美元的收入；增加1美元会带来11 315万美元的收入。这项小幅增加的11 315万美元收入，可以支持发行多达1.74亿美元的环保债券。

7.3　船舶特种牌照费

船舶特种牌照是为船舶的牌照设计一种环保标识，许多州都发放过类似的特种牌照，每年收取5美元的费用，可以采取自愿形式，也可以强制执行。

在美国一些州，船主在为船只登记注册的过程中可以自愿为环保项目捐款，例如，华盛顿州的船主在填写注册表格时，有一项是询问船主是否愿意向非营利组织捐款，船主可自愿决定是否勾选这一选项。

马里兰州的年度船只登记命名费约为26美元。每年大概有188 623艘船在马里兰州注册。如果船主自愿支付5美元，假设参与率为10%，每年可获得大约9.4万美元。如果强制实施，就会带来943 115美元的收入，可以支持发行 1 450 万美元的环保债券。

7.4 钓鱼执照费

船舶特种牌照与钓鱼执照类似，即创造一个特种钓鱼牌照，每年收费 5 美元，同样既可以是强制的，也可以是自愿的。几年前马里兰州政府发放了大概 15 万个各式各样的钓鱼执照。作为一个自愿参与率为 10% 的项目，这项计划每年可以筹资 7.5 万美元。如果强制实施，就可以获得 75 万美元，可以支持发行 1.15 亿美元的环保债券。

钓鱼和船舶特种牌照都不属于能带来巨资的项目，但都能发挥积极作用。它们使人们感到自己是环保团队的一部分，切身参与到环境保护的过程之中。与激励污染者改变其危害环境行为的征税模式相反，这种方式是环保人士为表明其对环境友好行为的支持和参与意愿而自愿加入的收费模式。

7.5 不透水表面费

马里兰州及其所辖的切萨皮克湾一直饱受雨水困扰，在处理雨水问题上已经颇有建树，但处理具体问题的方法也引起了巨大争议。

1987 年《清洁水法案》修订案要求在全美实施非农业径流管理项目。一系列科学研究表明，雨水径流量与流域内不透水表面覆盖率成正比，因此雨水控制项目的费用应该由不透水表面占比非常大的资产所有者来承担。

全美都在以不同的形式开展雨水径流管理。有些地方政府在其特定的雨水径流管理区域建立了政府机构，以收取费用来支持雨水径流管理。2009 年，我刚开始研究雨水径流融资问题时，全美大概有 500 个社区在实施径流管理项目，并且通过收取不透水表面费来为这些项目筹资。目前实施同类项目的社区已经超过了 1 000 个，广泛分布于美国各地，在俄勒冈州、华盛顿州、佐治亚州和加利福尼亚州尤为普遍。

　　大部分社区管理者在启动项目时都会选出市民委员会，由市民委员会来制定雨水径流管理项目财政收入来源的构成方案。通常，市民委员会会雇用专业的公司通过对管辖区域进行航拍测量等方式计算不透水表面的面积，将公路、屋顶、停车场、车道等所有不透水表面都计算在内。

　　在得到不透水表面面积与区域总面积的比例后，委员会就把这些数据与雨水径流管理项目的经营预算汇总，最终得到基于不透水表面面积的年度费用额。

　　在这一过程中，为了便于管理，委员会将估算出每户独立住宅样地的平均面积（Average Single-family Plot Size）以及平均每户独立住宅不透水表面的面积，由此计算出平均每户独立住宅应支付的不透水表面费。在大部分地区，这一指标都是构成财政收入的核心，也就是说，平均每户独立住宅所承担的费用成为计算其他费用的基准值。因此，在很多地区都能见到如等效住宅单位（Equivalent Residential Unit，ERU）、等效服务单位（Equivalent Service Unit，ESU）这样的专业术语，用以量化不透水性的不同等级。其他类型的房屋的税率以后均以"等效住宅单位"作为基准费率。

　　例如，马里兰州的塔科马帕克市（Tokoma Park，Maryland）在 1998 年开始征收不透水表面费，在当地被称为雨水费（Stormwater Fee）。它将等效住宅单位定为 1 228 平方英尺。每隔几年，市议会就会重新设定每个等效住宅单位的收费额。2007 年，塔科马帕克市的雨水费为每等效住宅单位 4 美元/月，即 48 美元/年。如果一个人拥有一栋不透水表面达到 4 000 平方英尺的房产，就需要支付 156.35 美元（4 000÷1 228×48）。

　　几年前，我在全国范围内选取了一些有代表性的社区，并列出了它们的等效住宅单位的面积与每年需支付的费用，见表 7-2。

　　似乎大部分社区都参考了塔科马帕克市的模式，尤其是密尔沃基、威明顿、罗利、德翰和教堂山。德翰的体系设计略有不同。它将等效住宅单位定义为 2 000 平方英尺，对面积小于 2 000 平方英尺的不透水表面每个单位每年征税 26.04 美元，对面积大于 2 000 平方英尺的不透水表面每个单位每年征税 54 美元。

表7-2   代表性社区的等效住宅单位与每单位的年度费用

市/郡	等效住宅单位（平方英尺）	每单位年费（美元）
本德，俄勒冈州	3 800	48
塔科马帕克，马里兰州	1 228	48
罗利，北卡罗来纳州	2 260	48
德翰，北卡罗来纳州	<2 000	26.04
	>2 000	54
教堂山，北卡罗来纳州	2 000	39
欧伦，犹他州	2 700	54
雅典-克拉克，佐治亚州	2 628	42
西得梅因，爱荷华州	4 000	33
劳伦斯，堪萨斯州	1 800	48
	<3 000	60
	<4 800	86.40
	>4 800	120
雷丁，马萨诸塞州	2 552	39.84
新奥尔巴尼，俄亥俄州	2 500	38.04
密尔沃基，威斯康星州	1 610	32

　　还有一些社区以及佛蒙特州采取了不一样的做法。它们并不对所有不透水表面征税，只对新安装的不透水表面征税。马里兰州的安娜兰多郡曾经征收过一系列这样的税。它对新修的面积小于2 000平方英尺的住宅征收固定的**开放空间替代税**（Fee in Lieu of Open Space）。如果不透水表面超过了个人所占总面积的25%，则每平方英尺多征收1.2美元，且对缓冲地带新建的不透水表面按照面积的2倍征收1.8倍的税，就相当于征收3.6倍的税额。

　　佛蒙特州有一种针对新建项目的**雨水排放许可证费**。这项税收实行分级收费，具体金额由收纳降水的等级来决定。这项收费只针对新修建的项目。而且一旦修建完毕，在一次性的初始税收之外，房主每年还要缴纳年费。收纳降水能力被评为 A 级的，需要缴纳 1 170 美元的初始费用，外加 255 美元的年费；被评为 B 级的，需要缴纳 300 美元的初始费用和 55 美元年费。

再回到马里兰州，关于应对雨水问题的政治争论异常激烈。

2007 年，马里兰州议会开始讨论在全州范围内设立针对不透水表面的税收法案。议会计划参考佛蒙特州和安娜兰多郡的税收模式，只对新项目征税。这个草案的最初版本更加严格，提出的是对所有不透水表面都征收每平方英尺 2 美元的费用，对倾向于优先发展经济的优先资助区（Priority Funding Areas，PFAs）每平方英尺只征收 0.25 美元。

众议院经过广泛讨论修改后形成的 1220 号法案得以通过，但最终还是在参议院夭折了。（众议院 1220 号法案的内容包括：州政府各个部门以及这些部门的一些特定项目之间如何划分预算收入；建立由 17 个成员组成的切萨皮克和大西洋沿海海湾绿色基金监督与问责委员会（Chesapeake and Atlantic Coastal Bays Green Fund Oversight and Accountability Committee）来管理该法案募集的资金。在本书的其他章节中，我们还会继续探讨与这个草案相关的资金碎片化和管理分散问题。

2007 年的法案经过众议院修改后，在财政收入方面有三个特色。第一，在发放分级许可证时，在马里兰全州范围内对不透水表面一次性征收每平方英尺 0.5 美元的税额，借此来降低人们总倾向于在优先发展区新建项目的意愿，同时也对在非优先发展区新建项目的人处以罚款。第二，当建筑许可证下发后，这项法案要求继续征收一系列基于不透水表面面积的固定税费。第三，对居民住宅与商业用地征收不同数额的税。

用于居住的建筑，不同面积需要缴纳的不同税费金额见表 7-3。

商用建筑直接按每平方英尺 1 美元征收。

有关这部法案的财政评估报告指出，马里兰州的规划部门并没有完善的数据表明执行法案能够获得预期的税收收入，只能暂时估算出能够从住宅上获得 6 200 万美元，从商业用地上获得 2 200 万美元，总计 8 400 万美元（而根据该法案，切萨皮克湾基金会预估的税收收入是 1.3 亿万美元。

表7-3   不同面积的住宅不透水表面所交税额

不透水表面面积（平方英尺）	税额（美元）
<1 000	100
1 000～2 500	250
2 500～5 000	500
5 000～10 000	1 000
>10 000	1 500

显然两者间差距不小）。由于法案中还包括了一系列豁免条款，比如开发者通过安装减小径流等"抵消项目"可以部分抵税，抵减额最多可达75%等，这使得准确预估税收收入变得更加复杂。

除了法案里提到的一次性税收，法案的第五部分还涉及一项规定，要求环境和规划部门向政府和议会提交有关在马里兰全州范围内基于现存资产征收不透水表面费的报告。由此可见，至少众议院还是非常重视两级税收制度的，借鉴佛蒙特州的模式，对现有资产与新建项目分别征税。

除了上文提到的其他部门做出的预估，切萨皮克湾信托基金还根据规划部提供的数据进行了收入预估。这项数据把在样本年中建成的建筑根据使用类型与面积分为9类。每个类别下记录了不透水表面占有面积的比例。基于这份数据，以及规划部在2001年12月所做的一项叫作"马里兰州土地的改变：过去、现状与未来"的调查研究，切萨皮克湾信托基金做出了一份描述性的财务估算，估算时考虑了数据缺失以及在外推估算中会产生的内在不确定性。

这说明，规划部注意到了在1997年马里兰州大约有114.5万亩土地正在开发之中。每年大约新开发1.4万亩土地，在过去的10年中大约已开发土地14万亩。

重新来看一下信托基金给出的数据。表7-4给出了有代表性的不同房地产类型及其不透水表面面积所占比例。

表7-4　　　　　　　不同房地产类型及不透水表面面积所占比例

分类	所占比例（%）	开发面积	不透水表面占比（%）	面积（英亩）	面积（平方英尺）
>2英亩	50	649 480	11	68 845	2 998 882 972
1～2英亩	14	175 630	14	21 115	1 094 013 320
0.5～1英亩	7	94 770	21	20 091	875 174 414
0.25～0.5英亩	7	89 830	28	24 974	1 087 812 554
0.125～0.25英亩	5	66 690	33	21 742	947 035 346
联排别墅	1	1 780	41	5 636	245 505 031
机构	6	77 090	34	26 519	1 155 165 898
轻工业	6	84 240	53	44 984	1 955 510 010
商业用地	4	48 360	72	34 916	1 520 937 475
总和					11 884 037 022

马里兰州有超过110亿平方英尺的不透水表面，如果把税率定为每平方英尺0.01美元，就可以筹资1.18亿美元，再加上众议院1220号法案对新建项目征的税，资金总量能超过2亿美元。假设这些资金中的大部分都用来发行海湾环境修复债券，则可以募集超过45亿美元的庞大资金额。

最后要强调的是，要注意上述税收所造成的影响并且要分析税收的合理性问题。

首先，上文已提到，塔科马帕克市对每一个等效住宅单位（定义为1 228平方英尺）征收48美元的"雨水费"。如果把这项费用按照众议院1220号法案以及在马里兰全州内对现有地产收费的规定进行转换，该市对住宅不透水表面的征税标准应为每平方英尺0.04美元。这相当于在现行收费基础上，每平方英尺增加0.01美元，或每一个等效住宅单位增加12.28美元。因此，对于当地居民来说，这项新的费用会高出以往费用25%。另一方面，每0.05美元的总费用中地方政府分得80%用于当地雨水径流管理，归州政府的费用主要用于保护海湾作为纳水体整体的生态环境，保持水体健康。这似乎是一个合理的分配方式。与其他海湾环境修复费，如每年需上交60美元用于海湾修复基金相比，这项每年12.28美元的费用似乎更加公平合理。

第二，应考虑收取不透水表面费的合理性。

上文提到地方政府征收不透水表面费支持本地的雨水径流管理项目，地方政府还想方设法阻止本地区不透水表面的进一步开发。州政府确实也致力于阻止不透水表面的开发，但只是转移支付的方式稍微在资金上予以倾斜。

雨水径流管理的责任归地方政府，但海湾环境的修复不仅仅是个区域问题，也是整个州的责任。因此，这里给出的建议是，为当地政府在雨水径流管理上提供一些基金，并且不对它们施加太大压力（借鉴塔科马帕克市的方式），否则不利于地方政府未来继续征收不透水表面费来进一步为其雨水径流管理项目筹集资金。

前文提到的佛蒙特州的收费模式在很大程度上考虑的是雨水径流对收纳水体的影响，而州政府是收纳水体的责任主体。同样，马里兰州的立法提议也反映出州政府对雨水径流对切萨皮克湾和大西洋沿岸海湾纳水能力造成影响的关切。而2012年马里兰州议会放弃了在全州范围内征收不透水表面费，转而将矛头对准地方政府，特别是已经获得市政独立雨水管道系统（Municipal Separate Storm Sewer Systems，MS4）许可证的10个辖区，即该州9个最大的郡和巴尔的摩市。

州议会就是要求每个辖区建立一个"雨水管理机构"来处理它们的地方雨水径流问题，尤其是**要求它们通过实施一项新的特种税/费来为这些治理措施提供资金支持**。

尽管"雨水税"招致了公众大规模的抗议，巴尔的摩市和9个郡中的7个郡按照州政府的意愿推行了新的税费征收法规。而最终的矛盾集中体现在了两个郡的做法上。

其中一个郡按照要求建立了当地的雨水径流管理机构，但是拒绝用新的税费来为其提供资金支持。该郡表示会从政府一般收入中为其拨款。后续情况如何还需要看2014年州议会大会的进展。州议会会接受该郡的说辞吗？它们会因此而起诉吗？

另一个郡的做法更为出格。它确实设立了雨水径流管理机构，也的确通过一项新税种来为这一机构融资。但该郡下辖的土地不足5万块，而郡议会决定对每块土地仅征收1美分的税！这意味着该郡的税收不足500美元！税收的管理成本比税收收入本身还要高。郡议会对此心知肚明，也不讳言这是它向州政府传达的一个信号。

因此，这个问题一拖再拖……

7.6　州汽油税

在美国，平均每人每年消耗汽油446加仑。根据2010年的人口调查，加利福尼亚州有3 725万余人口，这意味着加利福尼亚州的居民一年要消耗166亿多加仑汽油。如果汽油税每增加1美分，税收即增加1.66亿美元，这些足以支持发行多达25亿美元的环保债券[①]。

7.7　在租税增额融资特区／特别税区征税

第6章深入讨论了这两种筹资方式。一言以蔽之，这两种筹资方式不再是从污染者身上征税，而是对从高质量环境中获得利益的人征税。在马里兰州的例子中，从环境中受益的是那些靠近切萨皮克湾从而其房产大幅增值的财产所有者。对既得利益者征税还是一个比较少见的理念，未来应该继续发展。

7.8　机动车尾气排放项目监测收费

美国的许多州，如华盛顿州、康涅狄格州、伊利诺伊州、宾夕法尼亚

---

① 但是这里用加利福尼亚州来举例也许不太恰当,因为加利福尼亚州的汽油税已经是全美国最高的了,每加仑征税高达39.5美分。

州、马里兰州、亚利桑那州与罗得岛州等，都对机动车尾气排放设立了检测项目（Vehicle Emissions Inspection Program，VEIP）。

为了促进环境治理项目融资，每个州均可以轻微上调检测费用，比如上调10美元，而不会造成过激反应。上述提到的各州中，伊利诺伊州拥有的机动车数量最多，有近594万辆，可通过上调监测费用获得5 947万美元的收入，足以支持发行大约9.15亿美元的环保债券。华盛顿州拥有309万辆机动车，可获得3 088万美元的收入，足以支持发行4.75亿美元的环保债券。罗得岛州拥有的机动车数量最少，只有50.8万辆，即便如此，仍可获得508万美元的收入，支持发行7 800万美元的环保债券。

7.9 水使用税①

政府可以考虑征收**水使用税**（**Water Use Tax**），这种税与马里兰州的海湾环境修复"费"类似。其征税依据也与海湾环境修复费的一样，就像人们有义务为改善其生存环境中被污染的河流与地下水而支付海湾环境恢复费，人们也应该对使用该流域内的水付出成本，交纳水使用费。

对于那些使用市政提供的自来水却没有安装水表的人来说，这笔税可以基于人均耗水量计算。在美国人均每天耗水100加仑，每户家庭平均每天耗水250加仑。如果你使用井水，算法也一样。一个月内（30天），平均每个家庭耗水7 500加仑。

假如水使用税也跟"冲马桶税"一样，1个月5美元，就相当于每加仑水征0.07美分税，听起来金额不高，但至少可以帮助马里兰州增加税收。

如果安装水表的话，采取阶梯递增式收费模式，随着使用量的增加，

---

① 马里兰州把"冲马桶税"称为海湾环境修复费。但是在专家看来，名字虽然叫"费"，但这其实是一种"税"。一般税和费的区别，简单来说就是看能否通过某种形式免于上交这笔钱。例如，如果自己把垃圾送到垃圾场，不依靠垃圾清理和收集服务，就不用交垃圾清运"费"。而在马里兰州，如果不通过污水排放管道和处理体系，你怎么清理你的马桶呢？因此海湾环境修复费实质上是一种"税"。

费用也不断增加。如果每月使用量在 7 500 加仑以下，每加仑收费 0.07 美分；如果每月用量超过了 7 500 加仑，每加仑需要交更多的税。与钓鱼执照一样，水使用税也不属于激励污染者改变其行为的收费，而是一种人们自愿采取环境友好行为而上缴的费用。

　　如上所述，为发展可再生能源和环境治理项目募集资金的渠道有很多，关键是确保这些资金用于为环保债券偿还年度债务，并且起到改变人们行为的作用。

第8章

环境金融的融资准则

环境金融的最后8项准则被称为融资准则似乎显得有些重复，但你很快会发现，在制定环境政策或者安排环境融资计划时必须遵守这些准则。

这8条融资准则中，有些仅仅是常识，但其中有5条非常重要和复杂，因此在本书中用独立章节阐述。尽管其他3条也很重要，但由于比较简单易懂，仅在本章陈述。

准则16：资金杠杆化。环境融资中最重要的词汇就是杠杆。

很多人认为杠杆是一个邪恶的字眼。这些人将杠杆与金融诈骗犯或华尔街那些满口谎言的人联系在一起。很显然，这种想法是荒谬的。的确，骗子和恶棍们会使用杠杆，但我们也同样运用杠杆。如果你拥有住房贷款，那么你已经将你的住房首付杠杆化了。如果你有汽车贷款，那么你也同样将你的汽车首付杠杆化了。

你将在第16章中看到，杠杆——尤其是可用于金融担保时——会成为环境金融中最强大的概念之一。

准则17：停止发放浪费了数十亿美元的一般性补贴，要向真正需要的人们提供有针对性的补贴。

我们每年都要浪费数亿美元的资金，向富裕人群发放对其毫无用处的补贴。补贴应该留给那些真正需要的人，例如在第1章中，你读到过的杰克和戴安娜就是真正需要补贴的人。很多"不智"的国家政策中虽然已经包含了补贴制度，但大部分都浪费了，并不能帮助真正需要的人，这些政策本来很容易通过法规来完善和监管。

第15章的标题为"补贴的诅咒"，主要讨论补贴问题，读过这一章就能更明白我说的意思。

准则18：基于严格的成本效益分析进行金融决策，在决策时不要被政治因素和机会主义干扰。

希望你还记得环境金融的第一条也是最重要的准则：以尽可能低的成本为最多的人提供最大的环境效益。在制订环境金融计划时，如何确定我们遵守了这个准则呢？答案是对计划中每个项目都进行成本效益分析。

第18章介绍了对环境项目进行成本效益分析的基本原理和方法。你将会发现把这些分析方法应用到具体的环境项目并不容易，还要经历一些曲折。

准则19：除非绝对必要，否则不要提供补助金。

只有在四种情况下使用补助金才是合理的：（1）支付个人或团体无法偿付的环境服务；（2）引导个人或企业采取高于法律要求之上的环境治理行动；（3）环境技术的创新和商业化；（4）用于环境教育。

第13章探讨了补助资金和可支付能力的概念。

1972年，《清洁水法案》通过，美国国会依据该法案开展了"建设补贴"计划，在接下来的15年，该计划向城市污水处理设施建设投入了超过700亿美元补助。1987年，罗纳德·里根（Ronald Reagan）总统终于以改善债务负担为由说服国会终止了该计划，以清洁水州立滚动基金取而代之。直至今日，该基金累计提供了超过1 000亿美元的财政补贴，其中96%用于改善城市污水处理系统。我们从中可以得到的教训是：我们根本不需要补贴！然而，过去的700多亿美元补贴已经一去不复返了。

而就在你读到此页时，清洁水州立滚动基金的1 000亿美元不仅分文未少，还在不断增长。除佛蒙特州外，其他各州都能从基金发放的贷款中获得利息。这些利息会再次回流到基金中，用于日后资助其他项目。

准则20：不要发放贷款，而是提供担保。

在介绍了清洁水州立滚动基金的优势后，我们将讨论，在可以选择的情况下，永远不要发放贷款，而是提供担保。

对你来说，这听起来似乎有些愚蠢，但请你在阅读了第16章"杠杆的力量"之后再对此做出评价。你将看到，相对于发放同样数量的贷款，使用担保更有利于以尽可能低的成本为更多的人提供最大的环境效益。

准则21：资金供给应覆盖资产的整个服务寿命。

在某些情况下这可能是一条富有争议的准则。许多人认为负债是邪恶的，生活中应当避免在财务上受制于人。

然而，事实上大部分人都没法支付现金购买房子。因此，住房抵押贷款变成了一件"必要的坏事"；大部分人也没法直接付现金买车，因此汽车贷款也是一件"必要的坏事"。选择了抵押贷款的人，也往往会选择更短的贷款期限，多数会选择15年而不是30年，即便他们明明知道这样只能买更小的房子。每月支付1 500美元贷款，15年期限只能获得19万美元贷款，而30年期贷款可以获得约28万美元，意味着你能买到更大的房子。

当然，人们如何处理自己的钱是每个人自己的事情。本书的意图并不在于暗中扭曲个人选择。基于个人的财务状况回避负债是合理的，但在运用公共财政为公共基础设施提供资金时，回避负债毫无意义。

公共财政信奉的公理是财政资金供给应涵盖公共资产的整个使用期限——在公共财政中称为资产寿命。如果你是校园董事会的一员，需要为建校车队筹集资金，应该首先咨询这一交通工具服务的人群和供应商，来了解这些校车可以接送孩子们往返学校与家之间多少年。假设得到明确答案，校车的寿命是10年，则最明智的融资方式就是发行10年期债券，不是5年，也不是20年。

这里有一项适用的环境公平准则，称为**代际公平**（Intergenerational Fairness）原则，指当代人和后代人在利用自然环境上的权利均等。例如，假设你为建校车队发行了一只5年期债券，这意味着纳税人在未来5年要缴纳双倍税负①。如果在第6年有带着孩子的家庭搬到这个地区，情况会怎样呢？这相当于这些家庭将在未来免费使用5年校车。假设你为校

---

① 本例中将采用零利率（即仅支付本金）贷款。

车车队发行了一只20年期债券，这意味着纳税人在未来10年中每年只需缴纳一半的税负。但校车在10年后就无法使用了，第11年搬入此地区的家庭的支出还要再持续10年却无法从中获取任何利益。这种财政政策是不公平的。

以下是四个涉及公共财产寿命期的财政政策案例：

案例1：大部分环保基础设施使用寿命都很长，大概30～50年，有时甚至更长，例如下水管道。1941年以来美国农业部一直在为全国农村用水和污水处理系统发放40年期的贷款。这是全球最成功的环保计划之一。

案例2：1987年，国会将原来的污水处理**拨款**计划转变为污水处理**贷款**计划。此后，国会把向污水处理系统发放的贷款期限局限于20年。既然之前美国农业部已经成为成功典范，你肯定会认为他们本应该从中汲取经验，但答案是否定的。清洁水州立滚动基金已经为寿命期在30～50年的污水处理系统基础设施提供了超过960亿美元的20年期贷款！清洁水州立滚动基金提供了大量补贴以降低公共设施成本。但是，如果他们将贷款期限从20年延长到30年的话，就能节约很多资金以避免恶性补贴。

案例3：第4个令人震惊的例子来自马里兰州。回忆一下我们之前讨论过的"冲马桶税"。这项税收被用来偿还为资助营养物质强化去除项目而发行的债券。马里兰州宪法的第34款第3条将税收收入作为发行债券担保的期限定为15年，这与将住房抵押贷款的期限限定为15年是一样的。你应该记得，如果每个月支付1 500美元住房贷款，贷款15年，你只能获得19万美元贷款，而贷款30年就可以获得约28万美元贷款。在本例中，马里兰州每年1.2亿美元"冲马桶税"收入只能用来偿还14亿美元债券。但如果在宪法中将期限延长到30年①，就可以支持发行大约21亿美元的环保项目债券。所以马里兰州的居民长期背负着"冲马桶税"和新的雨水费的税收负担，而这只因为顽固的政治领导者拒绝延长税收承诺期，却导致环保融资缩水约7亿美元。

---

① 弗吉尼亚州政策设定比较合理，设定了30年承诺期。

案例4：最后一个例子也是最令人震惊的。20世纪70年代末，纽约市整体濒临破产，纽约州政府也正在竭力助其脱离困境，而据传州首府奥尔巴尼，纽约市教育委员会（New York City School Board）一直在用20年期的债券来为寿命期只有几天或几周的纸和笔一类办公用品筹集资金！这也难怪纽约州要强制成立一个城市金融控制委员会（Financial Control Board，FCB）了?!

总而言之，本准则就是强调财政资金供给应涵盖公共设施的整个寿命期，少一天也不行，多一天也不行。

准则22：坚持对环境服务进行全成本定价。完全成本法定价可以促进节能和技术创新，而技术创新可以降低未来环境项目的成本。

你将在第15章"补贴的诅咒"中读到，环保公共服务大量依靠补贴，而且并没有给任何人带来任何好处。应该为付不起水费和排污费的贫困人群设计一些战略来高效地解决这些问题；而有能力支付全部水费、排污费的消费者则当然自己买单，并且要逐步地提高收费。没有人想要多付一分钱，也没有董事会成员或政治家喜欢提高收费。想想之前我们提到马里兰州提高"冲马桶税"带来的困扰，假设要在5年内逐步提高费用，那么今天就应当通过相关决议以减轻董事会成员和/或政治家每年都必须向人们征收更多费用的苦恼。

无论是否在完全成本定价法的水平，提高费用都可以促进节能。收费越高，人们越节约。例如像欧洲一样把汽油提升到每加仑7美元，人们就一定会想方设法少开车。同上，如果提高水费或排污费，人们也会尽可能地节约用水。

最后，更高的收费也可以促进创新，从而最终带来成本的下降。例如，根据完全成本定价法，也就是在没有补贴的情况下采用新技术，每个系统要花费1 000万美元。工程师和科学家就会想到，如果他们开发出一种新技术，以更低的成本实现同样或更好的效果，他们在进入市场时就不会败给那些享有隐性补贴的商家。

准则23：慎重选取科学和经济学方法精确估算成本。低估成本会导致失望和愤怒，高估成本则会遭到反对和拒绝。

在第7章里介绍了马里兰州征收雨水费时遇到的难题。在州立法要求地方政府实施新的特别税种来为其雨水径流管理项目融资，遭到了一个郡拒绝，还有一个郡只是遵守了字面条文——征收1美分——全县的雨水费收入只有不到500美元，还不够征税的成本。当地方官员面对过高的成本，无法应对时就会采取这一方式：拒绝。这无疑向州政府表明了尖锐对抗的态度，加深了双方因雨水费征收问题而产生的矛盾。

马里兰州也遇到过低估成本的情况。我们已经多次提到过马里兰州的"冲马桶税"，当他们第一次决定要在66家大型污水处理厂引进营养物质强化去除工艺时，就估算了成本。基于这次成本估算，决定发行债券融资，并用"冲马桶税"偿还债券。一开始每户每月征税2.50美元，预计每年筹集6 000万美元足以偿还66个项目的债券。然而，首批实行的项目表明改造的成本远远大于他们的最初估计，经过重新估算，资金的差距不容小视，竟有数亿美元！

为了筹集更多资金支持全部项目，州议会决定把"冲马桶税"从每户每月2.50美元提高到每户每月5美元，即每户每年60美元。由此引发的市民反对已经不能用失望和愤怒来轻描淡写地形容。

这无疑是一项非常糟糕的政策——即使这是一场意外。应当在先得到可靠的成本估算结果后，再向人们征税/费——而这正是试点项目的作用。可以先尝试2个或3个试点项目，这样工程师就可以严格控制成本，然后才可以向市民提出征税要求。

至此我们已经了解了环境融资的全部23条准则。下面的章节会更多解释这些准则的细节，以及它们是如何适用于环保项目的融资机制。最重要的是，我们将会了解这些准则怎样助力于我们实现绿色金融的首要目标：以尽量低的成本为最多的人创造最大的环境效益。

第 9 章

融资机制

目前，大部分环境金融项目都包括补助资金、贷款或者某些类型的税收抵免等机制，多数项目涉及的主要是贷款。掌握如何运用贷款机制，能更加透彻地了解环境融资，为实现既定的环境目标制定出成功的贷款政策。

债券有标准化的形式和公开的信用评级。例如，所有 1 000 美元面额的美国储蓄国债（US Saving Bond）上都是相同的标准化条款。如果得克萨斯州发行了 1 亿美元债券，你买了 1 万美元债券就会发现每个债券的条款都一样。

除了标准化的文件，债券还具有公开的信用评级，包括债券信用评级（指债券发行，而不是单只债券）和发行主体信用评级。只需咨询你的经纪人就可以查看你想购买的任何一只债券的信用评级。

在这一章，我们首先会探讨两种使用最为广泛的贷款类型：（1）等额本息贷款（Level Payment Loans）；（2）等额本金贷款（Level Principal Payment Loans）。

了解了这两种不同贷款方式的特性，还需要学会如何对它们进行比较。有两种比较贷款的方法，一种是**年支付法**（**Annual Payment Method**），另一种是**总支付法**（**Total Payment Method**）。在第 10 章我们将会讨论两种方法和贴现的概念。通过总支付法比较两种贷款，需要对每年的还款额进行贴现（Discounting）。贴现的反义词是复利（Compounding），指某些东西在未来的成本。

第二个概念是**偿债可用现金额**（Cash Available for Debt Service，CADS），下面还会具体解释偿债可用现金额是如何决定可支付能力及工程融资的很多其他要素。

第三个概念是**覆盖率**（Coverage），也称为偿还能力系数。如果你的偿债可用现金额是 100 美元，就无法负担年还款额（Annual Debt Service Payment，ADSP）为 100 美元的贷款。因为资金缺乏损失缓冲空间（No Margin of Error），越是这样不留余地，债券信用评级就会越低，票面利率也会越高。因此，年还款额越接近偿债可用现金额就越麻烦，越容易"搬起石头砸自己的脚"。

9.1 负债类型

负债的类型取决于它们的本金偿付方式。为了了解不同类型的负债，一种有效的方式是为每种贷款建立年还款额计划表（Annual Debt Service Payment Schedule）。

年还款额是指每个特定年份所偿还的贷款金额。一项贷款的年度偿还债券列表或者说一览表，通常被称为年还款额计划表。

目前有四种偿付贷款的方式，具体如下：

（1）等额本息法。

（2）等额本金法。

（3）大额尾付法（气球膨胀式付款法）（Ballon Payment Method）。

（4）不规则还款法。

9.1.1 不规则还款法

只有在偿付债务的现金流上升或下降时才会使用**不规则还款法**。假设你正在建一条连接 300 家住户的街道主水管，当所有住户都连接到这条水管上时，每家收取 1 000 美元水管费。假设工程耗时 2 年，花费 100 万美元。前两年还款时，你可能只能够支付利息。在第 3 年，你需要支付 30 万美元的本金以及利息。而在接下来的 17 年内，你每年需要等额支付的金额等价于一个17年期、70万美元、以当前利率为票面利率的债券。这种还款方式是不规则的，因为偿付的现金流是不规则的。因此，只有特定情形下才会采取这种偿付贷款的方法。

9.1.2　大额尾付法（或称气球贷款）

当还款期限和摊销期限不同时就产生了大额尾付贷款。这种区别可以用一个词来解释，即还款的"计划时间表"。很多贷款的年度还款额是按照30年来计算的，但最后一次本金支付是在第10年年末。当贷款存在还款期限和摊销期限时，就有了**大额尾付贷款（Balloon Loans）**，最后一笔较大的还款就是**尾付款（Balloon Payment）**。

你可能听说过有些人使用30年期限，并含有5年的**大额尾付抵押贷款**，这意味着这笔贷款的摊销期是30年，但还款期限是5年。抵押人前5年的年还款额与30年期抵押贷款的前5年的年还款额一样（记住：按揭抵押贷款是等额本息贷款）。但在第5年年末，除了同之前一样支付年还款额之外，倒霉的抵押人还要一次性偿清所有未还款。

你可能想知道，银行怎么可能希望借款人在第5年年末一次性付清25年的债务本息？事实上，没有人预计到要一次性还清抵押贷款。一般这种情况需要依靠**展期（Rollover）**，即延期支付。但严格来说，展期就是另外建立新的贷款，新贷款的金额是第5年年末未偿还的旧贷款的余额。借款人需要以一个不同的利率来偿还贷款，新的贷款可能有不同的期限。因此，并没有真正延迟支付，而是旧的贷款偿还完毕，现在**"大额尾付款"**变成了新贷款的初始本金。

看似有些难以想象，下面就举例来说明气球贷款如何为抵押房主带来好处。

假设某房主贷款30万美元，利率为5%、摊销期为30年、偿还期为10年。他的年还款额①是19 515美元。还款第1年，未偿还余额是30万美元，利率是5%。房主所欠利息为1.5万美元。第1年年末房主偿还了30万

---

① 虽然所有的抵押贷款都是按月偿付的，但是为了简化，在本例中采用按年偿付。这两种方式对本文并没有影响。事实上，使用按月偿付会形成一个更短的气球期(还款期)。

美元抵押贷款中的 4 515 美元（19 515－15 000）。表 9-1 展示了 10 年偿还期的还款明细。

表 9-1	10 年偿还期气球贷款还款明细	单位：美元
年	本金偿还额	贷款偿付余额
1	4 515	295 485
2	4 741	290 743
3	4 978	285 765
4	5 227	280 538
5	5 489	275 049
6	5 763	269 286
7	6 051	263 235
8	6 354	256 881
9	6 671	250 210
10	7 005	243 205

如表 9-1 所示，第 10 年年末气球贷款到期时还剩下 243 205 美元未偿还。此时房主不会直接还清这 243 205 美元，而是对其进行"展期"。假设他得到了新的 30 年期抵押贷款，利率仍然为 5%。他剩余的 243 205 美元贷款的年偿付额是 15 820 美元。通过利用气球贷款，这个房主每年比原贷款少偿付 3 695 美元（19 515－15 820）。即使利率上升至 6.96%，他将每年偿还 19 515 美元，这一数额也与原贷款的年偿还额相同。

这里还要考虑**购买力**这个关键要素。假设这个房主为人谨慎，每年的偿付额要控制在收入的 20% 以内，当他年收入 10 万美元时，19 515 美元的年偿付额仅仅比 20% 限制低了一点儿。

但是收入不是永远固定的。房主今天的收入和 10 年前绝对不一样。假设房主的收入以每年 2% 的速率稳步增长，10 年前收入 10 万美元，如今每年的收入则是 121 899 美元。若还款额不超过收入的 20%，则如今每年可以偿还 24 380 美元。按照这个相同的比例（即 24 380 美元或 20%），他可以支付利率为 9.7% 的贷款，远高于 5%！

可见，大额尾付贷款并不疯狂，但确实需要你有一点儿冒险精神！因此，贷款实质上分为两种类型，第一种是摊销期限和还款期限相同的普通贷款；第二种则是上面介绍的大额尾付贷款。大额尾付贷款在商业抵押贷款市场运用的情形比在住房抵押贷款市场上更为普遍，其主要原因是很多商业房地产是对外出租的。大部分租约包含租金自动调增条款（Rent Escalator Clauses），因此，当对大额尾付款进行展期时，商品房户主在财务上能更好地应对其变幻莫测的新利率。

注意，不存在还款期限超过摊销期限的贷款，一旦本金偿付完毕，就没有需要索取利息的债务了，贷款也就偿清了。

9.1.3 等额本息法

在美国，大部分市政公共基础设施建设使用的都是等额本息贷款。这对公共基础设施来说非常合适，因为年还款额与向公共基础设施的使用者征收的税率一样都是固定的。而在欧洲和亚洲则更多地使用等额本金法贷款。因为在使用等额本金法时，年还款额是逐年下降的，而税收是固定的，因此随着时间增长公共基础设施会有相当大的额外收入。

等额本息法意味着每年偿还的本金及当期应付利息总和是相等的。随着每次偿还，利息额逐年下降，同时每次偿还时本金所占的份额逐年上升。

计算等额本息贷款的年还款额需要用到以下公式：

$$ADSP = P \times (i/(1 - (1/(1 + i)^n)))$$

使用掌上商务计算器，按 4 个按键就能计算出结果，否则计算 40 年期贷款的年还款额需要很长时间。为了说明这个公式是怎么运算的，下面举这样一个 100 美元、利率为 5%、2 年期贷款的例子。符号具体解释如下：

ADSP：年还款额；

P：贷款的初始本金；

i：十进位制表示的利率；

n：贷款期限。

下面是 7 步计算过程：

1. $ADSP = P \times (i/(1 - (1/(1 + i)^n)))$

2. $ADSP = \$100 \times (0.05/(1 - (1/(1 + 0.05)^2)))$

3. $ADSP = \$100 \times (0.05/(1 - (1/(1.05)^2)))$

4. $ADSP = \$100 \times (0.05/(1 - (1/1.1025)))$

5. $ADSP = \$100 \times (0.05/(1 - 0.90702))$

6. $ADSP = \$100 \times (0.05/0.09298)$

7. $ADSP = \$100 \times 0.53775$

$ADSP = \$53.76$

利率为 5% 的 100 美元贷款，利息是 5 美元，因此，在第一年偿付的 53.76 美元中，其中的 5 美元是利息，而剩下的 48.76 美元则是偿还的本金，那么第二年初就只剩 51.24 美元本金尚未偿还。因此，第二年偿还的利息是 51.24 美元乘以 5%，为 2.52 美元。51.24 美元的本金加上 2.52 美元的利息等于年还款额 53.76 美元，证明了用这个公式计算是正确的。

再深入一些，假设贷款 10 万美元，期限为 5 年、利率为 10%。为了计算年还款额，我们必须把变量值代入这个公式：

$ADSP = \$100\,000 \times (0.10/(1 - (1/(1.10)^5))) = \$26\,380$

一旦计算出年还款额，我们就可以制作一个年度债务偿还明细表来得出每年所支付的利息和本金。年度债务偿还明细表也被称为**分期偿付表**。

以下是创建一个等额本息贷款的分期偿付表的具体规则：

为等额本息法制作一个年度债务偿还明细表：

（1）用上述公式计算出年还款额；

（2）计算第一年的利息支付：（利息＝利率×本金）；

（3）通过在 ADSP 里扣除利息得到第一年所还本金额：（本金＝年还款额－利息）；

（4）从初始本金额里扣除第一年所还本金额；

（5）计算第二年的利息支付：（利息＝利率×未偿还本金额）；

（6）在接下来贷款期的每个年度重复上述步骤。

下面用表格形式展示上述过程（见表9-2）：

表9-2　　　　　　　　　　等额本息法计算过程　　　　　　　单位：美元

年数	本金余额	年还款额	−	利息	=	本金偿还额
1	100 000	26 380	−	10 000	=	16 380
2	83 620	26 380	−	8 362	=	18 018
3	65 603	26 380	−	6 560	=	19 819
4	45 783	26 380	−	4 578	=	21 801
5	23 982	26 380	−	2 398	=	23 982
合计		131 899	−	31 899	=	100 000

以下是对等额本息法的总结：

● 每年的偿还额总是相同的。

● 每年随着年还款额中利息支付额减少，本金数有所增加。

● 每年所还本金额的总和等于贷款的初始本金额。

9.1.4　等额本金法

等额本金法意味着每年所还的本金额是相同的，而每年的利息支付则根据未偿还额来计算。随着还款次数的增加，每年支付的利息额会逐渐下降，年还款额也随之下降。在使用等额本金法计算贷款的年还款额时，相关符号具体含义解释如下：

P：贷款的初始本金；

n：贷款期限。

需要注意，每年所还的本金额是全部贷款的本金额除以贷款期限（P/n）。

在一项5年期、10%利率的10万美元贷款的例子中，每年所还本金额计算如下：

每年所还本金额 = $100 000/5 = $20 000

　　因此，每年的年还款额都是不同的。但在第一年，年还款额是所还利息额加上每年所还本金额，即初始未偿还本金额10万美元乘以10%（得到1万美元）加上每年所还本金额2万美元，所以第一年的年还款额是3万美元。

　　下面以表格形式展示分期偿付表的具体明细，见表9-3：

表9-3　　　　　　　　　　等额本金法计算过程　　　　　　　　单位：美元

年数	本金余额	利息	+	本金偿还额	=	年还款额
1	100 000	10 000	+	20 000	=	30 000
2	80 000	8 000	+	20 000	=	28 000
3	60 000	6 000	+	20 000	=	26 000
4	40 000	4 000	+	20 000	=	24 000
5	20 000	2 000	+	20 000	=	22 000
合计		30 000	+	100 000	=	130 000

　　以下是创造一个等额本金贷款的分期偿付表的具体规则：

为等额本金法制作一个年度债务偿还明细表：

（1）用全部贷款的本金除以贷款期限获得每年所还的本金：

每年所还本金 = P/n

（2）用初始贷款本金乘以利率获得第一年的利息支付：

利息 = P × i

（3）用年所还等额本金加第一年利息支付获得第一年年还款额：

第一年的还款额 = 利息 + 年度偿还本金

　　用初始贷款本金减第一年所还本金获得第一年年末未偿还本金：

未偿还本金 = P – 每年所还本金

（4）用上一年末的未偿还本金乘以利率获得下一年利息支付额：

第二年的利息 = 上一年末的未偿还本金 × i

（5）用下一年的利息支付额加上年所还本金获得下一年年还款额：

第二年的 ADSP=第二年的利息+年偿还本金

（6）在接下来贷款期的每个年度继续上述过程。

以下是对等额本金法总结：

- 每年所还的本金相同的。
- 年利息支付额和年还款额都是逐年递减的。
- 每年所还本金的总和等于贷款的初始本金。
- 注意，如果没有利息（即利率=0），利用等额本金法和利用等额本息法是完全相同的，年还款额也是相同的。

9.2 偿债可用现金额

偿债可用现金额在环境金融中确实比在公司金融中扮演着更为重要的角色。在公司金融中，偿债可用现金额是你可以为一个项目支付的上限。因此，如果一个公司的偿债可用现金额是固定的，而它正准备开发一个规模庞大、耗用大量资金的项目，那么这个公司的财务总监就要想方设法找到一项期限尽可能长、利率尽可能低的贷款，而且这项贷款的年还款额要低于这个公司的偿债可用现金额。但如果到了最后一天这个公司都无法找到与其偿债可用现金额相匹配的贷款，那么他们就无法开发这个项目。

环境金融项目的案例中则并非如此，尤其是饮用水、污水、空气污染和固体废物处置等项目。为公众的健康着想，无论付出多大代价，这些项目必须完成。在这些案例中，偿债可用现金额在融资过程中扮演着一个更加稳健的角色。

偿债可用现金额可以定义为"经常性收入扣除现金支出"（Recurring Revenues Less Cash Expenses）。计算偿债可用现金额的第一步是确定经常性收入（Recurring Revenues）或者经常性现金收入（Regular Cash Income）。经常性现金收入包括公共事业从日常生产经营活动中获得的所有款项。术语"Regular"并不是指普通的意思，而是可预测、可持续的意思。税收和利息已经被证明是可持续和可靠的收入来源，也是未来可预计的经常性现金收入。非经常性收入无法用来预测未来收入，因此也无法计入偿债可用现金额。非经常性收入包括出售土地、设备等资产获得的收入、政府补贴和使用费等。只有在短期情况下，保持稳定增长的服务费以及与其类似的费用才可以被视为经常性收入。

这是很重要的。公共事业不能把一次性的收入，例如出售一块土地，作为经常性收入。基本上，经常性收入只包括纳税人缴纳的税收和储蓄账户的利息。

环境公共事业不能闲置太多的偿债可用现金额。应该设置一个固定的税/费率，既保证公共事业单位可以支付他们的账单，又能留存一些资金应对紧急事件。因此，当承接一个环境项目时，该项目将意味着需要提高税/费率，公共事业单位的管理层就会计算偿债可用现金额，并将其作为年还款额来估计在新的某一税/费率的情况下自己可以承接多大规模的项目。

决定项目的规模需要使用我们的公式，进行较为复杂的计算：$ADSP = PV \times (i/(1-(1/(1+i)^n)))$。在这种情况下，年还款额就是我们的偿债可用现金额。我们需要解出 PV，即项目融资所需要的贷款本金额。

当然，这里遗漏了两个重要概念：i，即利率；n，即贷款期限。财务总监必须调查所有的联邦或州政府的环境金融计划，以确定自己的项目是否适用于这些资助计划。此外，财务总监还需要咨询自己的财务顾问来确定市政债券市场的可用性，如果发现了一种融资来源，必须要确定这些来源的借款利率，以及更重要的——借款期限。

假设一个公共事业公司有 10 万美元的偿债可用现金额，公司的财务总监已经确定了公司的项目符合一项资助计划的申请资格，该资助计划的利率为 4%，贷款期限为 20 年。财务总监就可以将这些变量输入他的商务计算器，计算结果为 10 万美元，将这 10 万美元的偿债可用现金额作为年还款额使用，可以支持 1 359 033 美元，即约 136 万美元的、期限为 20 年、利率为 4% 的贷款。

现在，财务总监坐下来和他的老板以及董事会讨论提高费率的问题。在本例中，假设大多数董事会成员认为纳税人最多能够负担起再给公司额外带来10万美元收入的税/费率。财务总监可以在商务计算器里重新输入20万美元作为年还款额，使用同样的利率和期限，得出公司可以支付得起272万美元的贷款项目。

但是坏消息传来了，公司的顾问工程师告诉管理层这个项目要花费大约400万美元，少一美分都不行。这意味着这个公司面临着128万美元的资金短缺。同时也意味着，他们需要大概128万美元的补助，否则项目无法继续进行。如果这个项目是一个农村用水系统项目，那么美国农业局有一个农村供水和污水处理计划可以同时为其提供贷款和补助，所以这家公司可能需要等待一年，但这个项目最终还是可以实施的。

如果这家公司位于超过1万人口的小镇，就不满足美国农业局计划的资助资格，但目前并没有联邦项目为环境公共事业提供补助，因此除非州政府有这种补助项目，或者州长、州议会被说服，通过一项财政支出来提供补助，否则这家公司就只能自认倒霉了。在这种情况下，他们要不就放弃这个项目，要不就勉为其难提高收费来偿还这多出的128万美元的债务。

如果你认为这一消息还不算太坏，那么下面的这个可能更可怕。

9.3 覆盖率

在上述的例子中，我一直大言不惭地告诉你，用20万美元的偿债可用现金额，你可以获得期限为20年、利率为4%、约272万美元的贷款，但是没有银行或者投资银行会愿意同你达成这样的交易。为什么呢？因为资金缺乏损失缓冲的空间。在金融业，这种资金缓冲空间称为**偿债保障**（Debt Service Coverage），也可以叫**覆盖率或偿债保障比**（Coverage Ratio）。在你的偿债保障比率为1：1的情况下，没有人会给你贷款或者买你的债券。这意味着你必须拥有比你所需要的数额更多的偿债可用现金额。

问题是，什么样的覆盖率水平最为合理呢？回答这个问题需要你和你的财务总监做一番计算和权衡。

如果你正在和银行打交道，你可以问银行，他们会告诉。如果不止一家银行愿意给你提供贷款，你可以向他们咨询下，然后比较一下他们提供的贷款，把必要的偿债保障额计算在内，确定这些对于你的贷款期限和纳税人缴税的税率意味着什么。确定必要的偿债保障额的一种较好和有建设性的方法是咨询国际三大信用评级机构中的一家或几家。如果你郑重决定发行市政债券来进行融资就必须走这一步。这三家国际信用评级机构分别是由麦格罗·希尔公司（McGraw-Hill）旗下的标准普尔公司（Standard & Poor's）、穆迪投资服务公司（Moody's Investors Service）以及惠誉国际信用评级有限公司（Fitch Ratings）。使用标准普尔的评级标准，投资级债券是从AAA到BBB-。BB+及以下的称为投机性投资或者垃圾债券。

　　假设你的公共事业公司在财务和管理上都很健康，发展前景良好，那你一定认为自己发行的债券是投资级的。有趣的事情就开始了。标准普尔公司最终会基于你的覆盖率进行评级。如果比率在1.1∶1范围内，那么你的债券将会备受微词，评级大概为BBB-①。如果比率在1.25∶1范围内，可能提升到A。1.5∶1的覆盖率可以使你进入AA类别，而2.0+∶1的比率绝对会使你达到AAA评级。

　　这些到底意味着什么？AAA评级有什么价值呢？答案是，评级越高，你支付的债券利息越低。现在，是不是可以依赖一些神奇的公式计算一下？你的公共事业公司是否应该竭力获得AAA评级而不去考虑这对纳税人意味着什么？答案是否定的。信用评级、覆盖率、利率水费和排污费这些因素应当统一考虑，相互权衡。

　　例如，你的评级机构告诉你如果你提供2.0∶1的覆盖率，他们会将你的债券评为AAA级；如果你保持1.5∶1的覆盖率，他们会将你的债券评为AA级。在这种情况下，财务总监的正确做法应该是，查看利率走势。所有的金融报告机构每日都会公布利率走势，他们会精确地告诉你对于你选择的不同期限，AAA级和AA级债券的利率是多少。之后，财务总监就可以进行决策和提供推荐意见。他可能会认为达到AAA级后，降低了还

---

　　①　在这里，偿债保障比率和信用评级之间的关系纯粹是我为了阐述自己的目的而进行的假设，不是标准普尔公司的真实数据。

款利率，节约的资金额度非常可观，尽管对消费者来说提高费率会很辛苦，他也会坚持一定要达到AAA评级。或者他也可能认为，虽然AA评级的债券的利率要比AAA评级高那么一点儿，但仍然好于要获得额外的资金来保证2.0：1的覆盖率。

正如我们之前所说的，所有的事物都同等重要，信用评级、覆盖率和利率都需要权衡。作为一个公共事业公司董事会成员，你应该意识到这点，并通过准确的分析来为员工做出正确决策。

第10章

融资方案的比较

本章将先阐明如何比较普通的贷款，然后进一步探讨当涉及其他的费用时又该如何来比较。其他费用主要包括银行在住房抵押贷款中收取的额外费用①以及律师费、评估费、服务费等。首先我们从比较两种最普通的贷款形式开始：等额本金贷款和等额本息贷款。

比较贷款或债券的方式有两种：（1）年支付法；（2）总支付法。

10.1 年支付法

对于等额本息贷款和等额本金贷款这两种主要的贷款形式，年支付法仅能用于比较等额本息贷款，但是这种方法也非常有用。

年支付法非常简单，首先需要计算各等额本息贷款的年还款额，然后即可比较。

10 年期贷款利率为 6% 的 1 000 万美元等额本息贷款（贷款 A）的年还款额为 1 358 680 美元。5 年期贷款利率为 4% 的等额本息贷款（贷款 B）的年还款额为 2 224 271 美元。

贷款 A＝1 358 680 美元

---

① 译者注：原文为 points，即银行在贷款交易时收取的额外费用，一般相当于贷款本金的 1%～2%。

贷款 B=2 224 271 美元

通过年支付法来比较两种贷款，结果一目了然。下一个问题是：如果你是当地水资源管理委员会的一个成员，你会选择哪种贷款方式？如果过去的一年左右，你所在地区需要提高税率，或者已经提高了税率，而现在你又需要面对一项额外的税率增长，你该如何抉择？你会选择税收增加130多万美元增加还是220多万美元？这个问题其实很简单吧?你在委员会的重要工作之一就是减少消费者不得不支付的费用。贷款 A 比贷款 B 的期限长 5 年会困扰你吗？或许不会。贷款 B 的利率比贷款 A 低 50% 会困扰你吗？或许也不会。

因此，用年支付法比较贷款是非常强大且有效的，幸运的是这种方法也非常简单。

10.2　总支付法

总支付法看起来很简单，但其实并不容易。你可能会认为你只需要将两个贷款每年还款额都分别加总，然后比较就可以了。那么对于上面的例子，我们只需要将 A 贷款的年还款额 1 358 680 美元乘以其贷款期限 10，得到 13 586 800 美元，然后用贷款 B 的年还款额 2 224 271 美元乘以其贷款期限 5，得到 11 121 355 美元，之后就可以比较了。

贷款 A=13 586 800 美元

贷款 B=11 121 355 美元

这样计算虽然很简单，但却是错的。这并不是在比较两个贷款的总支付成本，反而像直接拿苹果和橘子做比较，其实是比较了两种完全不同性质的事物。

想要比较任意两种贷款，首先需要对每个年还款额进行折现。折现与折现对应的名词——复利，是货币的时间/价值理论（Time/Value Theory of Money）的两个元素。

10.3 货币的时间价值理论

货币的时间价值理论其实根本算不上是理论，而是一个纯粹的事实。货币的价值实实在在地随着时间而变化。

下面我们将进入另一个和杠杆概念一样充满神秘色彩的金融领域。每一个人都能初步意识到物品在几年前会花费更少，也不得不承认其在未来会花费更多。至于这是怎么发生的却有一点儿神秘色彩。衡量这一增加似乎有点儿像是"黑魔法"。

衡量物品在过去的价值很简单，如果确切地知道某种商品在几年前花费多少钱，你也精确地知道它现在的价值，向前计算折现率或者向后计算复利率就可以了。

然而衡量未来的情况则是另外一个问题了。向过去看，可以找到折现率；向未来看，利率水平却不可知。

想要精准预测未来的成本和价格的人就必须练习"黑魔法"。

大多数的花费都会以与通胀率近似或一样的利率上涨。有些花费，比如大学学费、医疗费用似乎还会以高于通胀率的水平增长，对我们非常重要的建设成本来说也同样如此。

通胀率由美国劳工统计局（Bureau of Labor Statistics）通过观测一大篮子商品和服务的真实价格来计算。2012年1月到2013年年末，美国的通胀率一直低于3%，但按照美国劳工统计局的报告，1914年至2013年，美国的平均通胀率是3.35%。那么，我们在研究中就使用3%的利率水平[①]。超高的精确度对于我们这里所做的描述没有太大的必要，没有人的生活会受到我们这个计算结果的影响。

如果说货币的时间/价值（Time/Value Theory of Money）是一套"理论"，那么"理论"一词就与货币的价值是否会随着时间改变没有关系

---

① 公司通常会将其自行估计算的折现率做为其利润目标,有的时候将其称为机会成本或者门槛回报率(Opportunity Cost or Hurdle Rate)。

了，而与货币的价值如何随着时间变化有关。下面我们将通过三个例子来阐述货币的价值是怎么随时间变化的。

第一个是存款账户的例子，或许也是我们最熟悉的例子。第二个例子有关美国储蓄公债以及如何计算初始投资价值[①]。第3个例子是来看一份30年期的固定利率抵押贷款，在30年中，房屋以及贷款偿还额表面看来似乎没有变化，实际上却发生了微妙变化。然后，我们看一些真实的例子，来说明随时间变化的货币价值如何与供水或污水处理系统项目的年偿还额相关联。

首先看存款账户的例子。假设你有10 000美元想要存入固定收益类共同基金，为10年后退休做准备，该基金保证提供5%的收益率，每年复利计息。那么，10年后你会得到多少？

（在我们继续深入探讨之前，请注意现值和终值这两个概念是相关的，它们是相互联系的。现值指的是以前的价值，终值指的是未来的价值。那么，当我们计算一夸脱牛奶50年前的价格时，现在的价格是终值，50年前的价格是现值。）

下面将介绍如何计算退休账户在10年中的价值：

$10 000
×1.05   (1)

$10 500
×1.05   (2)

$11 025
×1.05   (3)

$11 576
×1.05   (4)

$12 155
×1.05   (5)

$12 763
×1.05   (6)

$13 401
×1.05   (7)

---

① 译者注：初始投资价值（Surrender Value），即指未来某一特定价值的储蓄公债在当前的价值。

$14\ 071$
$\times 1.05$　　（8）

$14\ 774$
$\times 1.05$　　（9）

$15\ 513$
$\times 1.05$　　（10）

$16\ 289$

现在，退休账户的资金变化情况就很清楚了。按照每年 5% 的复利率，你在退休账户中的 10 000 美元将会在 10 年后增长至 16 289 美元。计算公式如下：

$$FV = PV \times (1 + r)^n$$

这是复利公式。其中，FV 是终值，PV 是现值；r 是利率，n 是期限。

与复利公式相对的是折现公式：

$$PV = FV / (1 + r)^n$$

也可以写成下面这种形式：

$$PV = FV \times (1/(1 + r)^n)$$

换句话说，从原始的 10 000 美元得到终值 16 289 美元，需要每年乘以 1 与利率之和。从终值 16 289 美元回到现值 10 000 美元，只需要在 16 289 美元的基础上每年除以 1 与利率之和。

★　★　★　★　★　★

现在来看美国储蓄公债的例子。假设某个人为孩子准备了一份 1 000 美元的美国储蓄公债以支付未来的大学学费。美国储蓄公债的期限是 20 年，20 年后可赎回。那么它现在值多少钱？

使用第二个折现公式，我们首先用利率（0.05）加上数字 1，等于 1.05。然后我们用 1 除以 1.05 得到 0.9524。接下来我们将用 1 000 美元乘以 0.9524，如此进行 20 次，得到的答案就是这一债券今天的价值，即 376.89 美元。

★　★　★　★　★　★

第 3 个也是最后一个例子，与一份 30 年期的住房抵押贷款有关。我们可以从这个例子中获得经验及教训。

假设你在1990年购买了一座价值19万美元的房屋，并办理了15万美元的固定利率住房抵押贷款，利率为6%。那么第一个月需要支付899.33美元，简单记作900美元。再假设你从那时起年收入为5万美元，这意味着你的年还款额10 800美元（12×900）约等于你每年总收入的20%。

2019年的最后一笔支付也将是900美元，但是那个时候你的年收入约为12.1万美元①。工资增长了，但房屋支付额还是保持不变。到了2019年，你的每年房屋支付额将仅仅相当于你总工资的9%。这是第一个经验，因为你的工作价值（这直接反映在你的工资水平上）随着时间而增长，因此随着工资水平的提升而提升，固定的房屋成本占工资水平的比重越来越低，房屋支付压力也在不断减轻。这就很清晰地展示了货币价值如何随着时间而变化。你可以用其他任何不随时间变化的固定成本来衡量货币的时间价值。本例中我们采用的参照是抵押贷款的支付额。

另一个经验或教训来自于你拥有房屋的价值。假设2019年你的孩子将会长大离开，你就会卖掉房子换一个更小的户型。如果房屋的价值和你的工资以相同速度增长，那么到2019年时房子的价值将为46.1万美元。

现在你应该熟悉了货币价值随时间变化的概念了。当意识到按照1990年的美元价值，你最后的支付额并不是900美元的时候应该不会感到吃惊。这与美国储蓄公债的例子类似。有了终值（1 000美元）就可以回头去计算现值（376.89美元）。同理，我们知道了最后支付的终值是900美元，回过头来计算其30年前的价值就只有149.44美元。

★　★　★　★　★　★

现在让我们来看一看如何将上述这些知识应用于环境基础设施融资。

假设由你担任某一水资源管理委员会的委员，委员会要启动的一个100万美元的清洁水工程项目，有3个关系较好的当地银行愿意借钱给你：

- A银行将借给你8%利率的5年期等额本金贷款。
- B银行将借给你8%利率的5年期等额本息贷款。

---

① 复利率和折现率在本章中都是3%。

- C银行将借给你9%利率的10年期等额本息贷款。

贷款A的年还款额：

第一年　　280 000美元

第二年　　264 000美元

第三年　　248 000美元

第四年　　232 000美元

第五年　　216 000美元

由于贷款B是等额本息贷款，若计算贷款B的年还款额，必须使用上面所提到的公式：

$$ADSP = P \times (i/(1 - (1/(1 + i)^n)))$$

在本例中：

$$ADSP = \$1,000,000 \times (0.08/(1 - (1/(1 + 0.08)^5))) = \$250,456$$

贷款C的年还款额也可采用同样的公式，在本例中如下：

$$ADSP = \$1,000,000 \times (0.09/(1 - (1/(1 + 0.09)^{10})))$$

因此，贷款C的年还款额为155 820美元。

现在，用年支付法来比较一下这3种贷款：

贷款A：280 000美元

贷款B：250 456美元

贷款C：155 820美元

选择哪一种贷款还有疑问吗？据我所知，水资源管理委员会没有弹劾程序；但是如果你投票选择除贷款C之外的其他贷款，我确信至少会有一些纳税人试图弹劾你——或者至少盼着你辞职。

当你选择贷款C的时候，相当于做出了一个政治性的决策。这个选择不允许有任何错误，当然控制纳税人必须支付的成本也是你的职责之一。然而，问题在于你是否在做出决策的时候忽略了这些贷款的真实成本。为了明确这一点，我们必须用总成本方法来比较这些贷款。首先我们需要把每一个年还款额折现。在折现时，我们使用3%的折现率，并使用下述折现公式：$PV = FV/(1+r)^n$。当然，这里的FV代表每一给定年份的年还款额；r是利率，对于贷款A和贷款B而言r为8%，贷款C的r为9%；n代表

还款年数。我们运用这个公式5次，每次折现一年的贷款利息。

表10-1是贷款A每年还款额的折现结果。

表10-1	贷款A年还款额的折现值	单位：美元
年份	年还款额	年还款额折现值
第1年	280 000	271 845
第2年	264 000	248 845
第3年	248 000	226 925
第4年	232 000	206 129
第5年	216 000	186 323
总计		1 140 067

贷款B每年还款额的折现结果见表10-2：

表10-2	贷款B年还款额的折现值	单位：美元
年份	年还款额	年还款额折现值
第1年	250 456	243 161
第2年	250 456	236 079
第3年	250 456	229 203
第4年	250 456	222 527
第5年	250 456	216 046
总计		1 147 016

下面计算贷款C的年还款额的折现值，见表10-3：

表10-3　　　　　　　　　贷款C年还款额的折现值　　　　　　　　单位：美元

年份	年还款额	年还款额折现值
第1年	155 820	151 282
第2年	155 820	146 875
第3年	155 820	142 597
第4年	155 820	138 444
第5年	155 820	134 412
第6年	155 820	130 497
第7年	155 820	126 696
第8年	155 820	123 006
第9年	155 820	119 423
第10年	155 820	115 945
总计		1 329 177

那么，现在让我们来用总支付法比较一下这3种贷款：

贷款A：1 140 067美元

贷款B：1 147 016美元

贷款C：1 329 177美元

现在我们看到，贷款A虽然在用年支付法比较的时候是最昂贵的，但是在用总成本方法比较的时候却是最便宜的。相反，贷款C在用年支付法比较的时候是目前为止最便宜的，但是在用总支付方法比较的时候反而变成了最昂贵的贷款。

作为水资源管理委员会的一员，你当然会投票选择贷款C，这会使纳税人缴付的税收最少，即便随着时间的推移他们或许支付的更多。然而，当投票的时候，请确认你要为其融资的资产服务寿命至少在10年以上；否则，你将会违背第21条环境融资准则。

再看下一个例子，这个例子中通胀率处于不稳定状态，或者劳动力成本在项目中占比较大，且劳动的通胀率比正常状态高。

假设由于建设成本增加，一个环境设施管理者面临的通胀率在4%～6%之间，需要比较两种不同通胀率下的总项目成本。假设一个100万美元的项目，有如下几种选择：

选择A：5年期5%的贷款利率（没有费率/费用）

选择B：10年期6%的贷款利率（没有费率/费用）

两个贷款都是等额本息支付贷款。

选择A的年还款额可以通过下式得到：

$ADSP = \$1\,000\,000 \times (0.05/(1 - (1/(1 + 0.05)^5))) = \$230\,975$

使用同一公式来计算选择B的等额年债务偿还额：

$ADSP = \$1\,000\,000 \times (0.06/(1 - (1/(1 + 0.06)^5))) = \$135\,868$

如果只想比较两个贷款的年还款额就会得到：

选择A：230 975美元

选择B：135 868美元

这对于我们环境设施的管理者而言似乎是一个不伤脑筋的事情，但是这里面隐含着更多的问题。

如前所述，管理者面临的通胀率范围为4%～6%，需要对每个年还款额分别按照4%和6%进行折现。表10-4是选择A以4%的折现率折现的结果：

表10-4　　　　　　　　贷款A以4%的折现率折现的结果　　　　　　　　　单位：美元

年份	年还款额	年还款额折现值
第1年	230 975	222 091
第2年	230 975	213 549
第3年	230 975	205 336
第4年	230 975	197 438
第5年	230 975	189 845
总计		1 028 259

表10-5是选择A以6%的折现率折现的结果：

表10-5	贷款A以6%的折现率折现的结果	单位：美元
年份	年还款额	年还款额折现值
第1年	230 975	217 901
第2年	230 975	205 567
第3年	230 975	193 931
第4年	230 975	182 954
第5年	230 975	172 598
总计		972 951

（注意：选择A的年债务偿还资金现值的总额低于贷款的原始本金。这是因为贷款的利率低于用来计算真实成本的通胀率。这意味着相对于目前的通胀率，银行使用了3%或者更低的贷款利率。换句话说，一个银行家会很快被解雇，或者说银行最好关门。）

下面，让我们来看一看选择B。首先让我们用4%的折现率对其年债务偿还额进行折现，见表10-6：

表10-6	贷款B用4%折现率对年债务偿还额折现的结果	单位：美元
年份	年还款额	年还款额折现值
第1年	135 868	130 642
第2年	135 868	125 618
第3年	135 868	120 786
第4年	135 868	116 141
第5年	135 868	111 674
第6年	135 868	107 378
第7年	135 868	103 249
第8年	135 868	99 277
第9年	135 868	95 459
第10年	135 868	91 788
总计		1 102 012

下面，让我们用6%的折现率对其年债务偿还额进行折现，见表10-7：

表 10-7   贷款 B 用 6%折现率对年债务偿还额折现的结果   单位：美元

年份	年还款额	年还款额折现值
第 1 年	135 868	128 177
第 2 年	135 868	120 922
第 3 年	135 868	114 077
第 4 年	135 868	107 620
第 5 年	135 868	101 528
第 6 年	135 868	95 782
第 7 年	135 868	90 360
第 8 年	135 868	85 245
第 9 年	135 868	80 420
第 10 年	135 868	75 868
总计		1 000 000

（注意：对于想检验计算过程的读者，我在这里做了近似处理。这些数字加总后实际得数为 999 999 美元。当贷款利率等于折现率的时候，折现值之和总是等于贷款的原始本金数额。）

表 10-8 是选择 A 和选择 B 在两种折现率下的情形汇总：

表 10-8   选择 A 和选择 B 折现后结果比较

折现率	4%	6%
选择 A	$1 028 259	$972 951
选择 B	$1 102 012	$1 000 000

　　如表 10-8 所示，无论折现率是多少，在每一种情形下，选择 A 的成本都更低。如果成本（和收益）以 6%的利率增加，对于整个供水系统也有好处，如此一来，贷款将带给该系统一笔可观的利润，虽然这听起来很奇怪。（在这本书的后面部分，我们将会探讨补贴和可支付能力。当通胀率超过债务的利率时，我们就需要考虑使用补助，但这种情况是非常少见的。这意味着银行在损失资金，借款者在赚得利润，而银行并不喜欢损失资金。）

　　请注意，折现率越高，现值越低；相反，复利率越高，终值越高。

　　仅仅将不同贷款的年还款额简单加总，然后加以比较的办法虽然非常吸引人但却是错误的。正确的方法是将其未来的支付折现成现值，即必须用当前货币价值来比较贷款。

　　下面是贷款比较方法的简单总结：

　　1.为你所考虑的每一项贷款制订年支付计划，或者分期付款表，表中列明支付发生的年份及每年必须支付的金额。

　　2.选择折现率。

　　3.将每年的支付额转化为现值。

　　4.将每一个供选择的融资方案的年支付现值加总。

　　5.比较每个融资方案的现值。

10.4　额外的费用

　　在贷款的时候需支付一项或多项费用，我们需要知道这些费用对纳税人的年债务偿还额有什么影响。这里将引入一个重要的概念：真实利率成本（True Interest Cost，TIC），银行委婉地称之为年度利率（Annual Percentage Rate，APR）。

　　一般有三种收费形式：

　　1.一次性前端收费，类似于贷款时银行收取的费用，这也包括其他一些一次性收取的费用，如律师费、评估费等。

　　2.年费，表现为固定的货币金额，如每个月收取25美元服务费。

　　3.以未偿还本金余额的百分比形式收取的年费，有些金融产品以这样的方式收取管理费。例如，银行作为债券受托人也许会对市政债券收取0.125%的年度管理费。（这是真实发生的，但是不知道为什么要这么收费。随着时间变化，贷款的未偿还余额在下降，0.125%的年费也同样下降。与此同时，管理成本（如人工费、设施费等）却在上升。因此，对于银行来说这种收费方式的问题是收入在下降的同时花费却在升高。）

　　对不同的收费形式处理方式是不同的。其处理方式如下：

　　1.将一次性前端收费加入贷款本金之中。20万美元的贷款，银行若收取2%的费用，实际相当于一个20.4万美元的贷款。

　　2.将年费加入每年支付额之中。将25美元的月费用加入每月1 113美元的月支出中，每月的总开支变为 1 138 美元。

3.将以未偿还本金余额的百分比形式收取的年费加入贷款利率之中，6%的贷款利率若加上0.125%的管理费之后，贷款利率变成了6.125%。

这些都很好处理，但是这些费用是怎样影响我们的月支出或者年支出呢？如果是个人理财，一定要搞清楚这个问题，对于授权发行债务的公共事务管理委员会而言更是如此。

在没有金融计算器的时候计算一次性前端收费的影响非常困难，即便有计算器的时候也并不容易。

关键是要你使用公式 $ADSP = PV \times (i/(1 - (1/(1 + i)^n)))$ 来计算年贷款服务费用，我们还要向前计算来找到利率i。换句话说，银行增收的费率对我们贷款的影响相当于提高了利率。当然，他们本可以仅仅提高利率，但那样的话你或许会拒绝借款。另外，银行也可以在30年后再收回贷款费用。但如果采用前端收费的方式他们现在就能获得额外收入。请相信我的计算，因为这里不想用可怕的计算来增加你的负担。如果你不信任我，也可以买一个金融计算器自己计算。

银行若对20万美元的贷款收取2%的费率，并收取5%的贷款利率，将这一费用加到本金中，就变成了一笔金额为20.4万美元、贷款利率为5%的贷款，其贷款期限是15年，年还款额[①]是 19 653.83 美元。如果银行不收取2%的费用（或者你用现金的方式支付了这部分费用），你将会有一份15年期的5%贷款利率水平的20万美元贷款，你的年还款额就是 19 268.46 美元。那么，2%费率对有效贷款利率意味着什么呢？

为了计算这一影响，我们将计算20.4万美元贷款的年债务偿还额，再将20万美元当作贷款的本金，这两者都是15年期限的。经过复杂的运算，结果显示含有2%费率的20万美元贷款相当于5.29%的贷款利率。[②]当你签订这份贷款的相关文件时，银行会在给你的文件中提醒你注意，尽管

---

① 即使贷款有月支付额，相比较于简单地将之乘以12来得到年支付额也有一点点不同。在这里的例子中，我们将使用一个简单的年支付方法（像大多数的公共债务一样）。

② 译者注：计算过程见附件B。

你的贷款名义利率是 5%，但等价利率是 5.29%（由于收取了 2% 的费率），银行粉饰地称其为**年度利率**，其他的金融行业则将这一现象称为**真实利率成本**，这个词与事实更为贴切。

上例中年固定费用是通过将费用加到年支付额中实现的。下面再看一个 20 年期利率为 5% 的 10 万美元贷款。等价年金支付额是 8 024.26 美元，加上每个月 25 美元或者说每年 300 美元的费用后，年支付额将变为 8 324.26 美元。那么，每个月 25 美元的费用对真实利率成本有什么影响呢？以 8 324.26 美元作为年还款额，20 年作为期限，10 万美元作为本金，先来计算一个新的贷款利率——真实利率成本。在这种情况下，名义利率是 5%，而真实利率成本则是 5.44%。

最后一种收费的形式，也就是以未偿还本金余额的百分比的形式收取的年费，是最简单的一种；你所需要做的仅仅是将其加入到贷款利率中。因此，如果名义利率是 5%，你需要上交 0.125% 的管理费，那么贷款的真实成本就是贷款额的 5.125%。

在考虑或者不考虑费用的情况下比较贷款或者债券，对于为纳税人或者一般公众找到最低成本的贷款选择是非常重要的。识别成本最低的贷款有助于以尽可能低的成本为最多的人提供最大的环境效益。

第11章

隐性和非隐性融资成本

金融交易的律师费属于隐藏得"不深"的成本因素。一项重要的金融交易不可能没有交易双方律师从头至尾地参与，在大部分地区，如果没有律师，甚至连一个抵押贷款也办不成。反过来说，交易不合规则是一个重要的成本风险，如果早期未能妥善处理很有可能在毫无防备的情况下造成巨大损失。

有很多因素会导致成本增加，这些因素大多数来源于项目本身。本章中我们将考虑哪些环境金融项目的因素会导致成本增加。

第9章中我们讨论了覆盖率。由于有覆盖率这一要求，公用事业需要收取比年还款额更高的费用，这些费用最终都由纳税人支付，的确非常接近于隐性成本，但并不能看作项目的隐性成本。

我们可以将隐性成本因素的概念分为两部分，首先是那些与融资相关的成本；其次是一些外在的，但影响项目成本的杂项费用。初步估计，总共有8类与项目直接相关的隐性成本。

融资成本指的是为获取资金而发生的费用或使融资成为可能而付出的费用。这些概念并不像"期限"或者"利率"一样抽象，但是必须计入项目总成本中。如第10章中所提及的，这些是一次性的、前期的成本，可通过将其加入贷款或债券本金中，计入项目成本。下面探讨融资成本最常见的8种形式。

11.1 承诺费或额外费用

无论叫什么名称，银行贷款一般都会收取承诺费或一定比例的**额外费用**，尤其是商业贷款，个人贷款有时也会有所涉及，抵押贷款通常不大会收取承诺费。承诺费通常为贷款本金的1%～2%，一般是在银行承诺借款后支付。额外费用一般相当于贷款本金的1%～2%，通常在贷款交易完成时支付。有的只收取其中一种，有的贷款收取两种费用，二者之和一般不会超过贷款本金的2%。

如第10章中所述，一定比例的额外费用会提升银行贷款收益率，提高借款人年还款额和真实利息成本，构成了对贷款人的额外补偿，因此，无论计算年支付还是一次性总体支付，都必须计入贷款的真实成本之中。

从表面上看，承诺费是为银行或贷款机构在资金保留期间提供的补偿。这也是保护银行抵御坏账风险的一种方式，确保已保留的资金并不会被迅速占用。之所以说是"表面上"，是因为尽管它们看上去是如此（或无论人们如何定义），如果其真实目的确实是为银行提供保障，抵御借款人的违约风险，那么这笔资金就应该在贷款还清时返还给借款人，而银行确实并没有返还这笔资金。

另外，如果承诺费确实与银行保留资金的成本相关，那么它将会具备两个特征。

第一，费用的总数直接与银行资金成本相关。这就意味着，如果银行的资金成本为每年12%，那么承诺费就应该是每月1%；如果银行的资金成本为每年6%，那么承诺费就应该是每月0.5%。但承诺费并不是以这种方式征收的，银行会直接征收1%～2%的费用，无论贷款是在1个月还是6个月之后还清，无论资金成本是10%还是0。

第二，如果银行的费用与资金成本相关，那么从承诺的时间到支付的时间越长，费用应该越高。这又意味着，费用应该是每月1%

或0.5%。但如你所见，事实并非如此。

11.2 财务顾问费

财务顾问（Financial Advisor, FA）为公共事业公司或公共系统工作，一名优秀财务顾问是最有价值的项目组成员，他们会就项目融资问题提出建议。不要把财务顾问与购买债券的独立承销商相混淆，财务顾问不是要购买债券，他们的工作是引导债券销售。

在每一笔交易中，财务顾问才是实际上推动交易的人，是你最亲近的顾问。财务顾问需要满足一定的资历要求，应该在当地参加过类似的交易，熟知当地债券市场，了解环境金融项目的期限及条件，对所有债券相关法律条文烂熟于心。优秀的财务顾问不仅能帮你选择优秀的债券法律顾问甚至还可以在交易的方方面面为你提出建议。

早期财务顾问的薪酬仅仅由交易的规模决定。现在，财务顾问在每项交易中至少需要赚取5万美元。因为你不仅仅雇用了一个财务顾问，同时还需要支付其团队成员、办公室租金及其他的费用，因此5万美元可能仅仅是保底费用。

这就引出了一个棘手的问题。如果你将财务顾问的薪酬作为债券本金的一部分，那么若这笔交易是100万美元，给财务顾问5万美元的薪酬就占这笔交易的5%！如此高的比例，纳税人或普通大众很难接受。因此需要你和财务顾问达成分期付款协议，在最初的1年，每月支付2 500美元，或者前6个月每月支付5 000美元，相当于每年3万美元，在债券发行结束的时候再支付另外的2%，也就是2万美元。

随着发行债券规模的逐渐扩大，财务顾问要求的薪酬也就越高。当你的交易规模达到800万~1 000万美元的时候，财务顾问的期望薪酬至少为20万美元。就我个人经验而言，如果你拥有一名优秀而又聪明并且能够和谐相处的财务顾问，你所花费的每一分钱都是值得的。

11.3　律师费

有时在一笔交易中会有很多律师参与，包括公司法律顾问、外部律师、贷款人律师、承销商律师以及债券律师，多到让人觉得好笑。当然了，你必须要为所有律师支付律师费。

不论你是通过债券还是银行贷款来融资，可能并不会同时需要上面提及的5种律师，但至少需要其中4种律师：

• 公司法律顾问是为你所在的公用事业公司工作的律师。他是收取薪酬的，不必再额外向其支付费用。

• 外部律师，你可能并不太需要一个外部律师。但是如果你接了一个有几百万美元的大型项目——需要进行5~10年的长期融资，公司法律顾问的知识和技能有限，可能不足以支持公司进行如此庞大的融资。你可以对外发放方案征集书（Request for Proposal, RFP），对外公开招聘一位外部律师。这些外部律师按小时收费，薪酬将在债券募集结束时以债券收益的方式支付。外部律师按小时收费，你需要在项目结束之前估计他们的薪酬。如果一位娴熟的融资律师每小时薪酬低于500美元，你真是很幸运，这个费用并不高。如果律师索要的费用大大低于每小时500美元，有必要核查他的律师资格证并向他的其他客户电话咨询，对其进行彻底调查。

• 贷款人律师代表银行，有时也需要聘请贷款人律师。

• 承销商律师代表购买你债券的公司，如果通过发行债券来进行融资，就需要聘请承销商律师。他们同高级金融律师一样收取每小时500美元的费用甚至更高。

• 债券律师是指对债券进行独立第三方评估的律师。债券律师需要出具独立意见，以说明所发行的债券是合法的，并且在期限内能够顺利偿还。更重要的是，如果发行的是免税市政债券，债券律师会声明债券利息收入免征联邦收入税。这是市政债券成功发行的关键。如果债券律师出错，国税局（Internal Revenue Service, IRS）对债券收入征税，则债券托管人会代表所有的公债所有人起诉债券律师。债券律师按小时收费或采取协议收费的方式，无论哪种方式，费用一定不菲。

11.4 服务费

债券和贷款交易都有服务费，主要涵盖用于收取贷款和债券还款，包括发行债券时将债券发放给成千上万的购买者发生的管理费用。

发行债券的服务费通常被称为"托管费"，因为每只债券发行都需要一家银行作为受托人来处理债券的偿还。

购买债券的承销商并不持有债券。承销商将债券二次销售给批发客户，例如进行债券交易的共同基金，或是直接零售给成千上万债券持有人，事实上多数是"敬爱的大妈们"最终拥有公共事业部门的债券。

银行受托人在法律上是指财产托管人，对每一位债券持有人都负有严格的法律责任。由于涉及法律责任，而且记录债券持有人的买卖行为和债券持有量是一项庞大的工作，因此托管费往往高于类似的银行贷款服务费（负责银行贷款业务的工作人员只需要记录基本的一贷一还）。

托管费用一般是按未偿还债券本金的一定比例来收取，通常为本金的0.1%~0.25%。银行贷款的服务费一般低于托管费，且金额是固定的。固定费用比基于本金余额的费用更有意义。具体负责受托业务的人的薪水随着时间的推移逐渐增加。同一个时间段里，固定费用额会一直不变，基于本金余额百分比计算的费用实际上一直在降低。人员支出增加而业务收入减少可不划算。

11.5 承销费/中介费

承销费，通常被称为承销商折扣；中介费是指投资银行因购买债券所获得的报酬。而且，正如前面所述，不要真的以为是他们购买了债券。他们的确把资金打入你的账户，并且真正拥有了这些债券（除非交易是电子化的），但这只是一瞬间"拥有"债券。而在债券转到承销商账户那一瞬间，承销商就把债券分销给其预售的客户，并将这些债券记入个人账户的贷方，将获得的资金记入账户的借方，在扣除付给你的那部分资金后将剩下的资金记为利润。

　　早些时候，债券发行人、承销商以及中介机构有一个封闭的小圈子。公共事业公司甚至当地政府过去聘用承销商或中介机构，没有竞价，往往是凭关系。承销商以及中介机构的费用都可以与当地公共事业公司或地方政府的好友进行"协商"。在古老的拉丁语谚语中有这样一句话：有来有往，互相利用（Manus Manum Lavat）。如果董事会是选举产生的，那么你就会发现承销商和中介机构为在位者任职期间做出了很大的政治贡献。并且，如果发行债券需要公投，承销商和中介机构往往会为促进债券发行获得公众支持做大量的宣传。

　　当前，由于证券交易委员会和金融业监管机构强烈谴责了这种行为，这类现象已经很少见。现在会按照本金的一定比例来收取承销商费/介绍费。比例设定与债券期限成正比，即债券期限越长，比例越高。另外，与财务顾问费用类似，如果债券发行量很少，比如1000万美元以下，承销费比例可能高于1%；但是如果发行数量庞大，比如1亿美元，承销费比例就可能低于0.5%。

11.6　信用增级费

　　在次贷危机发生前，美国有15家金融担保保险公司，通常也称为市政债券保险公司。2005年，债券保险商担保了该年发行的价值约4 000亿美元的市政债券。2011年，只剩下了1家公司，并且仅担保了市场上5%的债券份额。

　　自2011年以来，另外一家公司进入了市场，就是美国互助保险公司（Build America Mutual, BAM），标准普尔评级为AA。另外，幸存的美国保险担保有限公司（Assured Guaranty Ltd.）在2013年拆分出一家子公司，命名为市政保险公司（Municipal Assurance Corporation, MAC），被标准普尔评为AA-级。

　　在债券保险公司的历史中，在同样的评级下，有些时候受担保的债券并没有不受担保债券卖得好。换句话说，如果城市 A 为 AA 评级，发行了一只债券；城市 B 为 BBB 评级，发行了一只从美国互助保险公司购买了保险的债券，你会发现城市 A 的债券依旧比城市 B 的债券畅销。

因此，处理债券保险最合适的方式是与财务顾问协商决定如何（以什么费率）与债券保险商之间进行交易。咨询财务顾问，在没有担保的情况下债券去哪里进行交易，同时询问两家保险公司的报价，然后再确认是否有充足的存款来支持购买债券保险。

一般的规则是，保费占担保债券与无担保债券差价一半以下。换句话说，如果无担保时以 5% 售卖债券，有担保时以 4.5% 售卖债券，那么保费额就应该占大约 0.2%，这意味着有担保债券的利率应该为 4.7%。你将获利 5% 与 4.7% 的差额，即 0.3%。

在早些时候，银行常常通过提供信用证担保（Letters of Credit, LOCs）债券与债券保险公司竞争。自从市政债券市场崩溃吓跑了大部分银行，不再有银行愿意提供担保，尤其是提供长期担保。但是，如果你幸运地碰到了一家银行愿意发放信用证担保来支持你的债券，就可以将其当作债券保险商来一样对待。

11.7 评级机构费

这是最易于理解的费用。如果你的公司希望发行债券，并且财务顾问认为公司信用较高，足以发行投资级评级的债券，就会毫不犹豫建议公司申请发行债券。评级机构费指的就是获得信用评级的费用。当它们正式为发行的债券进行信用评级后，此费用会在发行结束时直接支付给评级机构。

评级机构费是一项固定额度的费用，费用高低主要是根据评估的复杂度，评级机构员工会对公司财务报表、管理程序以及经营历史进行评估，收费水平从评估一些财务流程简单的小公用事业体系的几千美元到针对更为复杂的大型公用事业体系所需的上万美元不等。

评级机构会提前确认他们的收费额。联系评级机构并与其协商报价也是财务顾问工作的一部分。如果你需要发行一个规模较大的债券（假如1 000万美元以上），财务顾问很可能建议多找几家评级公司进行评级。

在评级机构了解情况的过程中，财务顾问也会对公司内部员工进行指导。

评级机构的员工都非常专业，审查也会很严格。如果你申请进行评级，不必对评级机构收取的费用额过分担心。

11.8　杂　费

在每一笔融资中都会产生一些杂费，数额并不太多，也应该很容易提前确定。最常见的杂项费用有：

• **印刷债券文件的费用**。法律上为销售债券提供的文件称为"债券募集说明书"。投资银行家——即使是在这个电子化的世界——也需要打印一些债券募集说明书。这项费用非常少，大概需要1 000～2 000美元。

• **调查费用**。一旦在交易中涉及购买房地产，购买方（公共事业公司）经常要求专业的调查人员进行调查，确定财产的明确边界。调查费用从小型资产的几百美元到复杂土地财产的几千美元不等。

• **产权保险费**。产权保险在购买房地产融资的过程中有两个作用。第一个作用是在产权有瑕疵的情况下保护所有者。若有人证明所有者的产权无效或有缺陷，产权保险能够使所有者免于赔偿或受罚。产权政策也可以在遇到无效或无法执行的房贷方面保护抵押权人（银行）。购买产权保险让银行在上述原因所引起的任何损失发生时都能得到赔偿。

• **评估费**。如果一项交易中涉及房地产，通常都需要进行评估。专业的评估师会在他们的名字后面加上"M.A.I"的草签，代表他们是评估机构的高级会员（Member of the Appraisal Institute，M.A.I）。你只能请这些有专业资质的人进行评估。大型财产大概需要几千美元的评估费。

以上这些杂项费用一般只有几千美元，而对于小型交易来说，还是相当可观。

11.9   非金融附加成本因素

有两项我们必须提及的非金融附加成本因素：延迟和不合规。但不合规的概念有的时候在无意中也会被扭曲，就像之前提到的例如"购买美国货"要求和戴维斯-培根法案，或现行劳动工资率的规定之下的"不合规"。

11.9.1   延迟

延迟是个非常严重的问题，却很容易被忽视。以州立清洁水滚动基金为例，从工程师们提出建设新项目的建议到做好项目融资准备可能需要半年到1年的时间，这期间需要把项目所有的组成部分都一一汇总，还要雇用很多的路演人员/咨询人员，所有这些事情都需要通过竞标来完成，因此要花费很多时间。像第10章所提到的，预算需要将通货膨胀与资金的时间价值考虑在内。例如，第1年，一个基础设施项目估计要花费100万美元。公共事业公司决定实施该项目，但由于官僚作风，该项目被迫推迟了3年。3年之后，费用就不再是100万美元了，项目造价必须以复利计算。假定通胀率为3%，那么新项目比最初的估价多花费了9.3万美元。项目3年后的花费为 $1\,000\,000 \times (1.03)^3 = 1\,092\,727$ 美元。这并不是一个小数目，占总价款的9%以上。如果你的年还款额与该项目税费收入额之比为1:1，那么纳税人就要多支付（超过项目本身造价）9%的成本。

每个州都有申请次年项目的截止期限，如果你错过了这个期限就要等到明年再申请。

大多数的项目都要求做环境评估（Environmental Appraisals,EA），如果项目确定存在突出的问题，就需要完成一份完整的环境影响评价（Environmental Impact Statement, EIS）报告。如果发生这种情况，你就需要至少1年的时间来编写报告，撰写申请表，选择独立的工程师提供必要的声明，等待他完成工作后再通过声明来证明项目可行。

每过去1年时间，成本费用就会上涨3%。而且在过去的几年中，建设成本的增长速度远远超过经常用于衡量通货膨胀的居民消费价格指数

（Consumer Price Index, CPI）。因此，延迟引起的成本增加可能会比通货膨胀还要多。

11.9.2 不合规

不合规是指支持环境工程的贷款项目不允许覆盖某些类别的费用。不合规的成本不能直接计入工程成本，从资金角度来看，这相当于创造了第2个工程，因为不合规部分的资金需要另找资金支持。

以下是两种不合规费用：数量不合规与质量不合规。

• **数量不合规**：贷款者不提供总成本中的特定比例的资金，这种不合规只有在银行贷款时会发生，与债市无关。

在次贷危机席卷房地产市场前，让银行为你的新房子提供100%的抵押贷款基本上是不可能的，主要是因为其要考虑资金流动性。如果银行为你提供了100%的贷款，而你无法偿还贷款，同时房市暴跌10%，银行就会损失一大笔钱。因此，就形成一条这样的准则：贷款价值比（Loan-to-Value，LTV）①越高，流动性越低（风险越高）。

依靠资产抵押的银行需要流动性。他们获得流动性的唯一方式就是为抵押的资产提供相对较少的贷款。如果借款者拖欠贷款，他们就可以迅速收回资金。例如，一家建筑公司以价值为10万美元重型机械为抵押向银行贷款5万美元，如果建筑公司在几个月后拖欠贷款，银行就拥有了这个设备，接下来银行或许可能会卖掉机械设备。由于银行只为设备投资了5万美元，并且这个设备使用还不到1年，那么他们就可以把它卖到7.5万～8万美元，银行完全可以收回贷出的5万美元。

下面是商业贷款中数量不合规的一些项目：

• 未开垦土地占比50%
• 建筑物，机械以及设备占比75%～80%
• 存货或其他一次性资产占比60%～70%

对于数量不合规的情况，就需要去为这些不合规成本进行额外融资。

---

① 译者注：指贷款金额和抵押品价值的比例，多见于抵押贷款，如房产抵押贷款。

你无法用一块未开垦土地去银行 A 获得 50% 的贷款，然后到银行 B 再去获得另外 50% 的贷款[①]。当你从银行 A 获得贷款后，银行 A 拥有该资产的留置权。在银行 B 给你贷款前，他们会去资产登记处查找记录来确认这项资产是否已有优先留置权。当他们查到银行 A 对这项资产的留置权之后就不会贷款给你了。

●**质量不合规**：它是指所有不符合融资要求的成本。下面是一些来自清洁水州立滚动基金的例子：

●土地。在清洁水州立滚动基金看来，土地是一项不合规成本。如果某项目需要花费 200 万美元，其中土地成本为 20 万美元，州立滚动基金就认为花费是 180 万美元。

●未通过竞标获得的产品和服务。州立滚动基金要求所有的产品和服务都应该由竞标获得。然而在有些情况下，供水或污水处理公司会就一些问题咨询一家长期合作的工程咨询公司里的一名工程师。在这种情况下，工程师费用就计入竞标项目中。这样的咨询费将会占总项目成本的 6% 以上。但只要这项服务不是竞标获得，那么发生的费用就是不合规成本。

●非戴维斯–培根工资。在第 1 章中我们介绍过，所谓的戴维斯–培根工资就是指在某一地区（例如一个郡）"一般"的工资水平。各个地区的工资水平数据都是公开的。"一般"工资水平与工会工资水平相关性很高，甚至在工会势力强大的制造业，一般工资水平就等于工会工资水平。当然，也不是所有的地区都是这样，美国 86% 的建筑工人没有加入工会，在工会活动不太活跃的地区，也有按照小时工资、一般性福利以及加班费等方式来为大量工作人员和技术工人支付工资的。那些所谓的"一般"工资水平通常都是由州劳务部门或其他类似的部门确定的。以至于州立滚动基金认为，如果一个工程支付很多的非"一般"水平的工资是不合规的。在某些州，如果项目申请中包含了非"一般"水平的工资，有可能导致整个项目不符合基金申请规定。

---

① 当然，这件事也有例外，即和卖主协商拿回获得财产 50% 的次级票据，或二次抵押贷款。但对卖主来说，给予你全部 50% 是鲁莽的，大概只会给你 20%～30%。

● 购买美国货。2009 年的《美国复兴与再投资法案》将"购买美国货"加入到清洁水州立滚动基金的要求中。这项要求与《美国复兴与再投资法案》拨付的资金一同到期失效，美国参议院一直试图将其重新列入要求中。在大多数情况下，这一规定不会导致任何问题；当进口产品质量与本国产品相差不多但是更便宜时，或是有更好的国外先进技术时就不适用。2009 年这项要求的提出完全出乎意料，因此导致了一些争议。参加州立滚动基金项目的州也并不希望看到"购买美国货"的条款被再次列入要求之中。

最后提醒一点。质量不合规的案例，项目中不合规的部分可能很难获得融资。如前面所提到 20 万美元的土地案例。公司无法从州立滚动基金借到 180 万美元的贷款后再为这 20 万美元的土地成本发行免税市政债券，发行这样小规模的债券，其成本就会让他们血本无归。

公司可能会试着去银行贷款，但是银行并不愿意提供这样一笔长期的贷款。公司如果够幸运，可能从一些贷款人那里获得时限为 20 年的、相当于资产额 80% 的贷款。如果出了任何差错，银行会对一块位于污水处理厂下面的土地做些什么呢？他们当然可以取消抵押品赎回权，但是如果公司没有按期偿还抵押贷款，银行就会陷入严重的财务危机，那就意味着银行没办法得到足额偿还。并且，如果银行真的取消抵押品赎回权，又能够将这样一块位于污水处理厂下的土地卖给谁呢？

银行愿意给拥有质量好的办公大楼或优秀商城的公司提供 80% 的贷款，而污水处理厂理所当然不在其目标名单上。

总而言之，人们需要识别很多隐性和非隐性的成本，从而采取措施来缩减这部分费用。我们必须牢记，我们的目标是实现最低的成本，这样才可以给最多的人提供最大的环境收益。

[第12章]

期限长短对年还款额的影响

无论你选择等额本金贷款还是等额本息贷款，贷款年限都对年还款额有很大影响。

第9章简单介绍了等额本息法和等额本金法这对概念。在本章中，你会发现贷款期限对年还款额的影响决定了我们应该采用等额本息法还是等额本金法来贷款。接下来，我们将详细比较这两种贷款方式下期限对年还款额的影响。

12.1 等额本金法

如果贷款期限只有1年，年底到期，贷款100%得到偿付。如果贷款期限是2年，到第2年年末前可以完全偿清（注意这里说的是"到第2年年末之前"，而不是"在第2年年末"，如果是后者，就相当于是一个大额尾付贷款）。

假设我们处理的是一个等额本金偿付贷款，对于2年期贷款，每年年末需要支付50%本金。那么，一个年利率为7%的10万美元贷款，第一年年末的年还款额是5.7万美元，包括了5万美元本金和7 000美元利息（第一年贷款全部10万美元未偿还额的7%）。

第二年的年还款额就只有53 500美元了。这包括了剩余的需要支付的5万美元本金和3 500美元利息（即剩余5万美元未偿还额的7%）。

第一年的年还款额是5.7万美元，第二年的还款额是5.35万美元。这两年的差别仅有 3 500 美元，大约是（5 万美元的）7%左右。即使贷款的总额从 10 万美元提高到 100 万美元，两年的偿还额也仅仅差了 3.5 万美元，也大约（50 万美元的）为 7%。

对于年还款额来说，7%的区别是很小的。所有针对终端消费者收取的供水费、污水处理费以及垃圾处理费等服务费用的成本构成中，年还款额应该只占了其中一部分。假设供水或污水处理系统的运作和维护费用与年还款额相等，这些费用和年还款额各占总费用的 50%，那么，上文提到的两个年还款额 7%的差别只相当于消费者费用总额的 3.5%。

在这个例子中，第一年的还款额是 5.7 万美元。如果当年的运作和维护费用也是 5.7 万美元，理论上消费者要支付 11.4 万美元。假定运作和维护费用在第 2 年也是一样的，年还款额只有 5.35 万美元，那么总偿还额就会减少到 113 500 美元，大约减少了 3.5%，这对于消费者所支付的费用是微不足道的，在费用逐渐减少的情况下更是如此。

但是 2 年期以上的贷款就大大不同。

同样是年利率 7%、10 万美元的贷款，但期限长达 20 年。我们可以检验一下第 1 年和最后 1 年还款额的差别。

再次假设以等额本金形式偿还贷款，每年偿还的本金额是 10 万美元的二十分之一，也就是 5 000 美元。第 1 年，未偿还本金余额是原始本金 10 万美元。第 1 年所需要支付的利息是 7 000 美元（10 万美元的 7%）。加总后得到年还款额为 1.2 万美元。

到了第 20 年，其余的 9.5 万美元已经在前面的 19 年还清，未偿还本金余额为 5 000 美元，按 7%的利率，需支付 350 美元利息。加总后得到的年还款额为 5 350 美元。

第 20 年与第 1 年的费用相差 6 650 美元，相当于降低了 55%！无疑，第 20 年付费的消费者能够欣然接受，那么同样受益于这个项目的第 1 年的消费者能接受吗？

经过第 9 章对等额本息法和等额本金法的讨论，我们发现，等额本息法之所以受到更广泛的支持，一个关键原因在于其中包含了"公平"的概念。再看下一个例子。

运用等额本息法，每年还款额都是相等的。如果一个新设施的服务年限是20年，同样假设本金为10万美元，利率为7%，等额本息还款每年所需支付的费用是9 439美元。这意味着在20年里，每年需支付9 439美元直至贷款还清。在这个例子中，总偿还额就是9 439美元的20倍，也就是188 780美元。

第1年的纳税人支付9 439美元，相当于整个项目成本的二十分之一。假设这个工程（例如上一台新的处理设备）的服务寿命是20年，那么纳税人这一年也获得了1年的项目收益，非常公平。

那么假如贷款时使用等额本金法而不是等额本息法偿还，情况又会怎么样呢？表12-1①列出了7%的利息、20年期10万美元的本金贷款的年本金支付额、年利息支付额以及年还款额。

如表12-1所示，等额本金偿还法，纳税人第1年需要支付整个项目成本的6.9%。问题在于，该项目的服务年限是20年，他从第1年中获益5%，结果就是支付了6.9%的费用只获得了5%的好处。同样，第20年纳税人仅仅支付了5 350美元，也就是整个项目成本的3.1%却也同样享受了5%的好处。6.9%、5%、3.1%看起来是很小的数字，但是纳税人一定非常想知道为什么他们从工程项目中获得的收益是一样的，但前者比后者要多支付123%！

本章关注的主题是贷款期限对费率的影响，如果这两个贷款的期限不是20年而是40年，情况又如何呢？

对于等额本金贷款，40年期、10万美元的年度本金支付额为四十分之一，即2 500美元。如果还款期为20年，第1年的利息支付是相等的（因为10万美元在第1年是未偿付的），同样是7 000美元，第1年的年还款额为9 500美元。第40年，只有2 500美元是未偿付的。按照7%的利率，利息就是175美元，第40年的年还款额为2 675美元。第1年的年还款额（9 500美元）就比第40年（2 675美元）要高258%。纳税人会有何感想呢？

---

① 请注意在表12-1中最后一列是"全部负债服务费用的百分比"，每一行所显示的百分比分别表示当年的债务服务费用。

表 12-1　　　　　　　等额本金法年还款额及占总债务的比重　　　　　　单位：美元

年份	年本金支付额	年利息支付额	年还款额	年还款额占总债务的比重（%）
1	5 000	7 000	12 000	6.9
2	5 000	6 660	11 650	6.7
3	5 000	6 300	11 300	6.6
4	5 000	5 960	10 950	6.3
5	5 000	6 600	10 600	6.1
6	5 000	6 250	10 260	6.9
7	5 000	4 900	9 900	5.7
8	5 000	4 650	9 550	6.6
9	5 000	4 200	9 200	6.3
10	5 000	3 850	8 850	6.1
11	5 000	3 500	8 500	4.9
12	5 000	3 160	8 150	4.7
13	5 000	2 800	7 800	4.6
14	5 000	2 450	7 450	4.3
15	5 000	2 100	7 100	4.1
16	5 000	1 750	6 750	3.9
17	5 000	1 400	6 400	3.7
18	5 000	1 050	6 050	3.5
19	5 000	700	5 700	3.3
20	5 000	350	5 350	3.1
	100 000	73 500	173 600	100

　　前面我们已经了解了期限对等额本息支付贷款的影响，下面我们将主要讨论期限对等额本金贷款的影响。为了能够更全面地了解期限对等额本金贷款的影响，表12-2列出了100美元贷款在不同期限按照不同利率的第1年的支付额。

表12-2　　　　　　不同利率水平下不同期限贷款的第1年还款额

（等额本金法）　　　　　　　　　　　　　单位：美元

贷款期限	利率				
	0	5%	10%	15%	20%
1年	100	105	110	115	120
2年	50	55	60	65	70
3年	33	38	43	48	53
4年	25	30	35	40	45
5年	20	25	30	35	40
10年	10	15	20	25	30
20年	5	10	15	20	25
30年	3	8	13	18	23
40年	2.5	7.5	12.5	17.5	22.5

从表12-2中可以很清楚地看到期限对于年还款额的巨大影响。

12.2　等额本息法

无论是使用等额本息法还是等额本金法，期限对于年还款额的影响都是同样大的。但是，在等额本息法下不存在公平与否的问题。

如表12-3所示，仍然可以发现期限对于年还款额的巨大影响。对于10年期的贷款，5%的利率年还款额为13美元，而20年期贷款的年还款额则是8美元。这意味着10年期贷款对纳税人收取的费用比20年期贷款要高出63%。另外，如果需要融资的资产，服务期限是20年，怎么还会有人青睐于短期贷款呢？正如我们重复多次的，期限是改善环境项目成本的几个最重要因素之一。并且，一个工程的花费越低，可实施的工程项目数量就越多。

你还记得纽约肖托夸郡的医生吗？他选择了一个零期限的贷款，也就是说他支付了6万美元的现金。假定我们一般人家需要安装地热，成本大约是这个项目的十分之一——6 000美元。其他假设不变，我们每个月可以省下100美元。然而我们中的大部分人都没有6 000美元用以投资地热

表 12-3　　　　　　不同利率水平下不同期限贷款的第 1 年还款额

（等额本息法）　　　　　　　　　　　　　　单位：美元

期限	利率				
	0	5%	10%	15%	20%
1 年	100	105	110	115	120
2 年	50	54	58	62	65
3 年	33	37	40	44	47
4 年	25	28	32	35	39
5 年	20	23	26	30	33
10 年	10	13	16	20	24
20 年	5	8	12	16	21
30 年	3	7	11	15	20
40 年	2.5	6	10	15	20

设备。如果国家有融资期限为 30 年的房屋评估清洁能源计划，我们每个月就只需要支付成本 32.5 美元，而节约 100 美元，那么一个月的净收入是 67.5 美元。这样就会有很多人去参与这个项目，因为参与这个项目后可以节约资金，这就是贷款期限的神奇力量。

几年前加州开始组织房屋评估清洁能源计划时，我认识了一个在中央河谷（The Central Valley）地区负责空气质量工作的公务员。她说她已经用二级抵押贷款的方式为房子安装了隔热装置，将所有的门和窗户都换了。她从银行获得了每年 7% 的利率、年限为 7 年的贷款。假设她借了 1 万美元，每个月需要偿还 151 美元。现在，如果她所在的郡已经组织了房屋评估清洁能源计划，她可以得到 20 年期的贷款（无二级抵押的）。尽管假设利率同样是 7%，她每个月仅需要偿还 78 美元！

回忆一下，环境金融的第一项准则就是以尽可能低的成本为最多的人提供最大的环境效益。第二项准则就是我们越能降低改善环境的成本，就会完成更多的环境项目。这就是上述两条准则的黄金例子。更多的人会倾向于花 78 美元的成本而不是 151 美元装修他们的房子。这就是我们努力的方向！对于降低改善环境的成本来说，期限是最有力的机制之一。并且，成本越低，能够付诸实施的项目也会越多。

第13章

补助资金和可支付能力

13.1　补助资金

在任何一本环境金融的著作里，都会用大量的笔墨来阐述补助资金。毕竟，补助资金是为政府公用事业提供资金最流行的方式，而且是免费的！

但本书关于补助资金的内容比较简略。因为在研究政府环境金融项目的25年里，我认为只有在四种情况下使用补助资金才是合理的，其他情况下仅仅是出于政治性目的。

这四种情况包括：

1.提供个人或团体无法偿付的环境服务。回忆一下第1章杰克和戴安娜的例子，他们为了室内取暖和女儿的健康，急需一个新式柴炉。哪一种政府资助适合他们呢？因为非常贫困，即使是税收减免这样的措施对他们也没什么用。他们需要的是一项全额或者接近全额的补贴。这属于个体需要补贴的案例。

美国农业部的供水和污水处理计划是一个很好的使用社区补助资金的案例。当农业部发现工程花费占家庭收入中位数（Median Household Income，MHI）的很大一部分，将会导致该地区税率高出周围地区一大截时，农业部就可以用补助资金将工程成本降至纳税人可以负担的水平。

2.引导个人或企业采取高于法律要求之上的环境治理行动。2009年通过的《美国复兴与再投资法案》把我们从次级抵押的泥潭中拯救出来时，**"可再生能源"**才刚刚成为流行词。"经济刺激法案"为安装太阳能电池板以减少碳排放的人们提供了补贴资金，并且都由政府买单。

覆盖作物是另外一个典型例子。当谷物被收割以后，会有大量的氮留在土壤中。通过一个冬天雪水的洗礼，大量的氮就会转移到水体中产生污染。覆盖作物就是在一般谷物收割完成后栽种的。其主要目的是吸收残留在土壤中的氮，防止其对水体造成污染。在美国，我们为种植这些谷物的农民提供了资金支持。这些补助资金来自于国会通过的"农业法案"，该法案旨在为维持补贴制订一个周详的计划。在德国，也有为覆盖作物提供补助资金的项目，资金主要来源于每年收缴的特别税收。

3.推进环境技术创新和商业化。即使是现在，安装太阳能电池板对个人来说依然是不划算的，尽管政府有十分慷慨的融资项目支持，平均每个月安装太阳能电池板的成本依然超过使用太阳能电力节约的能源成本。为了助推太阳能产业发展，美国能源部针对太阳能电池板企业启动了一笔补助资金（补贴项目）。中国也有类似的项目，补贴力度非常大，使得中国生产商能够以低于生产成本的价格出售产品。中国政府提供了大量补贴以促进太阳能电池板出口全球，通过这个过程也创造了大量的就业岗位。美国、欧盟、中国在这个领域展开了贸易战争。不考虑贸易因素，使用补贴来助推环境新技术的发展是个好主意。

4.用于环境教育。为社会团体提供小额的补助资金是激励它们保护环境的有效方法，对缺乏项目资金的团体尤为有效。马里兰有切萨皮克湾和大西洋沿岸海湾信托基金，也就是当地人所说的"绿色基金"。基金的数额不多，却为社会团体从事诸如河床修复、植树等活动提供了资金。为人们灌输环境的价值和提供必要步骤是公共资金的有效支出渠道之一。

这里要提醒一点，由于通货膨胀，且货币价值随着时间的推移会缩水，应该尽早使用补助资金来降低项目成本。只有一些例外情况，如马里兰的"绿色基金"是按照年度来提供补助金的，这时主要考虑的是如何通过竞争将资金赠予不同的团体。另一种适合使用年度补助金的情况是支持种植覆盖作物，每年都给参与的农民补贴。这或多或少是在为农民每年付出的劳动支付费用，而不是一次性地购买砖瓦和水泥，建设一项设施。

　　下面借由一个2005年的乌克兰项目来说明为什么一次性预付的补助金会比年度发放的补助金更受青睐。当时，乌克兰的房屋及公用服务委员会（the State Committee for Housing and Communal Services）[①]正在考虑将国家预算内资金用于减少地方政府项目的建设成本。乌克兰商业银行的贷款利率是20%。某城市有建设公用服务项目的构想，市长向中央政府抱怨银行贷款利率太高。中央政府做了让步，为当地政府提供了一个5年期的零利率贷款。最后，市长从本地银行借贷并在5个年度平均偿还本金（类似于等额本金法），政府据此安排资金，偿还贷款（详见表13-1）。

表 13-1

	年度补贴						
	年份						总和
	0	1	2	3	4	5	
总融资需求	100						
国务委员会前期补贴	0						
年末未偿还余额	100	80	60	40	20	0	n/a
当地政府支付本金	0	20	20	20	20	20	100
国务委员会支付利息	0	20	16	12	8	4	60
补贴现值	0	18.52	13.72	9.53	5.88	2.72	50.37

注意：乌克兰当时的通胀率为8%，因此将其用作折现率。

　　如表13-1所示，国务委员会提供的间接补贴的现值为50.37乌克兰格里夫纳（UAH）[②]，相当于全部成本100UAH的一半。

　　下面我们来看看，在项目之初就给予一次性50UAH的补贴的情况，相当于项目成本从100UAH减少到了50UAH，见表13-2。

---

①　这里的公用服务特指供水和污水处理服务。
②　UAH指的是乌克兰格里夫纳，乌克兰法定货币。

表13-2　　　　　　　　　　　　一次性前端补贴

	年份						总和
	0	1	2	3	4	5	
总融资需求	100						
国务委员会支付补贴	50						
年末未偿还余额	50	40	30	20	10	0	n/a
当地政府支付本金	0	10	10	10	10	10	50
当地政府支付利息	0	10	8	6	4	2	30
当地政府总支付	0	20	18	16	14	12	80

通过比较表13-1和表13-2中的"当地政府总支付"这一栏，可知预付补贴能够降低项目成本。

由于市长同意偿还本金等额的资金，当地政府将项目成本降到100UAH以下是没有必要的。因此，我们建议国务委员会考虑为项目提供一次性补助资金的办法，既能够达到与表13-1同样的效果（即当地政府支付100UAH），又能大幅减少国务委员会的补贴金额。

当地政府仅需要支付相当于零利率或者每年支付20UAH（乌克兰格里夫纳）的贷款。政府通过前端支付的方式提供补助资金，只需要将每年的项目年度本金和利息成本减少至20UAH（见表13-3）。这样一来，国务委员会的补贴从50UAH下降到40UAH。由于有了这部分补贴，未偿还贷款余额在第一天就减少为60UAH。

表13-3　　　　　　　　　　　　前期补贴得以减少

	年份						总和
	0	1	2	3	4	5	
总融资需求	100						
国务委员会支付补贴	40						
年末未偿还余额	60	52	42.4	30.88	17.06	0	n/a
当地政府支付本金	0	8	9.6	11.52	13.82	17.06	60
当地政府支付利息	0	12	10.4	8.48	6.18	3.41	40
当地政府总支付	0	20	20	20	20	20	100

在这个例子中，假定地方政府愿意每年支付本金，国务委员会支持当地政府，且提供的补助资金的数额减少了20%，节省下来的钱可以投资于更多的项目。对于新的设施或者待建的实体项目，用提前预付补贴来补偿利率比用年度补贴更有效。**只要通货膨胀率总是低于利率，这个结论就永远是正确的。**

2007年，乌克兰的项目结束时，国务委员会的成员一直在考虑改进项目设计，我相信他们现在依然在这样做。

13.2　可支付能力

1987年美国颁布了《清洁水法案》修正案，要求建立清洁水州立滚动基金。一年后，国家环保署的一些有识之士开始考虑社会团体是否有能力支付这类新的贷款项目。毕竟与补助资金不同，贷款不是免费的。全国各地的社区是否有能力支付新的贷款呢？

因此，他们在国家环保署召开了以"可支付能力概念"为主题的会议。与会者包括环保署的工作人员以及像我一样的部分外来人员。整个讨论进行得非常顺利，但其中有一个参会者，一直双手交叉在胸前，不时摇晃上身，显得很焦躁；最后，他实在按捺不住，脱口而出："在古典经济学世界里，并没有'可支付能力'这么一说。"这时另外一个参会者平静地回应道："确实如此，但是现实生活与古典经济学有天壤之别。"

可支付能力概念包含两个层面：一是**社区可支付能力**（Community Affordability）；**二是个体可支付能力**（Individual Affordability）。它们并不是截然分开的，在最富裕的社区里，也会存在个体无法负担的问题。尽管比率不同，在负担能力存在问题的社区里，个体的负担能力可能也会存在问题。我们先来解决社区可支付能力的问题。

13.2.1　社区可支付能力

回到20世纪90年代中期，马里兰大学的环境金融中心召集会议，讨论坐落在马里兰州西边波托马克河（Potomac River）支流边上的一座小镇遭遇的难题。小镇上的所有家庭都有生活污水排放系统，但由于地面以下几尺的地方有由坚固的基岩构成的地质层，导致生活污水排放系统无法正常运作。一开始科学家们对地下水质的检测结果非常困惑，通过大量的检测和探究，他们认为问题就出在化粪池系统都建在坚固的基岩上。于是，州政府要求小镇再安装污水处理系统。这项工程遇到两个问题：第一，为了安装排污管线，需要炸开地下岩石层；第二，镇上的居民住得比较分散，需要额外的几百尺管线，这样一来项目成本就变得很高。

首先，这不是一个非常富裕的镇。当时房屋均价不到10万美元。可以理解，居民在得知整个工程需要花费每个家庭3.9万美元时都非常惊讶。

这就是一个需要补贴并且群体无可支付能力的例子。[①]（这不是古典经济学的问题！）

环境基础设施行业有一个行规，饮用水和污水处理税/费率分别占家庭收入中位数的1%，也就是加在一起占到家庭收入中位数的2%是比较合理的。但是环保署认为这两项应该分别占2%，这里我们先不考虑环保署是怎么想的，采用大多数人都同意的这个1%的比率。

实际上，美国水工程协会（American Water Works Association，AW-WA）与莱弗特莱斯金融咨询公司（Raftelis Financial Consultants，Inc.）在49个州和哥伦比亚地区做了"供水与污水处理调查"。通过分析308个对供水问题、288个对污水处理问题的反馈，结果显示供水的平均税费相当于家庭收入中位数的0.66%、处理污水的平均费用相当于家庭收入中位数的0.84%，加总后为1.5%。因此，我们这里使用2%是一个相对保守的数字，用以衡量一个社区而不是个人的可支付能力。

第15章将阐述"补贴的诅咒"。在最理想的情况下，我们首先要做的就是摆脱补贴。其次就是重新计算公用事业服务成本占家庭收入中位数的比重。但现实情况下，这样做往往是不可能的，大部分的环境公共设施系统所享有的补贴都与项目融资相挂钩。我们在第15章将讲到，简单古老的免税市政债券是一种形式的补贴。另外，所有的清洁水州立滚动基金都

---

① 马里兰州确实为社会群体提供了大量的补助资金并解决了这个问题。

给予很慷慨的补贴，大部分都是以市场利率的50%出借的。当 AAA 级别的免税市政债券以5%的价格出售时，大部分的清洁水州立滚动基金都只是以2.5%的利率提供贷款。环境公共设施会放弃这样的补贴吗？当然不会。因此，我们仅能勉强根据一个修正的全成本定价法来定价。

人们常认为无法设定一个能反映全部成本的税/费率，主要是因为社区可支付能力有限。而事实上，问题的深层次原因在于社区中有大量缺乏可支付能力的家庭。由此形成了一种政治氛围，由于大幅度提升税率水平最终会伤害到那群最低收入的消费者，因此经常是无法接受的（当然，这样的情形可以通过为那些确实需要补贴的家庭提供补贴来有效解决）。

然而，由于外部补贴数量毕竟有限，公用事业部门一般都不得不采取一些类似推迟维修、推迟设备升级和更新换代、削减机构职能、保持低工资水平的方式来解决资金困境。最典型的表现就是一些老城市的供水或污水体系长期存在跑冒滴漏的问题。

13.2.2　个体可支付能力

正如第15章所说，我们需要做的第三件事情就是为那些在收益曲线底部附近的无法支付服务的家庭提供补贴。即使是在弗吉尼亚州的劳顿郡（Loudoun County，Virginia），家庭收入中位数为11.9万美元，仍然有一些家庭无法支付用水和处理污水的账单。在大部分情况下，如果不再为那些并不需要补贴的人提供帮助，我们就会有更多的资金去为那些真正需要的人提供补贴。

换句话说，我们需要识别真正无法支付公共服务的人来解决个人负担能力的问题。具体方案有以下四种：

第一，补贴可以来自于州或当地的税收项目获得的税收拨款。例如，我们已经从10万个家庭里确定4 000个无法支付公共设施服务的家庭。每个家庭每个月需要大约20美元的补贴（240美元一年），一共96万美元。这些补贴可以来自于州或者（和）当地政府的税收收入。换句话说，州或当地政府会拿出96万美元的财政资金来支付给公共事业体系。

第二，补贴可以来自于联邦政府或者州政府设立的一系列特殊项目。低收入家庭能源援助计划（Low Income Household Energy Assistance Program，LIHEAP）就是采用的这一方法。联邦或州政府可以设立类似的项目来帮助他们偿还其供水和污水处理的账单。政府直接为消费者提供补贴，让消费者来支付公共设施费用。在很多情形下，参与这个项目的人和参与低收入家庭能源项目的人是一样的。联邦政府也可以将低收入家庭能源项目扩展到支付其他任何公共设施服务上。

第三，补贴也可以是一项交叉补贴（Cross-subsidy）。此种情况下，纳税人将会被分成两部分：困难个体和非困难个体。这样，给困难个体的补贴可以来源于非困难个体。这种方法会在下面具体阐述。

第四，补贴可以来源于所有的公共设施消费者，无论他们是否被认定为困难个体。

以上四种方案都各有利弊。前两个选择（用税收收入和特殊的联邦项目来提供补贴）也许不可能或不太现实，但毕竟有低收入家庭能源辅助项目可供借鉴。因此，我们也不必完全排除联邦或州政府提供财政补贴的可能性。

下面用一个例子来阐述后两个方案的区别。这个例子仅仅考虑到了没有为公共设施提供外部补贴的情形——通过提高全部或部分消费者的费用来获得资金。这个例子发生在由10万个家庭组成的中等规模的社区。假定这个社区家庭平均收入为5万美元，与国家家庭收入中位数相等。我们同样假设困难个体的家庭收入大约为2万美元，低于4口之家的贫困线。

根据经验原则，收费水平定在家庭收入中位数的1%，社区每个普通家庭每年需要支付500美元。在我们的例子中，它们会每个月支付40美元，一年480美元，接近500美元。

困难家庭应该每年支付200美元。但是，应该为他们提供每个月20美元的补贴（一年240美元）。这仅仅超过了中等家庭收入的1%，实际上是1.2%，但是影响不大。

我们的系统有10万个纳税人，其中有4 000贫困人口。因此，为这些群体每个人创建一个月支付20美元的补贴项目，我们需要每月8万美元，或一年96万美元的补贴。

假定：

消费者数量=100 000

困难个体消费者数量=4 000

总的水销售量=每个月75亿加仑

水的价格=每1 000加仑2美元

平均每户家庭水销售量=7 500加仑

A.**基准情形**：原始的、无补贴的费率设计。困难个体消费者与其他的纳税人支付同样的费用。

B.**由非贫困消费者提供的目标补贴**：这个设计包含了仅仅为贫困家庭消费者提供的每个月20美元的补贴，资金来源于对非贫困家庭多征收的费用。注意，非贫困消费者增加的成本并不高。

C.**由全体消费者提供的目标补贴**：这与B设计是一样的，除了所有消费者都平均地为提供补贴做贡献。结果（与B设计相比）是对非困难家庭的费用稍微有所下降，而对困难个体的费用则稍微有所上升。

两种补贴方案的比较见表13-4。

表13-4　　　　　　　　两种补贴方案的比较

	A	B	C
非贫困消费者：			
固定费用（美元/月）	25.00	26.22	25.40
可变费用（1 000美元/加仑）	2.00	2.00	2.00
月可变费用（美元）	15.00	15.00	15.00
平均账单（美元/月）	40.00	41.22	40.40
贫困消费者：			
固定费用（美元/月）	25.00	5.00	5.40
可变费用（1 000美元/加仑）	2.00	2.00	2.00
月可变费用（美元）	15.00	15.00	15.00
平均账单（美元/月）	40.00	20.00	20.40

B和C选项对非贫困家庭的影响总的来说还是很小的。类似地，这样的补贴对困难个体来说是很有价值的。尽管在C选项中，贫困个体的月账

单也只是比 B 选项的情形高了 2%。

　　不管你是否相信古典经济学，可支付能力都是一个需要解决的问题。这也是补贴四个合理的用途之一。如果某个群体无法支付其维持每天基本生活的供水或排水系统的费用，那么这个县、州甚至是联邦就有大麻烦了。如果一个项目的服务收费/税无法覆盖其全部成本，就需要通过一次性的前端补贴来降低项目成本。如果问题是某些特定系统的使用者无法支付其月账单，那么就需要锁定这些人，并且将补贴（不管是内部还是外部）发放给有实际需要的家庭。

第 14 章

股权的作用

14.1　股权融资与债权融资的比较

　　补助资金或赠品对接受资助的一方来说是没有成本的，因此它们也是环境改善项目融资方法中成本最低的，而相对的，股权则是成本最高的融资方法。但在经典的公司理财概念中，则恰恰相反。如果你是一家大型上市公司的 CEO，你可能会发现贷款（或是公司债）能达到的最低利率是5%。这意味着如果你每年支付 5 美元，就可以借到 100 美元，也就是 20 倍于本金的贷款额。而通过卖股票则可以借到 30 倍于本金的资金额。如果你真的需要资金的话，你就会选择增发股票，给你的股权持有者 3.33 美元，而不是给债权人或银行 5 美元。

　　在英文中，"equity"这个词是什么意思呢？韦氏词典给出了三个相关定义：第一个是"基于自然法或权利的公正"；第二个与普通法下的公平原则有关；第三个则与金融相关，是"超出了债务或是留置权部分的某项资产的货币价值或利息"。

　　实际上，一项资产的"债务或留置权"是债权人的权利。更重要的一点是，在所有债权人都得到全额清偿之前，股权持有者一分钱也拿不到。

　　在公司理财中，债权人被分成了两部分：担保债权人与非担保债权人（Secured and Unsecured Creditors）。这并非只是一种修辞性的划分，它直接关系到谁会被优先清偿。这一点在没有足够的资金去清偿所有的债权人时尤其重要。如果一项"资产"价值 100 美元，欠担保债权人 90 美元，欠非担保债权人 20 美元，那么担保债权人就能百分之百得到清偿，可以取回属于自己的 90 美元。而非担保债权人只能拿到剩余的 10 美元，因清偿要求只能满足 50% 而遭受损失。

非担保债权人通常是供应商或技工，但也包含了部分专业人士，如律师、工程师、技术顾问，他们通过提供服务得到的报酬就被拖欠了。

担保债权人也分为两类："优先级债权人"与"次级债权人"。这样划分的依据同样与清偿的优先权相关。优先担保债权人优先获得清偿，随后是次级担保债权人。在两类债权人都被全额清偿后，才轮到非担保债权人。最后，在所有的担保债权人和非担保债权人都被清偿后，如果还有资金剩余的话，股权持有者才有机会被清偿。因此，就支付清偿的优先权而言，股权持有者在食物链的底端。

而全球所有证券交易所里公开交易的股票价值以美元计价的话，已经超过了 50 万亿美元，还有数十亿的人持有着价值成千上万美元的房地产资产。既然股权持有者是最后被清偿的，那些投资股票的人为什么还要冒这个险呢？

答案就是一个词：收益回报！

假设你投资了一处价值 25 万美元的房屋，首付 5 万美元，并从银行取得了 20 万美元的按揭贷款（有担保）。接着，你可能在几年后以 35 万美元的价格卖出房产，银行则收回属于他们的钱，包括剩余未缴的按揭贷款及从贷款之日起所计的利息。你不仅收回了 5 万美元的资产投资，还额外获得了 10 万美元，回报几乎是当初投入资金的两倍。如果银行只收取 5% 的费用，那么你肯定获得了更高的回报。

而另外一种情况是，假设你在 2006 年次贷危机发生之前投资了那套房产。次贷危机暴发后，你只能以 15 万美元的价格出售房屋，银行拿走全部的 15 万美元，你分文不剩，起初的 5 万美元投资也全部化为泡影。

所以，股权到底是什么？它是承担着失去本金（或损失严重）的高风险的同时，有机会获得因其而产生的巨大回报收益。

　　试想一下你购买了价值 100 美元的公司债券和价值 100 美元的股票。假设债券的利率为 5%，一年后债券被赎回，你获得了 105 美元。同一年间，假如股票的价格从 100 美元上涨到 150 美元，这笔投资带来的收益是 50 美元，10 倍于投资公司债券获得的收益，而你的风险在于公司可能会破产。如果你愿意去承担持有股权带来的风险的话，你会获得很高的收益。传统金融理论讨论了风险与收益的关系。通常来讲，股权意味着更高的风险，也就是更高的收益。

　　这也就解释了在环境金融中，股权的作用为何受到很大的限制。

　　环境金融的第二条准则就是降低环保项目的融资成本。这一准则意味着在环保项目融资过程中要降低债务拖欠的风险。风险越高，所需股权越多，因此，股权投资者就会要求更高的回报。而支付高回报会使环保项目举步维艰，因为这意味着一个项目就要消耗大量资金，也会挤占其他项目的资金。反之，风险越低，需要支付的回报越低。这正是环境金融的目标：降低风险，从而降低支付额，留给其他项目更多的财力资源。

　　在传统的公司金融理论中，公司股票的价格由有效市场中成千上万的买者与卖者决定。通常来说，价格是基于对未来公司盈利的集体预期而产生的。如果全世界都认为一家公司的盈利在未来会增长，那么其价格与盈利的比率（市盈率）①就会很高。如果一家公司被外界认为会在未来遭受损失或者盈利下降，那么其市盈率就会很低。

　　当一些互联网巨头首次公开募股时，甚至还没有创造一分钱的利润。股票的初始价格仅取决于对他们会在未来创造多少利润的预期，而这一预期利润往往是个天文数字。另外，金融领域里风险/收益频谱的最下端是债权。股权是高风险、高收益，债权则通常是低风险、低收益。

　　风险/收益频谱是从最具风险的债权到最保守的股票的连续体。哪家公司的股票可能是最保险的呢？也许受监管的电力公司是个好例子。毕竟，电力是生活必需品。同时，处于高度监管环境下的公司也不太可能破

---

① 译者注：市盈率的计算方法为股价除以每股盈利，常被用来评估企业的股价水平是否合理。

产。自来水公司的股票也一样，比如美国自来水公司有125年的历史，为13个州的1 500万人提供服务。看起来美国自来水公司是最不可能倒闭的了。

最有风险的债权是什么？答案是**垃圾债券**。什么是垃圾债券？它是指那些被国际三大信用评级机构——标准普尔、穆迪投资者服务、惠誉评级中的至少一家给出最低信用评级的债券。三大信用评级机构都采用信用分级。信用级别排名前十的——按照标准普尔的命名方式——属于**投资等级信用评级**，包括AAA、AA＋、AA－、A＋、A－、BBB＋、BBB、BBB－级。BB＋及以下被划分为非投资等级信用评级，即投机性评级。唐纳德·特朗普（Donald Trump）为他的泰姬陵赌场融资时，就发行了超过10亿美元的垃圾债券。一个低风险的公司债券，一般都会以5%左右的利率发行。而一个相对应的垃圾债券的利率就要定在10%甚至更高的水平上。当垃圾债券的收益率在10%左右的时候，就与公开交易的电力公司股票的收益率大致相同了，这并不是一种巧合。低风险的股票与高风险的债券收益率都比较接近了。风险是一个连续的频谱，收益范围也是如此。

14.2　私募股权融资

回到股权的定义，除了公开交易股票的公司外，还有另一种股权的形式——**私募**。私募在环保项目中是一种以股权募集资金的形式。私募的参与者主要是大型金融机构或高净值个人。它对广大民众来说并不适用，也不是为胆小的人准备的。与公开交易的股票不同，私募股权的流动性很差。这意味着一旦投资，在你获得全额支付或赔得一干二净之前，很难有机会撤出投资。

大多数私募股权投资都是风险投资。这些投资者投资于新公司、新产品甚至是新技术。通常来说，在描述风险时，用到词语"新"的次数越多，预期的回报就会越丰厚。在20世纪80年代初的纽约，我设立了一家为工业发展债券提供金融担保保险的公司。这是个全新的产品，之前没有人为工业发展债券投保。产品还涉及几个新概念，比如一种叫作"违规事件"（Event of Non-Compliance）的晦涩的法律措施。此外，公司也是新的。唯一不是新的只有我的名字。我曾为纽约州管理过一家工业开发银行。因此，至少在华尔街，是有人知道我的。但是除此之外都是全新的。这种"新"反映在了风险投资者们对他们投资期望的高回报上，大多数人都希望回报在20%~25%。

私募在环境金融里也属于股权融资的一种形式。很多很好的私募投资案例都是可再生能源和城市轨道交通类项目。首先，我们来看一下私募股权投资者所期望的投资收益率（Return on Investment,ROI）的类型。一位投资于公开上市的电力公司的投资者可能希望在正常的情况下获得10%左右的收益。这是私募股权收益频谱中最低的一段，与其对应的是相对较低的收益。在风险频谱的另一头，应该是西伯利亚的金矿，而且不是那种已经成功开采很多年的矿。新项目在西伯利亚的最深处展开，唯一能证明那里有金子的就是矿物学家的几篇研究报告。可能遭遇的风险包括新的金矿、矿址远在国外、没有专业的工人、未知的技术难关等等。你认为会有投资者接受小于40%的投资收益率吗？为什么这么多？关键就是：风险！

表14-1是一些私募要求的投资收益率，范围从3年到10年，用概念上的100美元来表示：①

表14-1   私募要求的投资收益率

	年度			
投资收益率①	3	5	7	10
10%	$133	$161	$195	$259
15%	$152	$201	$266	$405
25%	$195	$305	$477	$931
40%	$274	$538	$1 054	$2 893

① 译者注：以3年收益比率为10%为例,3年后,要求 ROI = 100×(1－10%)³ = 133。

如果你愿意投资位于西伯利亚的金矿，表14-1中的收益率一目了然，现在每投资100美元，在10年后会希望得到2 893美元的回报。

回到环保项目中的私募股权投资。这里需要解释一个词："到期"。可以想象，可再生能源与城市轨道交通项目投资的运转时间肯定超过了3年，甚至达到了10年以上。这类私募股权投资项目与传统的风险私募股权投资有着微妙却又根本的区别。在风险投资中，支付是一次性总计支付。而对于环保项目融资，支付是按年度完成的。

一次性总体支付给投资者在风险投资中被称作**退出**。投资者获得支付的方式，或者至少是他们认为将要被支付的方式，被称作**退出策略**。风险投资者们希望投资周期已知并且相对较短，一般是希望10年之内就退出。退出可以通过新公司IPO上市，也可以通过被工业巨头收购的方式（如同新互联网公司被谷歌或亚马逊收购），或者通过出售给另一家风险投资公司的方式来完成。其实这样流动性并不好，但至少有退出的可能。退出策略对风险投资者来说与投资收益率一样重要，如果无法退出取得回报的话，再高的投资收益率也没有用。

只要运用私募股权为可再生能源、城市轨道交通或其他类型的环保项目投资，投资年限就不会短，也没有一个明确的退出策略。在这些类型的项目中，回报支付是按年度完成的。只要项目正在进行，那么投资者每年都会得到支付。

用1 000美元的投资来举例的话，见表14-2。

表14-2	私募股权投资收益			
投资收益率	10%	15%	25%	40%
支付	$100	$150	$250	$400

是否记得本章一开始时提到过，私募股权是成本最高的融资方式之

一？我们再以 1 000 美元为例来比较一下私募股权融资的支付与典型的债权融资支付，见表 14-3。

表 14-3	股权与债权投资收益的比较				
投资收益率	5%	10%	15%	25%	40%
股权支付	n/a	$100	$150	$250	$400
债权支付	$50	n/a	n/a	n/a	n/a

如表 14-3 所示，债权融资的成本比私募股权低很多。注意：没有回报率为 5% 的私募股权融资，这是因为没有投资人会接受 5% 这样低的回报率。同样，债权融资的回报率没有高于 5% 的，因为没有利率那样高的债券（对可信的、可执行的项目来说）。

气候变化项目与城市轨道交通项目、可再生能源项目一样，不会 100% 采用私募股权融资。我甚至没有听说过私募股权融资有占比 50% 的，但占比 50% 以下的项目数量却相当多。

现在来深入了解一下项目要求的年度支付中私募股权的影响。

接下来是一系列表格，描绘了不同债权、股权比例组合的支付。每个表格中项目的成本都是 1 000 美元，债权的形式是 30 年期、利率 5% 的等额本息贷款。出于比较的需要，如果项目完全用债权而不使用股权来融资的话，项目的总支付额为 65.05 美元。

表 14-4 说明了当项目融资由 600 美元即 60% 的债权与 400 美元即 40% 的股权构成时项目的支付情况。如表 14-4 所示，40% 的股权融资大幅推高了项目年支付额。

表14-4　　　　60%的债权加上40%的股权构成的项目支付[①]

投资收益率	10%	15%	25%	40%
股权支付	$40	$60	$100	$160
债权支付	$39	$39	$39	$39
总支付	$79	$99	$139	$199
纯债权支付	$65	$65	$65	$65
股权溢价	$14	$34	$74	$134
支付增长率	21.5%	52.3%	113.8%	206.2%

表14-5是同样的例子，只不过比例变为了30%即300美元的股权与70%即700美元的债权。

表14-5　　　　70%的债权加上30%的股权构成的项目支付

投资收益率	10%	15%	25%	40%
股权支付	$30	$45	$75	$120
债权支付	$46	$46	$46	$46
总支付	$76	$91	$121	$166
纯债权支付	$65	$65	$65	$65
股权溢价	$11	$26	$56	$101
支付增长率	16.9%	40.0%	86.2%	155.4%

股权融资的加入又一次大幅提高了支付。现在我们采用80%即800美元的债权与20%即200美元的股权的比例，见表14-6。

---

① 译者注：以投资收益率10%的情况为例,股权支付=400*10%=40,债权支付=600*(5%)/(1-1/(1+5%)^30)=39;总支付=股权支付＋债权支付=40+39=79,纯债权支付=1 000*(5%)/(1-1/(1+5%)^30)=65,股权溢价=总支付－纯债权支付=79-65=14,支付增长率=股权溢价/纯债权支付=14/65=21.5%。

表14-6   80%的债权加上20%的股权构成的项目支付

投资收益率	10%	15%	25%	40%
股权支付	$20	$30	$50	$80
债权支付	$52	$52	$52	$52
总支付	$72	$82	$102	$132
纯债权支付	$65	$65	$65	$65
股权溢价	$7	$17	$37	$67
支付增长率	10.7%	26.2%	56.9%	103.1%

最后，选取90%的债权加上10%的股权的组合，见表14-7。

表14-7   90%的债权加上10%的股权的项目还款

投资收益率	10%	15%	25%	40%
偿还股权	$10	$15	$25	$40
偿还债权	$59	$59	$59	$59
总偿还额	$69	$74	$84	$99
纯债权支付	$65	$65	$65	$65
股权溢价	$4	$9	$19	$34
支付增长率	6.2%	13.6%	29.2%	52.3%

由此可见，即使相对温和地只使用10%的股权来融资，电费或巴士/火车的票价也会很高，因为每年的支付更多了。

总体来说，当我比较项目成本时，如果要求15%的回报率的话，我总会使用80%的债权加上20%的股权的组合。为潜在的股权投资者提供建议时，这些数字比较合理，容易被他们接受。当加入了20%的股权投资时，投资收益率提升到15%，但项目增加的成本却超过了26%。由于环境金融的第一条准则就是以尽可能低的成本为最多的人提供最大的利益，我们也要遵循下面的规则：由于股权融资会导致项目成本上升，因此除非绝对必要，我们永远不应使用股权进行项目融资。这直接引出了下面的问题：什么时候在项目中加入股权融资是绝对必要的呢？

14.3 在环保项目中使用股权融资

答案看起来可能有些奇怪——与专业技术有关——与公私伙伴关系（Public-Private Partnerships, PPPs）有关，即私募股权专业人士所谓的"在自己经营的企业里投资"的情况。

一些私营企业在建立和运营风能、太阳能、地铁、轻轨交通（Light Rail Transport，LRT）、快速公交（Bus Rapid Transport，BRT）等项目方面有着卓越的专业技术和经验。当这些企业准备建设以上项目时，有两类人希望这类企业持续地投资于自己的项目：一类是债务持有人（也叫贷款人、债券持有者）；一类则是拥有该项目的当地政府，当地政府对地铁、轻轨交通、快速公交系统类型的项目有管辖权。这就是典型的公私伙伴关系项目。

以越南的河内市为例，河内对公共交通项目有很大的需求，当地政府可能也觉得自身没有足够的专业技术去独自承担这一项目的建设。在这样的情况下，政府可能会面向私营企业公开招标，建立政府企业合作伙伴关系，共同开展河内市的快速公交系统项目建设。其中，政府还会确认潜在的合作伙伴是否有专业凭证。他们可能会寻求越南交通部、亚洲开发银行或是世界银行的帮助或至少是与之合作。但是，即便政府确定了合作的私营企业有能力建设、运营这类项目，他们还是希望项目可以长期顺利运营下去，保证在给私营企业一大笔费用后，企业不会建造一个粗制滥造的工程，然后就此消失不见。能够确定这一点最有效的方法之一是要求私营企业将其自筹资金投入项目中。进一步讲，投入的资金必须以股权的形式体现（或以其他方式隶属于投资者）。如果项目不成功的话，私营企业会损失一大笔钱。在投资中，股权是风险最大的，因此河内政府想让私营企业承担最大的风险。

政府这种要求的副作用是，与其合作的私营企业会要求较高的股权投资期望收益。在这个例子中，期望收益为10%～15%。福兮，祸之所伏，河内的居民不得不花更高的公交费，政府要提供更多的补贴，这是他们为企业合作者支付的股权投资溢价。

一种股权退出的方式是将一笔债务转换为**等额本金支付贷款／债券**（**Level Principal Payment Loans/Bonds**）。**等额本金支付贷款／债券**每年支付的利息都会减少，其年还款额也相应减少。在这种情况下，股权参与者每年都会被偿付，被偿付的额度逐年递减。我们用一个理论上的5年期（实际上是绝对不可能的）的融资来解释这个观点。

我们假设一个1 000美元的项目，20%（或200美元）的股权由政府企业合作伙伴关系项目的建设运营商来投资，80%（或800美元）来源于5年期、利率为5%的债务，用等额本金支付法来偿还。在表14-8中，第一行是5年中每年支付的160美元的等额本金，总计为800美元；第二行是逐年降低的年度利息；第三行是逐年降低的年还款额；第四行是剩余的股权资金，假设每年偿债可用现金额为200美元，第四行中的资金流向私募股权投资者；第五行是上述支付的贴现价值，贴现率为3%（假定的通货膨胀率）；第六行是股权投资者获得的累积还款额的现值；第七行是私募股权投资者的累积收益率。

表14-8　　　　　　20%的股权加上80%的债券的支付与收益

	年度				
	1	2	3	4	5
债权					
偿还本金	$160	$160	$160	$160	$160
偿还利息	$40	$32	$24	$16	$8
年偿还总额	$200	$192	$184	$176	$168
股权支付	$0	$8	$16	$24	$32
股权支付现值	$0	$7.54	$14.64	$21.32	$27.6
累积股权支付现值	$0	$7.54	$22.18	$43.50	$7.10
累积收益率	0	3.8%	11.1%	21.8%	35.6%

贴现后，累积收益率为35.6%，这对项目的建设运营商来说是巨大的回报。但这里要提醒的是，如果1 000美元的项目完全通过债务融资，年还款额是65.05美元。在表14-8的情形下，年还款额是200美元，提高了300%，仅仅是希望一个政府企业合作伙伴关系项目良好运转，代价竟然如此之高？

注意，在案例中使用的是5年融资周期，太短且不合实际。我们都希望发放一个30年周期的债务或者最少20年。表14-9是20年债务中前5年的情景分析。

表14-9　　　　　　　　20年债务中前5年的情景分析

	年度				
	1	2	3	4	5
债权					
偿还本金	$40	$40	$40	$40	$40
偿还利息	$40	$38	$36	$34	$32
年偿还总额	$80	$78	$764	$74	$72
股权支付	$0	$2	$4	$6	$8
股权支付现值	$0	$1.89	$3.66	$5.33	$6.90
累积股权支付现值	$0	$1.89	$5.55	$10.88	$17.78
累积收益率	0	0.95%	2.78%	5.44%	8.89%

通过表14-9不难发现，私人投资者的收益大幅降低，低到也许会使其退出该合作项目。这也就不难理解，为什么私人投资者都希望缩短债务周期。即使是在年还款额降低的情景中，第一年的债务支付额也要80美元，比全部用债务融资的65.05美元的项目支付要高出23%。

请牢记：使用股权融资违背了环境金融中的准则一。它并没有以尽可能低的成本为最多的人提供最大的利益。因此，只有在绝对必要的时候才应该使用股权融资。

第15章

补贴的诅咒

我们在讨论最大化偿债可用现金额时，曾经简要地提到过补贴的作用。这一章集中讨论补贴在环境基础设施建设中的独特作用。

如果你全面了解了适用于环境基础设施建设项目的补贴，就会很容易避免一些疑惑。一般大家想到补贴，都会认为是帮助生活贫困的人支付他们无法负担的费用。而在环境基础设施建设项目中，大多数情况下，补助与贫穷并没有关系……以弗吉尼亚州的劳顿郡为例，其2011年的家庭收入**中位数**达到了11.9万美元，为全美最高，这也就意味着有超过50%的家庭一年的收入**超过**11.9万美元。设想一下，当你得知这个郡绝对收入最高的家庭能够得到弗吉尼亚州联邦污水处理服务的补贴时你会感到惊讶吗？然而这就是事实。

我的一位导师将补贴分为两个主要类别：第一类是**一般性、基于供给的补贴**，如发生在劳顿郡的那种补贴；第二类是**目标性、基于需求的补贴**。还记得在第1章中，我提到的杰克与戴安娜的故事吗？我曾经提到过，在全州范围内为安装新式柴炉的人提供300美元的税收优惠是浪费资金。我们应该为（1）居住在环境不达标区域内（2）生活在贫困线以下（3）家里没有其他热源（4）患有肺疾的人们提供100%的补贴，这些才是目标性、基于需求的补贴。

下面来看一些名声不太好的一般性、基于供给的补贴是如何浪费免税市政债券的。1895年，美国最高法院裁定，根据宪法，国会无权对国家或地方债券的利息征税；1913年，这项裁决成为正式生效的法律条款。

当我初入市政债券市场时，一般信用最好的（AAA）市政债券的利率是同期美国国债利率的75%左右。如果我们预设20年期的国债利率为8%，则AAA级免税市政债券的利率在6%左右。假设劳顿郡最富有的劳顿女士购买了1万美元、利率为8%的国债，一年后她会获得800美元的利息。联邦所得税税率为35%，劳顿女士会上缴280美元税金，净收入为520美元。

如果劳顿女士购买了1万美元弗吉尼亚州发行的免税市政债券，利率为6%。劳顿女士在一年后会获得利息600美元。由于此项利息收入免除联邦所得税，劳顿女士可以得到这600美元。

也就是说，劳顿女士如果选择购买利率6%的免税债券，会比买入利率8%但却需要缴税的国债多得80美元。

我们遗漏了什么呢？如果劳顿女士不购买国债，联邦政府就会失去280美元的所得税收入。从另一个角度来看这个问题，国会一共有535名议员，每人每年的工资是17.4万美元。这意味着在国会的工资账户上应该有9 309万美元。假设劳顿女士不购买国债，国会的工资账户上就会出现280美元的短缺。如此一来，恐慌就会席卷国会山。毫无疑问，国会会立刻提出议案，增收某些其他税来补足资金短缺。谁来缴纳这些税呢？你和我，还有来自全国最贫困郡（根据家庭收入中位数）南达科他州水牛城的困难家庭。

如果由你、我和水牛城的居民去补足支付给劳顿女士的有效补贴，你会认为这是好的补贴吗？我用了"有效"这个词，是因为劳顿女士并没有真的省下280美元，她节省了80美元。那又是谁得到了另外的200美元呢？答案是弗吉尼亚州。如果不存在免税债券，弗吉尼亚州不得不支付800美元的债务而不是600美元。弗吉尼亚州的纳税人节省了200美元，劳顿女士节省了80美元，由你（非弗吉尼亚州人）和我，还有水牛城的人们去补足。

补贴设立后，往往数年保持不变，不论这期间被补贴者的收入是否增长。经常发生的情况是被补贴群体收入大幅增长后仍然在领取补助。一个典型案例是美国高补助的养殖业，根据美国一个主要的环境健康非政府组织——环境工作组的研究：

1995—2012年，国会为补贴农业拨款 2 925 亿美元。收入排前 10% 的农夫获得了总补贴的 75%，总计 1 785 亿美元，他们的平均年收入为 32 043 美元。收入排后 80% 的农户每年获得 604 美元补贴，还有 62% 的农户得不到补贴。

因此，大型高盈利的工业化或商业化农场得到了绝大多数补贴，而规模更小的低盈利（比如那些不属于大型企业的）的农场得到的补贴相对更少。换句话说，当大型农场获得（按理说）它们不需要的补贴时，小型农场只能得到一点点补贴，有时甚至不足以度过最艰难的时期。

本章有两个主要目的：其一是揭示一般性、基于供给的补贴存在的浪费，其二则是阐明目标性、基于需求的补贴是如何落实的。这样，你、我和朋友们就不会盲目地致力于废除免税市政债券和养殖业的高补贴政策。我希望的反而是当你被选入公用事业体系或参与公众集会并讨论到补贴时，能提议停止存在浪费问题的基于供给的补贴，提倡更富有目标性、基于需求的高效补贴。

但是这些对发展可再生能源和环境保护来说有什么意义呢？

使环境达到有质量的健康状态，是一个昂贵的任务。就像美国养殖业一样，环境保护事业总是存在错位补贴或者补贴被浪费等问题。

举一个例子，马里兰州最近在制订一个处理雨水的法案。2011年，马里兰州仅有大约550万人口，而雨水处理的法案会产生大概55亿美元的费用，也就是州内所有居民，包括男人、女人和小孩，每人分摊 1 000 美元。即使通过高效、免税的市政债券来融资，成本还是每人每年 60 美元左右，或者在切萨皮克湾是每个家庭每年 150 美元（假设平均每个家庭有 2.5 个人，且这是每户每年 60 美元海湾环境恢复费以外的费用）。

再者，切萨皮克湾的环境质量要求是"可以钓鱼、可以游泳"，成本高昂，这一地区的环境质量对全国都很重要，更是一分钱都不能浪费。然而补贴无处不在，总藏身于一系列项目之中。即使是在上文中提到的"高效"免税市政债券，每人每年仍有 7.25 美元的补贴，也就是每户家庭一年

18美元的补贴。这项隐藏的补贴，意味着雨水整治费从168美元降低到150美元，相当于12%的补贴。这又是一个浪费的、一般性、基于供给的补贴。

你可能会问，这项补贴有什么问题吗？其实，这项补贴内嵌在为整治雨水的项目融资而发行的市政债券中，购买这些债券所得的利息不用上缴联邦所得税。因此，美国财政部会陷入资金短缺。谁会来弥补这些差异呢？直白点说，就是由我们每一个公民来承担。

我们假设这些债券不是在马里兰州全州发行，而是专门在马里兰州的霍华德郡发行。霍华德郡的家庭收入中位数在全美排名第五，大约为105 692美元，也就是说有一半家庭收入超过10.5万美元。尽管他们有能力付全款，因为有12%的补贴，仍只用付150美元，每年可以节省18美元。前面提到的劳顿郡也是同样的情况。由于债券的利息收入是免征联邦所得税的，所以会造成美国财政部的税收减少。由谁来补足这些资金呢？是水牛城的居民。当然，不仅是水牛城，我们所有的美国公民都需要交这笔钱。但是，为何水牛城那些每年收入1.3万美元的家庭要去补助霍华德郡每年收入10万美元的家庭呢？这样的补助既没效率也不公平。

所以，下一个问题是水牛城是否有一些家庭无法负担168美元的雨水整治费？当然有。他们是否应该免交这笔费用呢？当然。总有一部分群体的收入没有追赶上国家的经济发展，并因此需要补助。如果我们希望能更有效地聚集资源，就只需要帮助这些群体。但是请记住，**中位数**是一个中点，因此，处于霍华德郡收入频谱上限——那些一年赚几百万美元的人们当然不需要补助，他们完全可以以自己承担环保项目的费用。然而，我们一定要小心不要把这些观点与"停止对所有农户的补贴"或"应该补贴所有的农民"混淆。它们都是错误的。正确的是"某些人，至少在某些时间需要补贴"。**这正是环境金融的主要问题之一：严重短缺的资金经常被用于不必要或不公平的补贴。**

以上就是一般性、基于供给的补贴。这类补贴需要我们严加控制。

我们要致力于调整补贴，使之流向最需要的人，发挥最大的作用，即应该设计一种合适的补贴，使其服务于最需要的人。在杰克与戴安娜的例子中，如果设立的是这样的补贴项目的话，政府的开销可能会更少。还要牢记环境金融的第三条核心准则（同时运用胡萝卜与大棒），政府在推出补贴项目的同时要制定法规，**要求**所有不达标区域的住户安装新柴炉。有了这种目标性、基于需求的补贴，我们就可以定位那些无法负担费用的贫困人群（比如在霍华德郡的居民）。

在美国农场的例子中，补贴额根据农场面积来计算，因此最大的农场可以获得最多的补贴。虽然贫困人口也可能拥有大型农场，但毕竟数量不多。即使对于那些少数拥有大规模农场的贫困农户，目标性补贴也优于一般性补贴。

讨论环保补贴一般要先关注两个方面：第一，项目必须尽量缩减现金支出，才能保证只需要从使用者身上收取最低的费用。第二，一旦确定了最低现金需求，就需要设计税种来获得足够的收入，用以支付各项费用外加偿还债务需要的额外支出，也就是确定能够支持**全成本的税收水平**。以上两个步骤设计完成后，就可以研究如何帮助那些真正有需要却无力承担税额的人群。

这一章的以下部分，我们将讨论供水和污水处理服务补贴政策制定中的四个关键要素：

1. 补贴需求
2. 补贴分配
3. 锁定目标群机制
4. 支付能力衡量

15.1 补贴需求

举例来说，在每个供水系统中，都有一些家庭无法负担供水服务费。然而，由于水是生活必需品，社区或政府有责任确保这些家庭获得足够的供水。决策者可以从多种供水服务费支付机制中选择一种最适合其供水系统的机制。

首先要考虑的因素是当地居民的可支付能力，如第3章提到的，在美国，用家庭收入中位数来衡量，且根据2010年美国水工程协会与莱弗特莱斯金融咨询公司的调查显示全美水费平均占家庭收入中位数的0.66%，污水处理费占家庭收入中位数的0.84%，总共是1.5%。美国环保署将标准设定为家庭收入中位数的2.5%[①]，而我们将其定位为2%，即如果某个家庭的水费与污水处理费超过了家庭收入中位数的2%，他们就需要通过援助补贴来支付其环保费用。

一旦确定了支付能力的标准，在实施有效的、目标性的、基于需求的补贴时，还要考虑以下四个方面：

1.**确定目标人群**：确定对水费、污水处理费超过家庭收入中位数2%的家庭进行补贴是一回事，确定到底谁符合这一标准又完全是另一回事了。家庭不会每年从政府那里领到一张单子，告诉他们本地区的家庭收入中位数是多少。那我们如何才能知道哪个家庭符合补贴标准呢？或者由哪些可用的替代指标吗？又怎么运用这些指标计算合适的补助水平呢？针对某些特殊项目，如粮票、福利计划、低收入家庭能源援助计划可以采用替代指标，也可以依据居民的纳税申报，还可以采用一些与收入不相关的目标机制，下文中会进一步展开讨论。

2.**测量补贴水平**：我们怎样实施一项补贴呢？只要是低于家庭收入中位数的家庭就可以获得100%的补贴么？如果他们的收入达到家庭收入中位数的90%以上，应该获得10%的补贴么？如果家庭收入中位数的80%以上，应该获得20%的补贴么？如果属于家庭收入中位数中最低的10%，可以获得100%的补贴么？这是一种衡量补贴的方法，还有很多其他方法可以采用。公共设施理事会必须决定如何在不同（较低）收入群体中划分补贴。

3.**保持较低的管理费用**：怎样才能以成本有效的方式确定处在什么收入水平的哪些个体是需要补贴的呢？让他们来证明自己依靠社会福利、食

---

① 将税费负担标准设定为2.5%受到了很多批评，因为这一比例主要针对的是中等收入群体，没有反映低收入群体(负担能力研究项目应该针对的主要群体)的负担能力。

品券①或是适用于低收入家庭能源援助计划看起来并不麻烦，以在线登记的方式就能实现。也可以审核其纳税申报单，这些事情都需要公用事业管理部门雇人来完成。有时还会出现家里有很多人在挣工资也去申请补贴的情况。无论用什么方法来分辨真正需要补贴的人群，管理部门都需要在这方面倾注成本，不能仅关注在补贴发放过程中的成本支出。

4.**避免不当激励**：设计补贴时，必须要考虑其对接受补贴者行为的潜在影响。不应该激励接受补贴的人浪费水或售卖在补贴水平下获得的水资源，比如，通过市政供水系统获得供水的人把水卖给没有连接到这个系统的邻居，或者把以低价购得的水高价转卖。

15.2　补贴分配

给符合要求的低收入人群提供补贴有三种基本方式：供给方式、需求方式和交叉补贴。

1.**供给方式**：国家、当地政府或一些外部实体为公用事业提供资金，弥补提供服务的成本与水费之间的赤字。在这种情况下，通过调整收费结构，资金直接转移到了公用事业部门，由公用事业部门分配给符合补贴要求的人群。

2.**需求方式**：资金直接转移给了符合要求的人群。这种方式通常不是通过调整收费结构实现的，而是所有的人在获得等量服务时支付相同的费用，但符合补贴要求的人可以获得部分退款或折扣。

3.**交叉补贴**：一部分人支付的费用大于对其提供服务的真实成本，这部分盈余用来弥补另一部分人因支付低于成本的费用而造成的赤字。

供给方式是用于补贴水公用事业的传统方式，经验表明这一方式并不如需求方式有效。在供给方式下，巨额的国家资金转移使得公用事业的管理者们较少关心成本控制而导致低效率，且供给方式倾向于降低所有人的

---

① 译者注:美国政府发放给低收入者以兑换食物的票券。

收费标准，因此无法有效地帮助贫困人口。所以，无论何时，当需要补贴时，更常使用的是通过需求方式直接为贫困家庭支付水费，而不是为所有人的公共服务买单。在实际情况中，交叉补贴与直接补贴并不是互相排斥的，很多公用事业同时使用这两种补贴方式。

除了直接衡量收入级别外，还有三种方法可以用来辨别补贴目标，确定受益者：

1.家庭用水量： 使用阶梯式水价（Increasing Block Tariff，IBT）或使用生命线费率（Lifeline Rate）（可参阅本章下节"可支付能力的衡量"中的定义），用水量较少的居民承担较低的成本。

2.家庭的特点： 如家庭所在地理区域、住宅类型、收入级别或者是否适用于其他政府援助项目等指标。

3.自主选择： 公用事业部门提供两种级别的服务：一种是全成本的高质量服务，一种是基于补贴价格的基本服务。如此设计的前提是确实只有比较穷困的人才会选择基本的、基于补贴水平的服务。

然而，家庭用水量并不是一个很好的判断贫困与否的指标，因为贫困家庭往往人口数量多，且很多人共用一个水管，容易出现跑冒滴漏、年久失修等问题，相对而言耗水更多。地理区位法只在有明确界定的贫困区域的城市中有用。当然，常见的情况是很多贫困人口并不居住在贫民窟而是散落在城市各处，因此地理区域指标就无法奏效了。需要注意的是，补贴很可能被转化为房产价格和租金，被房东所掠夺，而不能如项目预期那样帮助到真正贫困的住户。

15.3 可支付能力的衡量

地方政府官员与公用事业管理者必须选择一种衡量支付能力的方法，来准确锁定有需求的家庭，使他们在获得干净的水的同时，愿意更有效率地使用公用事业资源。有四种方法可以为贫困人群提供供水补助：（1）生命线费率；（2）退款或折扣；（3）社区社会服务基金；（4）低收入群体水费援助国家基金。

15.3.1　低收入群体生命线费率

生命线费率，一般是指用水量较少时（即最低必需使用量），以低于成本的费率供水；消费量高过生命线，则更高用水量征收更高的费率。生命线费率有两种基本形式：对所有消费者的少量用水均收取较低费用，针对可证明其属于低收入水平的消费者收取较低费用。实施生命线费率需要改变定价结构，使不同的价格对应不同的耗水量，这就需要使用阶梯水价。有时，必须划分居民的收入等级来明确适用生命线费率的居民。

如果生命线费率只局限于低收入使用者，那么会达到有效目标（即指帮助那些需要帮助的人）。如果生命线费率适用于**所有人**，那些不是低收入却使用较少水的人也可以适用生命线费率的话，就不是公平有效的。因为这项政策将利益分配给了错误群体——本可以支付全部费用的人。

如果生命线费率低于供水成本，对用水更多的消费者的收费自然就会产生交叉补贴①。当然，这种情况下必须采用阶梯水价，不然公用事业就要走向破产了。例如，假设每月提供1 000加仑水的成本是1.5美元，生命线费率是每月1 000加仑水1美元。但是，再使用1 000加仑的水费用就是2美元。这意味着每个使用2千加仑水的人都会对仅上交生命线费率的人形成交叉补贴。

使用阶梯水价的另一个好处是有利于节约用水。可以肯定的是，按照使用量收费在某种程度上总会促进节约。举个例子，某项公用事业每100加仑水统一收费1美元，如果使用200加仑，则需要支付更多，这会激励消费者节约用水。而如果使用100加仑水支付1美元，再使用100加仑水就要支付2美元，这种激励效果会更强。虽然如此，生命线费率有时也会遭到批评，因为它将补贴目标限定在低收入群体，而其他人不得不提高自己的支付费用来为补贴埋单。这种批评通常可以通过提高费用管理的透明度并强调其对节约用水的效用来应对。当批评者理解了他们必须要多支付一些费用来帮助社区里一小部分实在无法支付费用的人，而且意识到阶梯

---

①　交叉补贴是指用从另一个市场上的业务经营、运作中所获得的资源和利润来支持在这个市场上所采取的行动。

水价有利于促进节约，反对的声音就会减弱。

15.3.2　针对低收入群体的退款或折扣

作为生命线费率的一种替代方法，许多公用事业管理部门偏好于对符合条件的低收入群体通过退款或折扣的方式直接补贴。提供折扣的量取决于保证公用事业收入所需的全部费用以及普遍接受的社区贫困线。例如，如果需全部收回的费用占家庭收入中位数的 2%，低收入群体支付的水费可能占其收入的 5% 甚至更多。假设当地政府与社区成员确定了一个家庭水费额占收入百分比的最大可接受限额，那么折扣就应该等于最大限额百分比与低收入家庭无补贴情况下实际支付水费占收入百分比的差额。举例来说，当收回全部成本所需的费用水平占一个家庭收入的 2% 时，如 5 万美元，或者是每年 1 000 美元，这 1 000 美元对收入为 2 万美元的家庭来说就占到了 5%。为此，社保体系应为低收入家庭提供 600 美元（或 600 美元退款），将水费支出占他们家庭收入的比例降为 2%。公用事业对低收入群体采用退款或折扣的好处是增强了他们按时付费的可能性，即如果能够获得补贴，消费者会更经常、更及时地支付账单。

一旦决定了补贴数额，就需要讨论一个重要的问题，这笔资金由谁来负担？公用事业部门需要继续支付供水成本，就不得不对其他人征收更高的费用来弥补补贴低收入群体造成的损失。一些政府喜欢用税收来支付这些补贴，作为一种针对家庭的社会援助。这些都是基于供给的补贴。

15.3.3　社区社会服务基金

上文讨论的两个方法是建立在公用事业管理部门内部、针对中低收入群体的补贴项目。而在公用事业领域之外，也可以通过建立社区社会服务基金为低收入群体提供资金援助。在这种情况下，低收入群体与其他人缴纳同样的费用，但之后可以向当地的社会服务基金寻求资金援助。例如，如果某个家庭联系公用事业部门，表示无力支付水费，公用事业部门就会将其介绍给社区社会服务基金，这些家庭会从社会服务基金那里得到补贴或援助。通常，天主教慈善会或联合劝募会等社会组织会提供这类基金。

15.3.4　低收入群体水费援助国家基金

另一种与社区社会服务基金运作方式类似的方式是通过国家项目为低

收入群体提供援助。不同的是，社区社会服务基金依靠其他社区成员的帮助来满足某个社区内一些家庭的需求，而一个国家级别的基金则可以确保所有社区的低收入家庭都得到援助。这样的项目特别适用于农村社区，农村有大量居民都符合低收入条件，但社会服务组织很少。例如，2012年美国联邦政府的卫生与公众服务部（US Department of Health and Human Services）向全国分配了34.7亿美元，支持低收入家庭能源援助计划。目前为止，还没有针对供水和污水治理的相关项目。随着污水治理费增长得越来越快，未来肯定也会出现有针对性的项目。

15.4 设计更好的补贴

在设计补贴时，有几个标准一定要加以考虑。比如，在水费结构中，四个基本的标准是：（1）真正需要；（2）准确定位；（3）低运营费用；（4）避免不当激励。但是，如何去调查并且满足这些标准呢？

评估实际需要时，有两个关键点：（1）从一开始就要质疑某个特定的群体是否应得到补贴（如果是的话，如何证明）；（2）研究水费在家庭收入中的占比，搞清楚有多少人能够或愿意为提升供水服务质量而支付费用。美国农业部从1941年开始就成功地管理了农村用水与卫生项目，也在调查支付能力时研究周围社区的水费，并使其成为一项政策。回顾一下之前补助资金的价值与重要性的章节，当农业部发现一个项目的费用不合理，或者其年度债务偿还计划使其成本远高于临近区域的成本时，就会使用补贴来降低项目费用，使费用达到可以支付的水平。

农业部的补贴政策并不完美，但是与清洁水州立滚动基金不加区别地给所有收入水平的人提供相同水平的补助相比，无疑是好太多了。① 至少农业部调查了申请者与邻近区域的收入水平、费率之后定向地为在工程建设中需要资金支持的项目（而不是个人）提供资金。

---

① 一些清洁水州立滚动基金为所有的借款者提供补贴，为家庭收入中位数特别低的社区提供更高水平的补贴。

如果想要更准确地定位，我们还需要做得更多。之前提到，即使在家庭收入中位数超过10万美元的马里兰州霍华德郡，仍有一些人无法负担增加的公用事业费用。农业部在识别系统层面的资金需求上已经做得很棒了，但仍然需要在这个基础上再深入一步。

但怎样去进一步识别具体哪些人有实际需要呢？我们已经讨论过一些最明显的方法。首先，最直接的方法是纳税人的纳税申报；其次，是看纳税人是否有资格使用食品券；再次，是看其是否符合联邦低收入家庭能源援助计划的援助标准；最后，是看是否符合福利计划的援助标准。除此之外，每个社区都有慈善组织，他们深入到低收入群体中工作并给予医疗援助。这些组织用他们自己的测试方法来判断某个人或某个家庭是否符合援助标准。这些方法都可以考虑采用。明智的政策也许是综合运用多种方法而不是只用一种，某个纳税人只要满足了这些标准中的至少一项就符合水费补贴条件。

低运营费用的意义不容低估。当我们仔细审查家庭是否具备补贴资格时，就会在运营上产生极高的费用。因此，在准确地发现目标群体与控制相关运营费用之间保持均衡是设计出切实有效的补贴的基本目标。这又与避免不正当激励息息相关。例如，将阶梯式水价作为一种在不同群体之间进行收入再分配的方式，可能会导致与效率目标的严重冲突，因为这总会引起不当激励，导致家庭或工业用水户过多或过少地用水，这都不是水价制定者希望看到的。

15.5 补贴：有时真实存在，有时只在想象中

补贴有很多种类型。我们来进一步了解马里兰州的污水处理情况。三种不同程度的污水处理措施分别对应三种不同的补贴。

第一种是**基本处理过程**，包括将污水输送到污水处理厂，随后排入储水体的整个过程（需要经过厂房、泵站、污水处理管道等等）。在马里兰州，基本处理设施可以从州立滚动基金获得为期20年、相当于市场利率一半的优惠贷款。比如，马里兰州20年期贷款的市场利率为4%，那么州

立滚动基金提供的利率仅为2%。本金1 000美元、利率4%的贷款的年还款额大约是74美元，州立滚动基金的借款者（20年期、利率2%）1 000美元本金的年还款额是61美元。所以，74美元的支付，补贴是13美元，也就是18%（13/72）。如果是不发达社区，补贴会进一步提高到低于市场利率的25%，也就是1%。这种补贴只限于公共污水处理设施，《清洁水法案》第212条款规定了如何对这种补贴进行资格认定，私人污水处理设施不能享受这种补贴。

第二层次的处理是**生物脱氮除磷**（Biological Nutrient Removal，BNR），将氮素从每百万分之18ppm降到每百万分之8ppm[①]。马里兰州对生物脱氮除磷项目给予50%的补助。一个1 000万美元的生物脱氮除磷项目可以从州政府获得500万美元的补助，然后还可以从州立滚动基金处以补贴利率贷款500万美元。州政府用于生物脱氮除磷项目的补助金来自其一般财政收入，因此，这是一个传统的、一般的、基于供给的补贴。

第三种也是最后层次的处理叫作**营养物质强化去除**，将氮素进一步降到每百万分之3ppm以下。法律规定，不能进行强营养物去除的水处理设施都不能获得国家污染物减排系统的许可。马里兰州为66家最大的公共污水处理设施的营养物质强化去除项目提供100%的专项拨款进行补贴，这66家最大的公共污水处理设施覆盖了全州95%的点源。毋庸置疑，这项补贴的范围最终会扩大至全州所有的污水处理系统。

有趣的是营养物质强化去除项目100%的补贴并非来自于州政府的一般财政收入，而是来自于"海湾环境恢复基金"，实际上是通过对马里兰州每个安装了厕所与排水系统的建筑征税得到的。居民们每月支付5美元，也就是每年支付60美元。商业使用者根据另一个计算公式付费，支付得更多。资金并非筹集于一般性的税收收入，而是某项特殊税收。海湾环境恢复基金，或者如俗语所说的"冲马桶税"，征收的标准在于一个建筑是否与排污管网相连接。所以这个特殊税种全部都属于污水处理税。马

----

① parts per million，ppm，百万分之一。

里兰州不是要求污水处理厂将其污水处理设备升级，引入营养物质强化去除项目，并允许污水处理厂每月增收5美元污水处理费，而是采取了征税这样的超前行动，然后将这笔资金以100%补贴的形式补给污水处理厂。这种做法很独特。

　　在我们继续下一个话题之前，请让我解释一下这些不同的补贴是如何影响排污管网系统费用的。以1 000万美元的项目为例，其中500万美元用于基本处理，200万美元用于**生物脱氮除磷**，其余的300万美元用于营养物质强化去除（注意，项目中最昂贵的部分是营养物质强化去除而不是基本处理）。我们接下来比较一下享有补贴的公共污水处理厂与没有补贴的私人设施之间的成本差异，见表15-1。

表15-1　　　　　　　　享有补贴的公共污水处理厂　　　　　　单位：美元
与无补贴的私人设施之间的成本差异

	成本 （私人设施）	补贴	纳税人净成本 （公共设施）
基本处理	500万	0	500万
生物脱氮除磷	200万	100万	100万
营养物质强化去除	300万	300万	0
总计	1 000万	477.5万	600万
第一年纳税人总成本	120万		$366 940

　　①私人设施的计算处理基于12%的投资收益率，同时根据马里兰州公共服务委员会的许可，采用30年期、直线法折旧的处理方式。

　　②补贴以纳税人承担更低的污水处理成本的方式体现，市场成本为600万美元，对纳税人来说，仅需承担441~490美元。

　　③公共设施的计算处理，采用20年期、利率为2%的州立滚动基金贷款。

　　如表15-1所示，费用的差异是巨大的。私人设施的成本比公共污水处理厂高出325%。因此，尽管私人设施也许能够更好地设计、建立并维护污水处理设施，却并不适合拥有这些设备。在像马里兰州这样有着复杂的补助金与补贴系统的地方，抛开污水处理厂的设计和运营能力不谈，私人企业购买污水处理设备开设污水处理厂根本不划算。

在这章的结论部分，我们来一起看一个降低补贴费用的案例。对马里兰州来说，有一个相对简单的方法可以将供水的成本或污水处理补贴的费用下降87%之多。马里兰州水质金融管理局（Maryland Water Quality Finance Agency，MWQFA）只能借到20年期的贷款。因为《清洁水法案》603（d）（1）部分规定州立滚动基金的贷款期限只有20年，而603（d）（3）部分对财政担保做了规定，该条款没有20年期的限制。

因此，为了给供水与污水处理项目融资，马里兰州以大约4%的利率发行债券。这样，20年期100万美元的债务，年还款额是73 582美元。提供给不发达地区的20年期补贴贷款的名义利率为1%，年还款额为55 415美元。因此，水质金融管理局向不发达地区每贷出100万美元，就会给州政府造成18 167美元（73 582−55 415）的年度补贴费用。将这笔钱作为20年期的固定现金流，同时假定3%的通货膨胀率，得到每100万美元补贴的贴现价值为270 274美元，超过项目总费用的27%。

或者，马里兰州可以使用水质金融管理局的担保债券。水质金融管理局担保的信用基础与州立滚动基金的资产数量有关，与马里兰州政府无关。一个州立机构可以作为水质金融管理局30年期免税债券的渠道发行者，水质金融管理局可以为其提供担保，且仍会负责整个项目。

30年期、利率4%的债券的年还款额为57 830美元。对于20年期的债券，若想达到同样的补贴数额，每百万美元补贴仅需每年花费州政府2 415美元（57 830−55 415），而不是18 167美元，每年节省了87%，也就是15 752美元。州政府的总补贴费用，再次用30年期、通胀率3%来贴现，是47 337美元，也就是项目费用的4.7%。每贷给污水处理厂一个100万美元的补贴，而不是270 274美元，费用的差距是222 937美元。尽管州立机构发行债券的期限延长了10年，但是参与交易的当地贷款者最关心的是年度债务偿付额而不是总费用，因为年度债务偿付额会直接影响他们的供水和污水处理费。

表15−2说明了马里兰州节省下来的资金。

表15-2 马里兰州节省的资金额列表 单位：美元

债券发行方	水质金融管理局	污水处理机构
债券发行总量	100万	100万
利率	4%	4%
期限	20年	30年
年度偿付额	73 582	57 830
补贴贷款额	55 415	55 415
马里兰州年度补贴费用（现金流）	18 167	2 415
马里兰州总补贴额（现值，贴现率3%）	270 274	47 337

2011年，在马里兰州的优先项目清单中，清洁水滚动基金有138个项目，总计321 431 003美元；饮用水滚动基金有50个项目，总计135 768 884美元。因此，马里兰州总共有188个项目在运行之中，总计457 199 887美元。如果依据现有方案对上述项目进行补贴，每年的费用为8 305 934美元，共计123 569 003美元。如果马里兰州改变政策，让州内机构如切萨皮克湾信托基金来发行30年期水质金融管理局担保债券，每年的费用会下降至1 104 135美元，总共21 641 533美元。短期来看，如果马里兰州改变政策，每年可以节省7 201 799美元，总计节省101 926 574美元。因此，在设计补贴时，与尽可能降低行政费用同样重要的是选择合适的方法为补贴融资，使费用尽可能低。毕竟在为某项补贴融资时，选择的方法越节约成本，省下的资金就越有可能支持另外一个有价值的项目。

第16章

杠杆：担保的力量

实际上，筹集资金的途径只有补助金、贷款（债权）和投资（股权）三种。在第14章中，我们讨论了债权与股权的作用。你可能还记得，股权的高成本使其在环境金融中的运用很受限。因此，补助金和贷款在环境金融中仍然会是主要角色。

补助金是很直接的一种方式，而贷款则有一些非常重要的变形，其中一些种类至关重要。这里把贷款分为三大类：（1）补贴贷款；（2）市场利率贷款；（3）贷款担保。

补贴贷款指的是以低于市场利率放出的贷款。在下面的对比中，将按照零利率举例。

市场利率贷款就是字面上的意思。市场利率指的是合格的借款人能够从多个贷款人手中获得贷款的利率。

贷款担保（Loan Guaranties）或财务担保比较古怪，它们被定义为"贷款"是因为其属于传统的市场利率贷款，但是同时具备一个非常重要的特征：它们的支付能力由强有力的第三方机构担保。本章中，我们将会探索财务担保的功能。

为什么要区分市场利率贷款和补贴贷款？回想一下环境金融的最终目标就是以尽可能低的成本为最多的人提供最大的环境效益。然后再看看本章后面关于市场利率贷款和补贴贷款的比较。就这一终极目标而言，补贴贷款是非常浪费资源的贷款，能发挥的作用仍然有限。第15章的标题就是"补贴的诅咒"。补贴贷款由于一些大错特错的原因而受到追捧，因此那一章的主要内容就是在讲述"补贴的诅咒"。

很明显，前面没有提到市政债券（Minicipal Bonds）。毕竟，到目前为止，3.7万亿美元的市政债券市场是州和地方政府最大的融资来源渠道。市政债券实际上是一种特殊形式的市场利率债券，因此会在市场利率债券主题下展开讨论。

很明显，补贴、贷款和股权这三种融资方式并不是相互孤立的。例如，补贴贷款就既是贷款又是补贴。

因此，请您牢记融资方式只有补贴、贷款和股权这三种，而诸如补贴贷款、贷款担保以及债券，都仅仅是"贷款"的变形。之所以强调这一点，是因为全世界各国政府最持久的流行语之一就是**创新型金融**，你还能时不时地在世界银行的文件中看到"创新型金融"的字样。这个词语用起来就像是一个神秘的"其他融资方式"一样，非常有误导性。通常，当官方应用"创新型金融"这一词语时，就意味着他们正在试图寻找捐款人。

本章有三部分：第一部分主要介绍补助资金、补贴贷款、市场利率贷款和贷款担保这四个概念。第二部分将会阐述这些融资方式的优势与劣势。第三部分将利用一个模式案例对以上这四种融资方式进行比较，主要是比较在相同数量的资金约束下，每种融资方式能够资助多少个项目，也就是每种方式能够带来多少环境收益。

以下是环境项目融资的四种主要方式：

1.**补助资金**：通过一项特殊的活动或项目将一些资金奖励给筹资方，不需要偿还。这里包括"软性"贷款（"Soft" Loans），即如果项目出了差错，贷款就转变为补助金。

2.**补贴贷款**：合格贷款人以低于市场利率的利率贷出资金。

3.**市场利率贷款**：合格借款人以市场利率贷出资金。

4.**贷款担保**：担保人承诺在借款人无法偿还的情况下，担保人会予以偿付。

在为环保项目创建融资支持体系的时候，政府必须从上述方式中选择一种，或是选择四种中的几种进行组合。在决定用哪种方式为项目融资的时候，要综合考虑每种融资方式的利弊。对政府来说，在制定项目融资决策时，最需要考虑的是在资源有限的情况下可支持项目的最大数量，即我们所说的**效率**。

效率的概念，在这里与项目融资相关，指的是在资源有限的情况下可支持的项目数量。最高的效率就是用最少的资金支持最多的项目。

下面的模拟将会帮助我们论证不同的融资方案对效率的影响：

假设有一个"国家环境基金"（National Environmental Fund, NEF），是1亿美元的种子基金。我们将从第0年开始，模拟国家环境基金项目融资决策在未来10年产生的影响。假定每个项目花费500万美元。其他的游戏规则会在讨论完4项融资方式之后再分别展开讨论。

16.1　项目融资的主要工具

16.1.1　补助资金

补助资金的本质就是赠予，无须偿还。由于补贴并不需要偿还，因此它增加了借款人的现金流，本来会用于偿还贷款的资金就可以用于项目的其他用途，也为无法支付的项目提供了便利。接受补助资金的代价是补贴方一般都会对资金使用附加特定的条件和要求，因而也限制了这笔资金的使用。通常，政府机构或私人组织提供补助资金或赠款的项目会要求达到特定的目标。从资助机构的角度来说，补助资金是固定资本投资里使用效率最低的，因为一旦提供赠予，这笔钱就失去了，无法归还。

在第一个情景中，国家环境基金的项目经理决定为所有环境项目都提供补贴。因此，他们在第一年提供了20笔补贴。这就是所有资金。在接下来的几年时间内没有其他资金。表16-1描述了项目的运行方式。图16-1是第一年提供了20笔补助资金后对以后各年的影响。

表16-1 国家环境基金全部作为补助资金的情景

（a）国家环境基金10年运行情况 资金单位：百万美元

	年份										
	0	1	2	3	4	5	6	7	8	9	10
期初余额	100	0	0	0	0	0	0	0	0	0	0
利息收入	0	0	0	0	0	0	0	0	0	0	0
本金偿还	0	0	0	0	0	0	0	0	0	0	0
可用资金总额	100	0	0	0	0	0	0	0	0	0	0
提供赠款总额	100	0	0	0	0	0	0	0	0	0	0
期末余额	0	0	0	0	0	0	0	0	0	0	0
新增资助项目	20	0	0	0	0	0	0	0	0	0	0
资助项目总数	20	0	0	0	0	0	0	0	0	0	0

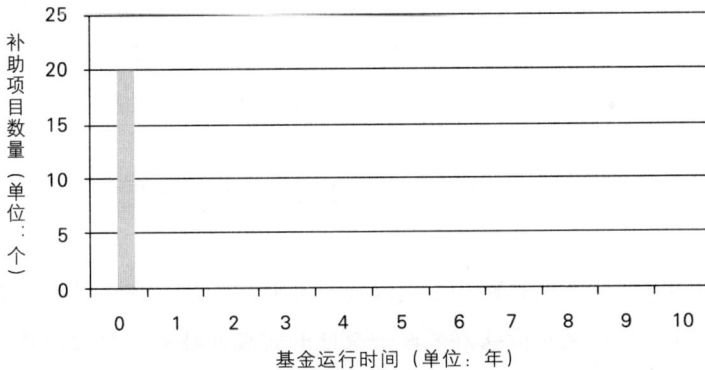

（b）可支持的项目数

图16-1 第一年提供了20笔补助资金后对以后各年的影响

注意，第一年年底，1亿美元支持了所有20个项目，国家环境基金的账户中已经没有可以用于支持未来项目的资金了。也就是说，如果你选择了补贴，游戏到这里已经结束了！

16.1.2 补贴贷款

补贴贷款指的是低于市场利率的贷款。补贴贷款存在成本，也就是补贴贷款与银行利率贷款之间差额的现值。如果市场利率贷款的期限为5年，每年偿还10 000美元，而补贴贷款偿还5年，每年需要偿还6 000美元，那么补贴贷款的成本就是二者之差（10 000−6 000=4 000）的现值。

这些补贴就是补助资金。因为如果一项资金以市场利率贷出，那么偿还给国家环境基金的就会更多。因此，贷款机构——这里指的就是国家环境基金——就"损失"了资金。从国家环境基金账户增长的角度来看，如果资金以低利率贷出，它所收回的资金就少，那就意味着国家环境基金账户的增长比正常的要慢（与以市场利率贷出比较）。增长减少的部分就应该作为补助资金来看待。

补贴贷款降低了贷款利率，更低的利率可以降低每期的还款额，从而为项目提供了更多的现金流；或者是使借款者能够承接更大的项目。

有时候，一家公司每年只能偿还10万美元，但是一项市场利率贷款每年需要偿还20万美元。在这种情况下，如果项目必须运行，那么每年的花费就需要减少。可以通过两种方式减少花费：（1）每年提供补贴；（2）通过前期提供补助资金来减少贷款总额，同样也就减少了年还款额。

根据第13章中关于补贴的讨论，使用年度补贴是无效率的。当贷款方无法偿还市场利率贷款时，补贴就应该来承担项目剩下的花销，采取一次性的前端补贴。年度补贴和一次性前端补贴对贷款方来说是相同的，都能够减少成本，但是对借款方来说一次性的前端补贴更加有效，并且更加节约成本。

与补贴类似，补贴贷款为财务上不可行的项目提供了便利。为了获得补贴贷款，贷款者需要接受提供补贴的政府机构或私人捐赠者的条件和要求。这些贷款相对于补贴而言效率更高，因为需要偿还一部分资金。然而补贴对国家环境基金来说依然是一项资金损失。如前文所述，用市场利率减去补贴利率获得的差额乘以当年未清余额，然后将每一年得到的数额贴现后再加总即得到补贴总额。

在第二个情景中，国家环境基金的经理决定用1亿美元作为补贴贷款，为所有的环境项目提供资金。贷款期限为5年，通过等额本金方式偿还。假设补贴贷款的利率为0。所有从国家环境基金获得的补贴贷款被再次贷出，为更多的项目融资。由于每个项目都需要500万美元，因此剩下的资金（少于500万美元）就会滚动到下一年。模拟10年期的情景。现在贷款每年都会收回一定的本金。表16-2描述了将1亿美元用于发放补贴贷款的情况。

表 16-2　　　　　　　　　　国家环境基金提供补贴贷款的情景

(a) 国家环境基金项目补贴贷款的10年运行情况　　　资金单位：百万美元

	年份										
	0	1	2	3	4	5	6	7	8	9	10
期初余额	100	0	0	4	2	1	2	1	2	0	4
利息收入	0	0	0	0	0	0	0	0	0	0	0
本金偿还	0	20	24	28	34	41	29	31	33	34	33
可用资金总额	100	20	24	32	36	42	31	32	35	34	37
贷款额	100	20	20	30	35	40	30	30	35	30	35
期末余额	0	0	4	2	1	2	1	2	0	4	2
未偿还贷款余额	100	100	96	98	99	98	99	98	100	96	98
新增贷款项目	20	4	4	6	7	8	6	6	7	6	7
资助项目总数	20	24	28	34	41	49	55	61	68	74	81

注意比较表16-2、表16-1中相同数量的种子资本（1亿美元），通过补贴贷款能够为81个项目融资，而补贴只能为20个项目提供融资。这样，补贴贷款比补贴多提供了405%的资金。因此，补贴贷款比补贴更有效率。

图16-2描述了同样用1亿美元资金在10年的时间里，可以贷出多少笔补贴贷款。

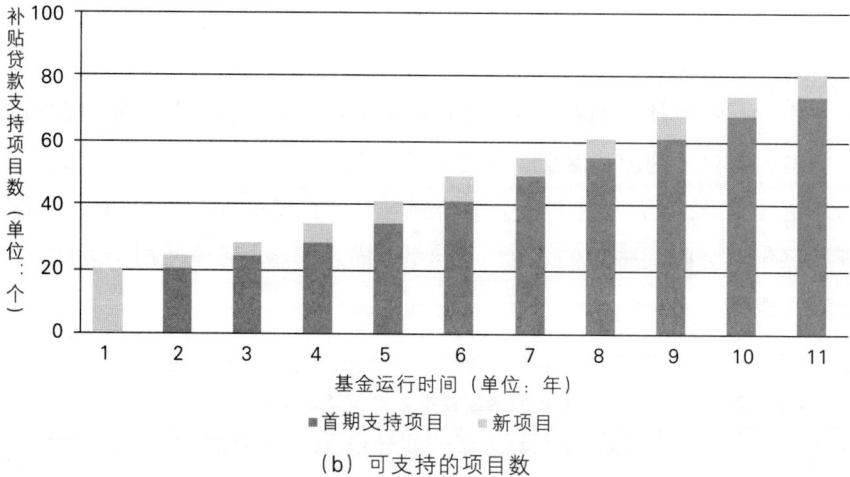

（b）可支持的项目数

图16-2　1亿美元资金在10年的时间里贷出的补贴贷款

16.1.3　市场利率贷款

市场利率贷款和补贴贷款相比，能够为更多的项目提供资金。由于市场利率贷款不提供补贴，因此对项目实施方式通常没有附加条件，相对于赠予和补贴贷款来说，借款人更容易获得市场利率贷款。且利率越高（相对于补贴贷款而言），收回的贷款总额就越多，意味着每一阶段收回的资金也越多。但每一阶段更高的贷款偿还额减少了项目的可用现金流量。

市政债券

在进行市场利率贷款情景模拟之前，让我们先来讨论一下市政债券。当市政债券满足（1）借款方有较好的信用评级（2）具有高度标准化的贷款文件这两个条件时，可以近似看成一种市场利率的贷款。

两位朋友可以在信封背面签订1 000美元的借款协议，而对城市或者国家来说这完全行不通。市政债券是为州和地方政府或其附属机构提供借款，出借人一般都是普通公众。大多数市政债券的利息免交联邦和州所得税。这意味着在一般情况下，这种类型的债券利率比美国国债（US Treasury Bonds）或高质量的公司债券利率要低[1]。

市政债券要么是**一般责任债券**（General Obligation Bonds），要么是收益债券。收益债券是指政府会以特定的市政收入（税/费）来偿债；一般责任债券是指州和地方政府承诺用它们的全部资源和能力来偿还债务。

市政债券可用于支持任何合法的政府目标，包括建学校、高速公路、公共供水和污水处理设施、供电设施、公共住房、公共医院以及其他政府设施。在大多数情况下，根据各个州各自的立法，发行债券（以获得资金）需要举行地方性公投，得到选民的同意。

当政府要借一大笔钱时，需要精心策划市政债券的发行[2]。如果达拉斯需要借1亿美元，首先需要雇佣一名财务顾问，财务顾问会告诉他们贷款的最佳结构（期限、回收期等等）。也需要雇佣一名债券顾问，就是精通这类交易的律师。雇佣财务顾问和债券顾问都要通过竞标来完成。

当万事俱备并且财务顾问认为时机成熟的时候，达拉斯发行债券并将其卖给投标利率最低的投标人（承销商或由多个承销商组成的企业联合组织）。承销商则马上转手将债券卖给普通大众。达拉斯和承销商之间进行交易的市场叫作**一级市场**（Primary Market）。承销商与普通大众进行交易的市场叫作**二级市场**（Secondary Market）。

期限为5年或5年以上的称为债券，如果少于5年就称为票据。票据有很多种，如预期债券票据（Bond Anticipation Notes，BANs）、预期税款票据（Tax Anticipation Notes，TANs）以及预期收益票据（Revenue Anticipation Notes，RANs）。这些票据的主要特征名称中都有所暗示。预期债券票据是短期贷款，一旦发行债券或获得长期贷款就可以偿还。预期税款票据也是短期贷款，当政府收到税收时即可偿还。预期收益票据可能是污水管理局想把一定范围内所有的房子都与一个污水处理系统相连接时发行的债券。它对每个连接进来的污水排放设施都收取费用，当管理局收到

---

①　而事实上，在写这本书期间，因为受到持续的次贷危机的影响，国债利率比市政债券利率水平还低。

②　市政债券有一些似乎不同的种类，但事实上区别并不太大，随着市政证券规则制定委员会（Municipal Securities Rulemaking Board，MSRB）规章制度的逐渐增多，证券的发行越来越谨慎。

连接费用时就可以偿还。

总而言之，市政债券市场是一个非常大的、安全的业务。现在大约有3.7万亿美元的市政债券在外发行。在次贷危机前，每年大约会发行4 000亿美元的市政债券。穆迪投资者服务（以下简称"穆迪"）默认的利率为0.1%，标准普尔默认的利率为0.29%。

因此，市政债券可近似看成市场利率贷款的一种。现在让我们来看一下市场利率贷款的情景。

在比较方案3中，国家环境基金的经理决定通过市场利率贷款为所有的环境项目融资。目前，市场上5年期500万美元的贷款利率为10%。还款按照等额本金方法计算（与之前的例子一样），结果见表16-3。

表 16-3　　　　国家环境基金全部提供市场利率贷款的情景

(a) 国家环境基金提供市场利率贷款的10年运行情况　资金单位：百万美元

	年份										
	0	1	2	3	4	5	6	7	8	9	10
期初余额	100	0	0	2	1.9	2	4.4	1	1.5	0.7	3.9
利息收入	0	10	11	11.9	13.1	14.4	15.6	17.5	19.2	21.2	23
本金偿还	0	20	26	33	42	53	46	53	60	67	73
可用资金总额	100	30	37	46.9	57	69.4	66	71.5	80.7	88.9	99.9
贷款额	100	30	35	45	55	65	65	70	80	85	95
期末余额	0	0	2	1.9	2	4.4	1	1.5	0.7	3.9	4.9
未偿还贷款余额	100	110	119	131	144	156	175	192	212	230	252
新增贷款项目	20	6	7	9	11	13	13	14	16	17	19
资助项目总数	20	26	33	42	53	66	79	93	109	126	145

现在国家环境基金不再为所有的环境项目提供补助资金，更多的项目通过10年期贷款来融资。所有赚得的利息和收回的成本都会被再循环、再贷出，从而为更多的项目提供资金，最终10年内可以支持145个项目。市场利率贷款相比补助资金多提供了725%的项目，比补贴贷款多提供了80%的项目！

图16-3展示了通过市场利率贷款可以支持多少项目。

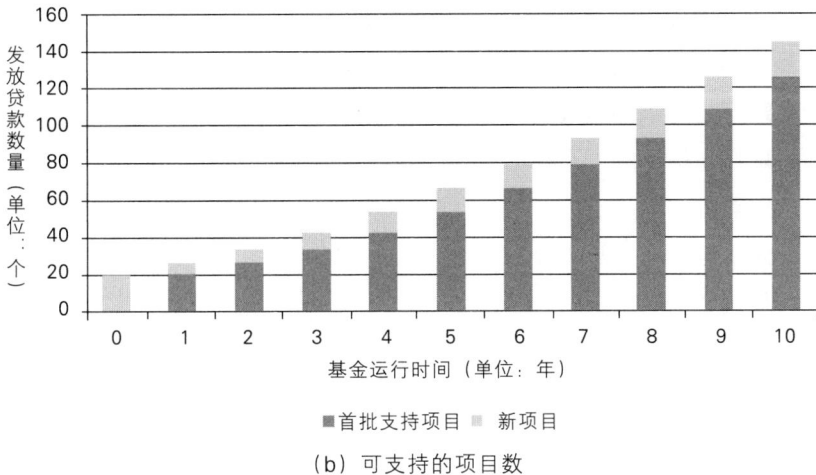

（b）可支持的项目数

图16-3 通过市场利率贷款可以支持的项目

16.2 贷款担保

贷款担保是用国家环境基金的现金作为抵押来为环境项目借款人提供担保。作为担保人，国家环境基金只需要在贷款人拒绝偿还贷款时将其资金返还给借款人。这样的结构可以使贷款人和借款人协商从而获得他们最想要的贷款期限，通常可以获得低于市场利率水平的贷款利率、更长的期限以及更高的贷款额。由于国家环境基金的担保降低了银行的信用，借款人可以获得更低的利率。贷款担保使借款人的利益相较于市场利率贷款有所增加，尽管利益并不像补助金和补贴贷款那么多。通常，贷款人需要遵守担保合同上有关期限和条件的规定，这与市场利率贷款的管理规则相同。

国家环境基金的经理决定允许银行（或者其他借款机构）为环境项目提供贷款，为了保证环境项目可以获得私人投资并且获得最好的待遇，国家环境基金会提供担保。在我们讨论使用1亿美元来提供贷款担保的影响之前，我们需要增加几条游戏规则。

以下是主要的游戏规则：

到目前为止，我们有6条游戏规则：

1. 政府给国家环境基金1亿美元

2. 项目规格：500万美元

3. 期限：5年

4. 还款方式：等额本金

5. 补贴贷款利率=0%

6. 市场利率贷款利率=10%

现在我们再增加两条杠杆范式：

7. 贷款担保资金利率=5%

8. 杠杆比例范式[①]

贷款数量	覆盖率
0 ~ 20	100%
20 ~ 30	90%
30 ~ 40	80%
40 ~ 50	70%
50 ~ 60	60%
60 ~ 70	50%
70 ~ 80	40%
80 ~ 90	30%
90 ~ 100	20%
100+	10%

---

① 案例中最小值(＞20)和最大值(＜100)之间覆盖率的估计仅供本书举例来阐明基本问题，并不是完全精确的。

现在，表16-4表明了国家环境基金用1亿美元来进行贷款担保的结果。

表16-4 基金全部提供贷款担保的情景

(a) 国家环境基金提供贷款担保的10年运行情况　资金单位：百万美元

	年份										
	0	1	2	3	4	5	6	7	8	9	10
期初余额	100	100	105.5	111.4	117.5	124.1	131.2	138.9	147	155.8	166.2
利息收入	0	5	5.3	5.6	5.9	6.2	6.6	6.9	7.3	7.8	8.3
担保费收入	0	0.5	0.6	0.6	0.7	0.9	1.1	1.2	1.5	2.6	8.3
期末余额	100	105.5	111.4	117.5	124.1	131.2	138.9	147	155.8	166.2	182.8
杠杆比率	100%	90%	90%	80%	70%	60%	60%	50%	30%	10%	10%
最大可用担保额度	100	117	124	147	177	219	231	294	519	1 662	1 828
期初占用担保额度	0	100	115	123	145	176	218	231	293	516	1 659
已到期担保	0	20	27	33	44	58	57	63	82	132	372
在用担保	0	80	88	90	101	118	161	86	211	384	1 287
新增担保	100	35	35	55	75	100	70	125	305	1 275	540
期末在用担保	100	115	133	145	176	218	231	293	516	1 659	1 827
新担保项目	20	7	7	11	15	20	14	25	61	255	108
总担保项目	20	27	34	45	60	80	94	119	180	435	543

图16-4的柱状表明通过使用贷款担保这种方式可以支持多少环境项目。

通过贷款担保，国家环境基金10年内可支持543个项目！这个数字是使用补助资金的2 715%，是使用补贴贷款方式的670%，是使用市场利率贷款方式的374%。

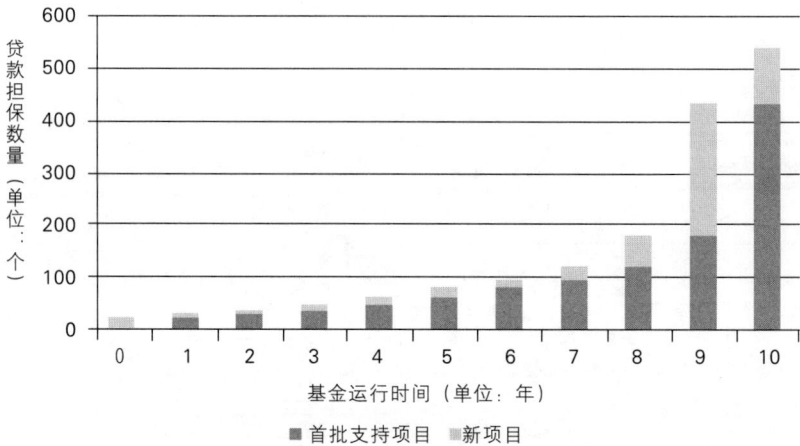

图 16-4 使用贷款担保方式支持的环境项目

表格16-5比较了四种方式的影响，我们将这些数字转变为项目成本：

表 16-5   四种方式10年支持项目情况比较

	年份										
	0	1	2	3	4	5	6	7	8	9	10
补助资金	20	0	0	0	0	0	0	0	0	0	0
补贴贷款	20	24	28	34	41	49	55	61	68	74	81
市场利率贷款	20	26	33	42	53	66	79	93	109	126	145
贷款担保	20	27	34	45	60	80	94	119	180	435	543

补助资金	项目20个	1亿美元
补贴贷款	项目81个	4.05亿美元
市场利率贷款	项目145个	7.25亿美元
贷款担保	项目543个	27.15亿美元

贷款担保提供了27.15亿美元的环境治理资金！同样是1亿美元，如

果用于作为补助资金，仅能支持20个项目！

　　贷款担保项目如此有效是因为嵌入了杠杆，杠杆是提高资金使用效率的工具。同样的资金（1亿美元）可用在每一种类型的融资项目中。在补贴贷款项目中，只是稍微用了一些杠杆，因为资金偿还后可为更多的项目提供贷款，同样的资金可以使用两次，这就是杠杆。在市场利率贷款项目中也有杠杆，因为不仅仅是偿还1亿美元最初的资金，每年还回收10%的利息，因此也增加了杠杆。对贷款担保来说，由于资金的担保就有了更高的杠杆。担保与保险是一样的。

　　贷款担保项目保证债务"及时足额偿还"，与保险的运行方式很像。就1亿美元而言，像国家环境基金有1亿美元的资金，这类机构在任何时候都很容易为价值超过10亿美元的项目提供担保，因为极少有可能有超过10%的项目资金在同一时刻无法偿还。因此，如果国家环境基金要担保价值10亿美元的贷款，其中的10%，也就是1亿美元如果没有偿还，国家环境基金仍然可以用其账户中的1亿美元来偿还违约贷款，以兑现其保证。因此，从政府希望为环境项目融资的四种方式来看，目前担保贷款是资金使用最有效的方式。

　　当你回想起环境金融的终极目标是以尽可能低的成本为最多的人提供最大的环境效益时，你就会发现贷款担保是进行环境项目融资最好的方式。补助资金很明显是机会成本最低的。补贴贷款成本也很低，但是并没有达到将最多的效益带给最多的人的目标。

第17章

成本效益分析

　　大部分人都认为，做成本效益分析是经济学家、金融家才会做的事情。是这样的吗？不！这儿有一个例子：

　　滚石乐队将要进行回归巡演了。演唱会票价250美元，情侣票价500美元，演唱会所在城市往返车票是100美元×2=200美元。双人豪华晚餐200美元，全部花费900美元。我真的喜欢滚石乐队吗？是的，但这并不是一个尤为特别的时刻，我更不会喜欢一个"要花费900美元才能看到的滚石乐队"。所以我不会去观看这次巡演。

　　这就是一项成本效益分析。事实上，**每个人都在不断地**进行成本效益分析，衡量每个选择的优缺点，这个过程几乎能扩展到人们做的每个决策，但往往是无意识的。至此我们就触及了经济学的核心内容，人们在什么时候是完全理性的——即通过比较潜在的收益和机会成本，根据经济学家们所称的**边际（Margin）概念**做出最佳决策。边际可简单地理解为下一个可能的任何单位。**例如，我如何最大限度地利用下一个小时？我如何最充分地使用900美元？**换言之，考虑边际是将成本效益分析应用于最微观的层面。然而，就连我们这些非经济学家也心知肚明，人们往往是非理性的，或者说做真正理性的决策对一般人来说往往是很奢侈的。因为人们经常被迫考虑远超边际点的问题。例如，被迫提前做决策（而且往往还是在未了解关于所有选择的最佳或完全信息的情况下），这就会妨碍人们做出理性决策，因为潜在效益和机会成本在这时会变得更难发现与衡量。而当拥有不同文化、背景、政治环境和信仰的人们进行成本效益分析时，情况会变得更加令人困扰，因为不同的人可能会将一些相互矛盾的因素考虑在内。例如，一些人认为十分必要的事情，其他一些人却认为在这种情况下不值得考虑。

　　这时，你们中的一些人可能会问：什么样的文化差异会影响成本效益分析？[①]归根结底，文化和环境金融到底有什么联系？事实证明各方面都息息相关。以建设金祖阿大坝（Kinzua Dam）为例，20世纪60年代初，肯尼迪当局为了建造金祖阿大坝，打破了与塞内卡族（Seneca Nation）签订的条约，这是这个国家最古老的协议之一。而建设大坝则是为了保护宾夕法尼亚州近郊地区的居民免受洪水灾害并且提供大量亟需的能源。为建设大坝人工形成了宾夕法尼亚州最深的湖——阿勒格尼水库（Allegheny Reservoir），也迫使塞内卡族人搬离了自己的家园，同时永久地毁坏了塞内卡族人的墓地。在这种情况下，考虑显而易见的文化差异就与只考虑大部分相似因素的成本效益分析显示出不同的结果。塞内卡族人将此事一路抗议到肯尼迪总统的办公桌前，肯尼迪总统也被迫针对环境健康和能源供给进行了一次成本效益分析。考虑到建造大坝所带来的利益，而且相较于宾夕法尼亚州的选民，塞内卡族缺乏政治影响力，再加上还有可能迅速蔓延的能源危机，肯尼迪最终还是同意建设金祖阿大坝并重新安置塞内卡族人。

　　因此，当涉及环境金融领域时，成本效益分析就不仅仅是你所想象的那样简单地罗列优缺点。成本效益分析必须从正在考虑的问题中剥离出文化、政治和社会关系等因素，来揭示真正的、可衡量的成本效益选择。换言之，有关环境金融决策的成本效益分析是明确地针对某一意图使用清晰的矩阵来指导决策和衡量主观领域以外的成本和效益。进行成本效益分析是为了筛选出**补助资金最少且能为最多的人提供最大的环境效益的项目**。

---

　　① 然而值得注意的是，文化以及其他不可衡量的因素并没有被列入官方的成本效益分析体系内。

请再读一遍上一段的最后一句话。这句话中有一个非常重要的词语：**补助资金**。请注意，我们要识别出的不是成本最小的项目，而是使用补助资金最少的项目。事实上，当我们重复环境金融的第一条准则——以尽可能低的成本为最多的人提供最大的环境效益时，我们所说的最小的成本实际上是指**最少的补助资金**。请注意这一区别，如果项目成本中有贷款，那么贷款都将得到偿还并且还可能用于其他项目，正如许多广受好评的环境金融项目一样，这些资金是**循环**使用的，可以在将来支持更多的项目，而拨款是一次性的，一旦被使用就没有了。所以在所有的项目成本中，补贴必须最小化。

这时，政府的财政决策部门所面临的重要问题是：**什么样的项目应该获得补助资金？以及应该提供多大规模的补助资金？**这些问题的答案看似很简单："以尽可能低的成本为最多的人提供最大的环境效益"。这个答案可以通过一个规范说明来具体化，并作为财政部门的一项决策指南。

对饮用水项目来说，这个规定可以陈述为："享有最高优先权来使用有限补贴的项目应满足：

1.减少或消除最严重的水传播疾病；

2.造福最大数量的人群；

3.使用补助**资金最少**。"

对污水处理项目来说，这个规定可以陈述为："享有最高优先权来使用有限补助资金的项目应满足：

1.减少或处理污染物的量最大；

2.针对毒性最高的污染物；

3.使用补助**资金最少**[①]。"

显而易见，上述规定将项目的成本（即所要求的补助资金）与其产生的效益联系在了一起。简而言之，为了实行这些规定，政府环境金融项目

[①]　注意：以上的规定都是针对补助资金的，而不是贷款或者其他可选择的资金来源，仅仅是补助资金。补助资金一旦被拨付，钱就被花出去了，而不像贷款必须偿还（而且还有利息），而且偿还的资金还可被滚动用于发放其他贷款。

的主管在发放项目补助资金前必须采取以下两个简单但是至关重要的步骤：（1）进行一次成本效益分析；（2）优先考虑成本效益分析的结果。为了实现这些目标，政府官员必须建立两个矩阵来处理成本效益分析的数据，而这些可以通过11个简单的具体步骤来完成。以下是与效益矩阵相关的5个步骤。

17.1 效益矩阵

这里我们会以一个污水治理项目为示例，来说明成本效益分析中效益部分的5个步骤。

1.在评估待选的项目时，对环境问题从糟糕到最糟糕进行分类。例如，对于污水处理问题，可能会产生水传播疾病，如果导致疟疾问题会很严重；若是导致霍乱和伤寒，显然问题更加严重。

2.辨别这些问题发生在哪个社区或哪些位置。

3.确定问题发生的频率，即这些水传播疾病多久爆发一次。

4.确定受影响人群的潜在数量，即有多少人居住在经常爆发水传播疾病的村庄。

5.根据最经常遭受水传播疾病影响的人群数量进行项目排序。

通过以上5个步骤你就完成了效益矩阵分析。

第一个矩阵于是构建完毕，由以下三部分组成：（1）水传播疾病严重程度的排序；（2）水传播疾病发生地区的排序；（3）水传播疾病发生地区的人口数量的排序。这样一来效益矩阵就明确了规定中的前两个元素："遭受水传播疾病最严重、频率最高且数量最多的人群所在的地区"。

17.2 成本矩阵

第二个矩阵代表了成本分析所涉及的6个步骤。这个矩阵更加复杂，而且比效益矩阵考虑的要素要多，但是这些要素都很容易理解，要素之间的联系也很直观。这6个步骤包括：

1.确定环境治理的项目成本。

2.确定所有可能的融资计划。

3.计算每个融资计划的年还款额。

4.确定纳税人可以承受的年还款额。

5.将年还款额中不可承受的部分贴现为初始资金额，就是该项目所需的补助资金额。

6.根据补助资金需求的多少对项目进行排序。

通过以上六个步骤你就完成了成本矩阵。

现在剩下的工作就是把两个矩阵联系在一起。这种联系将会确定哪个地区水传播疾病爆发得最严重、爆发频率最高且受影响人数最多，并且将会确定如何以最少的补贴满足环境项目的需求。

17.3　案例研究：格鲁吉亚共和国饮用水安全项目

21世纪初，美国环保署邀请我和一些同事为当时的世纪挑战集团（Millennium Challenge Corporation， MCC）资助的一个格鲁吉亚共和国（Republic of Georgia）的安全饮用水项目出谋划策。当时格鲁吉亚人认为这个项目的开支大约是3 000万美元。

首先要考虑两个重大问题：（1）这个国家整体财政的健康情况；（2）该国现行税收系统的运行情况（在这个案例中，尤其是水费）。格鲁吉亚的贫困率一直居高不下（国际货币基金组织2006年的一项调查显示，2004年格鲁吉亚城市贫困率为34.3%，农村贫困率为37.1%，全国贫困率为35.7%[①]），而且如果依靠征收水费来收回全部成本，还需要好几年时间。因此，我们迅速地重新估算出了一个更现实的项目成本额——资金总额超过2亿美元[②]。换言之，我们现在要用3 000万美元着手去做一个2亿

---

①　国际货币基金组织国家报告 No.06/360,"格鲁吉亚：消除贫困战略进展报告",国际货币基金组织,2006：7.http://www.imf.org/external/pubs/ft/scr/2006/cr06360.pdf。

②　实际的金额是2.95亿美元。

美元的项目。因此，仅靠这些赠款是绝对不可能完成的，我们需要制订一个杠杆计划，通过杠杆将3 000万美元变成2亿美元。但是从一开始我们也清楚地知道，我们必须要有大量的补贴才能把项目成本降到纳税人可支付的水平。

　　因此，对于我们正在寻求的3 000万美元，我们大概需要1 200万美元来资本化一个提供滚动贷款的基金，另外的1 800万美元用作补助资金。基金数额将会随着时间的推移不断增长，而补助资金一旦花掉就永远没有了（世纪挑战集团也绝对不可能再提供额外补助），我们必须把赠款用在刀刃上。现在你肯定想到了，我们面临着一个看似简单的问题：怎么样才能最大效率地使用这些赠款？

　　为了回答这个问题，首先需要做一系列的成本效益分析。但不必操之过急，我们先来看一下成本效益分析可以变得多么政治化。格鲁吉亚环境部（Georgian Ministry of the Environment）是这个项目的领导者，他们负责挑选出符合本国饮用水安全规划需求、可持续、有效率、富有成效的项目。为此，他们进行了一系列的分析，包括健康评估、成本评估、可偿还能力评估以及成本效益分析。

　　这些项目主要在长期被水传播病原体污染的城市和村庄中实施。当地环保部的成本效益分析主要基于项目的预期受益人数（数据来自健康评估）和预期成本（数据来自成本评估），基于这些分析和可偿还能力评估，可以得出一个城市排序表。环保部将会从中挑选出能获得最大潜在效益且花费最低的城市优先实施项目。再次强调，这里的“最低成本”指的是“项目花费的补贴最少”。

　　环境部之后会与格鲁吉亚卫生部（Georgian Ministry of Health）、疾病防控中心（Centers for Disease Control）、国家水资源管理局（National Water Authority）（负责估计成本以保证全国所有的主要水处理系统正常运行）以及国家社会投资基金（Social Investment Fund）召开会议。通过这些会议，我们可以与环境部一起运用公共卫生数据，合作开发进行项目分析的计划和方法，以确定项目收益，并将这些数据与预估的成本进行比较。由此，你可能注意到了，在进行环境金融成本效益分析时，首先必须要考虑外交关系和社会公平这类问题，毕竟，下一步不仅仅是开发一套成本效益规程，而是要与环境部就必要的改革措施展开深入讨论，以确保项目资金的可持续性。而且，经过几个月的计划、会议、计算和展示，我们一旦提出一个各方面都经得起检验的计划，环境部部长就会去会见格鲁吉亚的总统爱德华·谢瓦尔德纳泽（Edward Shevernadze）。总统先生要么同意我们进行这个项目开发，要么会要求我们把整个项目设计推翻重来。

幸运的是，总统先生同意了我们的计划，他授权环境部向世纪挑战集团申请5 000万美元的补助资金，并且召集了一个跨部门的工作小组来负责项目开发和申请。在这之后，我们又回到格鲁吉亚与环境部的官员会面，并且终于可以开始实施以下步骤：

1.列出一张高度透明、证据充分的项目清单。

2.设计一个新的、政府主管的金融机构来接收世纪挑战集团的赠款，为项目融资并且充当滚动基金的角色。

3.准备世纪挑战集团的赠款申请。

4.集结美国和格鲁吉亚所有支持格鲁吉亚的力量来支持我们的申请。

现在，回过头来花点儿时间讨论一下项目清单的含义。例如，在挑选城市这方面，决定整个大项目中包含哪些特定的城市应该基于以下两个基本前提：成本效益分析和地方政府合作的意愿（其一，政府愿意采取必要的改革措施；其二，政府愿意以一种公开、透明的方式自主开发项目）。这仅是众多交叉重叠的成本效益分析中的一个，以服务于更广层面上的分析，从而确定我们最初的那个问题的答案：怎么样才能最大效率地使用赠款？

一开始，我们认为项目城市挑选的成本效益分析应该基于两个效益因素和五个成本因素。两个效益因素是：（1）水传播疾病的影响范围（经化学和/或细菌学检验，现实水质不合格）；（2）受疾病影响的人口数据。但在深入研究的过程中，我们发现还有第三个因素——水传播疾病的爆发频率。相比于其他地区，一些地区明显更容易爆发疾病。这也需要纳入我们的考虑范围内。根据这些效益方面的数据，工作小组可以汇总出一份城市清单初稿，这些城市根据以下三个因素确定：（1）水传播疾病的严重程度；（2）受疾病影响的人口数量；（3）疾病的爆发频率。

　　而在成本方面，尽管工作组已经针对每个项目进行了成本评估，但仍需检查清单上的每个城市来确定当地的水费、补贴、运营供水系统的成本以及收费率。通过分析这些因素，工作小组可以确定从中大概能获得多少现金来偿还项目的债务。而根据项目的年度偿债可用现金额，工作小组就可以计算出特定项目的贷款额。从项目成本中减去贷款额后，我们就可以得出建立项目所必需的补助资金额。对我们来说，补助资金或赠款才是真正的项目成本，一旦补贴枯竭，就没有办法在不注入大量新补贴的情况下开展其他项目了，到了那时几乎无计可施。现在，当我们对这个安全饮用水项目做整体的成本效益分析时，我们不仅可以使用已经收集和人工计算出来的数据，还可以用到一开始我们介绍的基本步骤和程序。

　　首先，我们设置以下规定来定义我们所说的"最大效率"，我们所面临的明确选择是："有限的补贴资金应当优先用于满足以下条件的项目：

　　1.减少或消除最严重的水传播疾病；

　　2.造福最大数量的人群；

　　3.使用**赠款**最少。"

　　再次强调的是，这里提到的需要最小化的是**赠款**，不是贷款，不是融资额或其他任何东西，仅仅是**赠款**。而且这个规定构成了一对相关的矩阵，一个是成本矩阵，一个是效益矩阵，它们共同构成了成本效益分析。

　　如前所述，规定中要求项目所在国必须拥有或者开发出一套识别和量化水传播疾病爆发情况的方法。而在本案中，格鲁吉亚负责饮用水和公共卫生安全的政府部门并没有这种科学方法，因此只能被迫采用现实案例信息系统（Anecdotal System）。俗话说，"在一群瞎子的国度，独眼龙就可称王"。在缺乏数据的情况下，就只能依靠对这些事件亲历者的调查了。

　　此外，规定还要求这个国家必须有精确的人口数量统计。但是由于格鲁吉亚有许多未登记在册的流动人口，因此其人口统计的数据也缺乏可信度。

　　以下三个部分构成了第一个矩阵：（1）现存水传播疾病按严重程度的排序；（2）现存水传播疾病按发生频率的排序；（3）疾病爆发地区的人口

规模。这个矩阵因此定义了这个规定的前两个因素："遭受水传播疾病最严重、频率最高且数量最多的人群所在的地区"。这就是效益矩阵，即成本效益分析中的效益方面。

第二个矩阵是这个分析的成本方面，也更为复杂。尽管具有内在的复杂性，成本矩阵因素却更容易分析、探究和解释。这些因素包括：

1.确定项目成本。

2.通过分析适用于这一公共建设项目的贷款利率和期限，确定年还款额。

3.确定这个公共建设项目的偿债可用现金额可以支持多少贷款。

4.计算承担这个项目所需要的最低赠款或补助资金额（从总项目成本中扣除最大贷款额）。

这四个元素构成了第二个矩阵。

一旦建立起这两个矩阵，接下来的成本效益分析就简单了。根据效益矩阵，我们挑选出水传播疾病爆发最严重、频率最高且受影响人数最多的城市。而根据成本矩阵，我们挑选出所需赠款最少的城市。所以我们的项目优先考虑的是"水传播疾病爆发最严重、频率最高、受影响人数最多，而且可以最低的补助资金额减弱或消除水传播疾病的城市"。以上就是全部的成本效益分析。

在对格鲁吉亚安全饮用水项目的评估中，基于以下两个基本原因，我们设计并采用了这些程序：首先，它们可以向格鲁吉亚人展示怎样建立一个透明的项目认证程序，使项目不受政治、徇私、贿赂等因素的影响。其次，由于基于数据的成本效益分析不考虑情感、文化或政治上的得失，可以为如何最有效率地使用资金开辟一条最清晰的路径。因此，即使格鲁吉亚人要求项目融资100%都来自于赠款，上述的成本效益分析体系也可以在项目挑选的过程中设立规则，保证发挥最大效用，而不至于变得混乱无章。换言之，即使一个城市获得了100%的补贴，而且仍需要一些运转上的资助，采用上述程序也会有以下三个可能的有益结果：（1）它至少会带领这个城市走上自给自足的道路；（2）它会帮助人们在体系管理中设置一些规则；（3）它可以向那些没有获得100%赠款的城市的人们确保项目挑选体系是公平和合情合理的。

　　以上所有这些都是为了说明，在对环境金融项目进行成本效益分析时，并不仅仅是简单地列出优缺点就够了。成本效益分析必须通过剔除文化、政治、社会关系和偏见等层面的影响，贴合整个案例的金融构架，来揭示最具有成本效益的选择。换言之，通过建立和检验效益矩阵、成本矩阵间的相关性，我们就可以确定**以尽可能低的成本为最多的人提供最大的环境效益**的项目。

[第18章]
信用增级

信用增级很像是一个带着虚假光环的词汇，似乎是用来描述二手货的。信用良好的人会全额、及时地偿付账单。但那些需要信用增级的人或机构有什么问题吗？他们为什么需要信用增级？

我们普通人如果有信用问题得自己处理。我们如何提高自己的信用呢？没什么好办法，除非你把支付更高的利率叫作信用增级。换一种方式来理解，为了避免出现你一分钱都还不上，或只能偿还部分贷款，或者必须延迟偿付等情况，银行会收取额外的利息来保护自己。

政府和其他一些大型机构会面临同样的问题。有时候这类问题是暂时的，并且可以通过小幅提高税收或税率来解决。然而有些时候，无论是对普通人还是对政府而言，融资问题都是系统性的，而且非常致命。例如，20世纪70年代晚期纽约市破产，在我写作本书时，底特律（Detroit）宣布破产，宾夕法尼亚州的首府哈里斯堡（Harrisburg）也正处于破产的边缘。

那么，什么是信用增级？本质上说，**信用增级**是减少违约风险和债务拖欠的委婉说法。通常，信用增级用于（非联邦）政府债券和一些主要的公司债券。

减少公共债券的违约风险会使债券获得更低的利率和更长的期限，也就意味着更少的年还款额。更少的年还款额意味着有限的资金可以用来实施更多的项目，而且已经实施的项目将会有更大的成功几率。

以某个国际大都市的快速公交系统为例（快速公交系统属于气候变化项目，能够极大地减少交通流量），偿还该项目债券的资金只能来源于两个渠道：该城市快速公交系统运营收费（Fare）和城市补贴。若要支付很高的年还款额，要么收费高，要么政府补贴高，或者两者都很高。更高的收费意味着更少的乘客，对这个项目来说，无异于搬起石头砸自己的脚，因为让人们放弃私家车而乘坐快速公交就是为了减少温室气体的排放、应对气候变化。更高的补贴也意味着将剥夺像公共健康、教育、住房等公共财政领域的资金。更高的利率和更短的期限意味着快速公交系统这类应对气候变化的项目将面临失败。

因此，信用增级的目的就是减少违约或者拖欠贷款的风险。应用信用增级的目标就是降低项目贷款的年还款额。

提高信用级别，或是降低项目贷款的成本——年还款额有六个重要策略。所有这些策略都涉及消除或者至少远离财务损失风险。如果投资者认为有较高的损失风险，将会要求以更高的利率进行补偿，也有可能缩短还款期限以减少有可能出现问题的时间。但我们已经反复强调过，较短的还款期限和较高的利率都等于对气候变化项目下了死亡通牒。

下面要讲的是信用增级的一个主要原则，这也是基本的保险原则，即在组织融资的时候，将其按照不同风险级别来分层。法语中"tranche"即意味着将资金"分拆"，也就是把一项融资分成好多部分，并按照风险损失递减的次序排列。听起来似乎很复杂，其实不然，请往下看。

18.1 分层设计

假设在某个地方有1 000个公寓单元，那么这1 000个承租人在约定的月份里全部及时地、全额支付房租的概率几乎为零，这1 000个承租人中可能有一些人会生病、死亡、破产、忘记偿还或者离开。但反过来，这1 000个承租人全部违约的概率也接近于零。

那么只有一个承租人没有按时支付的概率有多大呢？非常高，接近

100%。5个人违约的概率有多大呢？同样，也非常高，接近100%。100个承租人——总数的10%——不偿付月租金的概率呢？当然是很低、很低。

现在，假设你想要买下所有这些公寓。房主会以7 000万美元的价格将所有这些公寓卖给你。假设每一栋公寓的月租金是600美元，维修、税收和保险费用每间每月100美元，相当于每年120万美元。

现在有个新的方式：你让所有这些承租人直接向受托银行支付租金，并指示受托银行从每个承租人的月租中拿出100美元放入一个营业账户里，以支付税收、维修和保险费用。受托银行将剩余的资金，即每人每月500美元，放入一个第三方保管账户。如果所有的承租人都全额支付租金，第三方保管账户每个月将会有50万美元的租金收入，一年的总收入是600万美元。

如果你想要融资购买这些公寓，并告知银行你每个月可以负担50万美元的支付额，想要申请一份20年期贷款，且了解到利率大概为6%[①]，于是你申请了一项7 000万美元的按揭贷款。

你认为银行会怎么答复你呢？我觉得银行会很有礼貌地反问："你计划预付多少定金呢？"当然，如果公寓需要花费7 000万美元，而你要申请一个7 000万美元的贷款，就相当于你不打算支付任何定金，完全用其他人的钱来买这些公寓。这根本贷不到钱，至少银行不会同意。

银行家们喜欢预付定金，他们希望借款人有自身的利益在交易之中。银行之所以关心这个问题，其中一个主要原因是，这50万美元全部兑现的可能性——或者换句话说，所有这1 000个承租人每个月及时偿付的概率——是零。银行家对此心知肚明，因此，他将不会给你7 000万美元的贷款。

现在，假设带着这个交易去询问一个聪明的投资银行家。像我们上面说到的那样，投资银行家明白，900个承租人（90%的人）会足额及时偿付的概率是非常高的。但是随着第901个承租人加入进来，推迟偿还或不

---

① 一份20年期、利率水平5.96%的7 000万美元贷款需要50万美元的月偿还额，这里将其作为6%处理。

偿还的概率会随之提高。因此，他决定发行两种债券，更确切地说是一种有两个分档的债券："A档"（A Tranche），价值6 300万美元，即购买价款的90%；"Z档"（Z Tranche），价值700万美元，即购买价款的其余10%。A档实际上是无风险的。而Z档将会承担99.99%的风险损失（按照惯例，无论将融资分成多少档，投资银行家都会将承担风险损失的那一档叫作"Z"档）。

　　因此，投资银行家指示受托银行**将前900个承租人的偿付金放入一个新的账户中，叫作"存管账户A"**，在1 000个承租人中至少有900人偿还租金的概率实际上接近100%，投资银行家可以向A档提供较低的利率，利率水平为5%。而在债券市场上，他可以得到25年的贷款期限。

　　每个月的500美元乘以900个承租人得到每月45万美元，即每年540万美元的偿还额。期限25年、利率5%的6 300万美元的A档的债务利息等于447万美元。那么，对于存管账户A中的540万美元，每年在偿还完A档的债务利息之后，还剩余93万美元的可用资金。

　　投资银行家会指示受托银行将这额外的93万美元**以及所有额外的租金收入**放入存管账户Z（Escrow Z）中。

　　如果所有这1 000个承租人都按时偿付，在托管账户Z中将会有153万美元。但是所有人都付房租的概率是非常低的。这意味着Z档的利率将会比较高，而且期限会更短。

　　投资银行家对市场进行了调查后，得知Z档只能得到10年的贷款期限，利率为15%。[①]

　　这样，Z档的年贷款利息支付额将会是1 394 764美元。在情况较好时（当每一个承租人都及时足额偿付时），在Z档的账户中将会有153万美元，只有1 394 764美元用于偿付Z档的债务利息，会有135 236美元的剩余，这些将会成为贷款购买者的利润。在情况不好时，这一剩余将会被用于保障Z档投资者的利益，以避免他们得不到年债务利息。

---

　　①　Z档是一个"股权"档，可以参见第14章。

　　回忆一下，每一个承租人每个月支付 600 美元，即每年支付 7 200 美元。用 7 200 美元除 135 236 美元，可知在 1 000 个人中每个月可以允许 19 个即 2% 的承租人不偿付，和实际情况差不多。Z 档的投资者得到一点点保护。而且只要购房者有 1 美元的剩余，他的投资回报就是无限的，因为他自己并没有在这个项目上投资哪怕 1 便士，他购买这个公寓完全用的是别人的钱。

　　人们经常将这种分拆称为"镜中迷雾一样的诈骗"。这其实是"酸葡萄"心理，诚如你所见，这个新的策略真的是有效的。

　　如上所述，我们可以通过分拆来创造一个信用增级机制。在上面这个案例中，所有风险都转移给了 Z 档，因此，Z 档的存在对 A 档起到了信用增级作用。

18.2　自筹资金储备

　　通过将股权（或至少其中的一部分股权）替换为自筹资金储备，可以极大地削减某一项目的年还款额。美国的市政收益债券（Municipal revenue bonds）通常是这种结构。自筹资金储备就是借款人为预防自己违约而设立的储备金。在美国，每个项目的自筹资金储备都是单独完成的。例如，如果清洁水工程系统发行债券，它们通常在本金中增加相当于一年的利息的费用，并将其交给信托人。其主要是为了防止如主水管破裂这样的短期的意外，这类问题可能会相当严重，有可能耗尽企业所有的现金留存和为支付下期年度债务而保留的资金。在这种情况下，当信托银行并未如期收到水处理公司偿还的资金时，就可以使用预先准备好的储备金。理论上，一旦系统得到了维修并且将其财政状况恢复到井然有序的状态，还应该重置使用掉的储备金。

　　气候变化基金的情况有点不同。刚才所描述的机制在美国只适用于一个项目和一种债券的情况，而气候变化基金由上百个或更多的项目所组成，该机制将会用于整个基金层面。

　　每一个项目将为储备基金贡献 10% 的份额，在这种情况下，形成了一个共同储备基金（Common SFR）。在上面的例子中，储备基金存在保护机制以对抗借款人的拖欠行为。在这个气候变化案例中，**每个借款人的储备基金防范的是组成基金的这些项目中每个人的违约风险。**因此，在我们的例子中，这100个项目中的每个人都将占有一份共同（自融资）储备。

自筹资金储备本质上就是放置在账户中防范违约的超额借款。因此，如果一个项目的成本是1 000美元，借款人借入了1 100美元，将额外的100美元放置在一个托管账户中，自筹资金储备将分摊在借款人的年还款额之中。虽然增加了借款人的成本，但并不像股权增加得那么多。如果一个借款人借了1 100美元，将其中的100美元放入托管账户中——而不是使用10%的股票——他的年还款额会提升至88.27美元[①]，但是远少于使用900美元债务和100美元股权情况下97.22美元的成本。

表18-1是在不同比例的融资组合的情况下，同比例使用股权和自筹资金储备时年还款额的比较。

表18-1　　　　运用股权和自筹资金储备的年还款额比较

债务	股权/自筹资金储备	仅使用股权时的年还款额	仅使用自筹资金储备时的年还款额	差值
90%	10%	$97.22	$88.27	$10.03（10.1%）
80%	20%	$114.19	$96.29	$18.07（18.6%）
70%	30%	$131.17	$104.32	$23.31（25.7%）

第一列是融资中债务的比例。

第二列是来自股权或者自筹资金储备的资金所占的比重。

第三列是仅使用股权时的年还款额。

第四列是仅使用自筹资金储备时的年还款额。

第五列显示了两种情况下年还款额的差值，括号内显示了差异的百

---

① 在上述例子中，同样使用20年的期限和5%的利息率。

分比。

很明显，自筹资金储备可以以更低的成本在项目融资中替代股权。

自筹资金储备还有两个额外的好处。随着时间的推移，自筹资金储备会提供给债券投资者额外的损失保护。自筹资金储备投资在有利息的账户中会不断增长。另外，由于每一项贷款的偿还额都由借款人支付，贷款的未偿还本金余额会下降。随着时间的推移，储备金在增长，同时未偿还本金余额在减少，两相结合能够显著地降低投资者的损失风险。

表18-2显示了最初5年的账户情况，以3%的连续复利对储备金账户进行计息：

表18-2 自筹资金储备账户5年的变动情况

	年份				
	1	2	3	4	5
债务余额	$1 067	$1 032	$995	$957	$916
储备金余额	$103	$107	$109	$113	$116
覆盖率	9.66%	10.28%	10.98%	11.77%	12.65%

10年后债券的本金将是682美元，储备金将增长至134美元，覆盖率约为20%。15年后，债券的本金仅仅为382美元，而储备金将会增长至156美元，覆盖率达到40%。

自筹资金储备这一概念也有一些政策上的好处。如果100个发展中国家在为项目融资所借的100亿美元的基础上借了额外的10亿美元，然后违约了，那么贷款人损失的钱是自己的。这里有一个基本的公正原则：想要获得帮助，先要自己帮助自己。如果一个项目的发起人（借款者）有自己的资金投入，所有的投资者都会觉得更好。自筹资金储备就是自己的资金投入。

因此策略2就是只要有可能，就用自筹资金储备替换股权。

18.3　二级损失准备金

与自筹资金储备类似，策略 3 二级损失准备金（Second Loss Reserve，SLR）适用于发达国家，即《联合国气候变化框架公约》（United Nations Framework Convention on Climate Change，UNFCCC）中的"附件 1 国家"（Annex I countries）。将来，发展中国家将通过共同储备金的形式提供 100 亿美元的自有资金，作为一种自助，将自己的利益放入其中，下面就看附件 1 国家怎么履行其共同的责任了。

发达国家其实可以以 **20% 的杠杆，形成一个二级损失担保基金**（Second Loss Guaranty Fund）。"20%"意味着它们将为 100 亿美元应对气候变化项目年度债务中的 20 亿美元提供担保；"二级损失"的意思是在项目违约时，只有在所有发展中国家的 10 亿美元（一级损失）准备金已经全支付给投资者的时候才会触发二级损失。因此，只有当 10% 的一级损失准备金都用光后，才需要附件 1 国家向投资者支付担保金。

杠杆是这一机制的核心。没有杠杆，这一想法无异于"劫富济贫"。可以参考北美开发银行（North American Development Bank，NADbank）是如何运用杠杆的。该银行于 1993 年根据《北美自由贸易协议》（North American Free Trade Agreement，NAFTA）由墨西哥和美国联合投资成立。北美开发银行的资本为 30 亿美元，美国和墨西哥分别投资了 15 亿美元。构成这一合作的关键是，30 亿美元并不全是现金：只有 15%（或者说 4.5 亿美元）是现金，其他的均是**未缴股款**（Call Capital），即北美开发银行的法定权利，它有权直接要求两国政府提供额外的 25.5 亿美元资金。因此，墨西哥和美国共同拥有一个 30 亿美元股权的银行，但是仅投入了 4.5 亿美元。这就是杠杆，用 15% 的现金获得了 100% 的

---

① 《联合国气候变化框架公约》在附件 1 中列出了发达程度最高的发达国家。

股权。

含有20%杠杆的二级损失准备金是这样运作的：41个富有的附件1国家只需要提交30亿美元（15%）的现金和17亿美元的未缴股款来提供一个担保，而担保赔付在10亿美元的一级损失准备金用完之后才会被触发，这10亿美元由100个发展中国家提供。由于有总计30亿美元的现金和担保来保护发展中国家的债务，投资者应该更愿意以非常合理的利率和很长的期限投资100亿美元来资助气候变化项目。

18.4　国际开发银行的作用

国际开发银行（International Development Banks，IDBs）在资助发展中国家的可再生能源和气候变化项目上发挥着至关重要的作用。

我们假设借款国自己设立了一个10亿美元的储备基金作为Z档。最好的情况是一个或者多个国际开发银行将会购买这10亿美元的Z档。然后发展中国家的贷款者将依然设置一个10亿美元的自筹资金储备，在Z档之后作为二级损失准备。因此，自筹资金储备将会成为二级损失档。然后由附件1国家提供的20%的损失准备将成为三级损失档。下一档将会是A档，它应该是完全无风险的，因此被评级为AAA，使整个融资获得最低的利率和最长的期限。

下面是这一机制的运作方式：

一级损失档（Z）	0～10亿美元	国际开发银行
二级损失档（C）	10亿～20亿美元	借款者的自有储备金
三级损失档（B）	20亿～40亿美元	附件1国家
四级损失档（A）	40亿～100亿美元	其他投资者

这是任何一个国际开发银行以前都未担任过的角色。这也是一个非常有价值的角色。为了使这些有价值的项目融资获得最合适的期限和条件，国际开发银行开始承担一级损失，或者说Z档，这是国际开发银行早就应该承担的职能。

18.5　税收截留

第四个策略是税收截留（Tax Revenue Intercept，TRI），也是一个希望实施气候变化项目的发展中国家能够采用的自助策略。下面将说明税收截留如何减少风险损失，从而降低气候变化项目的借款成本。

在发展中国家，一个投资于可替代能源或者公共交通项目的投资者，依赖于以用电户缴纳的电费、公交车乘客的车费以及来自当地政府的补贴来偿还贷款。投资者希望能高枕无忧，不想整晚地担心用电户、乘客或者当地政府不付款。如果他们知道在需要的时候，还可以依赖另外一个稳定的资金源来偿还贷款，他们可能会睡得更香。这些资金来自哪里呢？

来自于不相关的税收收入！这些信用支持机制可以缓解投资者对无法得到偿还的忧虑。需要提醒一下的是，这些机制不是取代收费和补贴，并不是偿还资金的来源。这些机制是备用品、预设机制和安全网，只有在收费或者补贴不够的时候才会发挥作用。它们发挥的是担保作用，下面来看一个案例。

纽约市在 20 世纪 70 年代末破产了，需要贷款来开展必需的居民基础设施项目但是无处借款。那时，纽约州有一份与市政府分享的销售税，税率是 5%，3%归州政府所有，2%归纽约市所有。纽约市负责收取所有的相关税收，然后将州政府的份额交给州财政局。

为了解决纽约市的信用问题，纽约市和纽约州制定了一项法律，规定该市所有的销售税利润都应放入国际银行一个以纽约市为开户人的账户中作为担保。按照法律的规定，纽约市不能动用这笔钱。银行将州政府的份额转交给州财政局，并冻结纽约市的份额以保护贷款人的利益（随着纽约市按期偿还债务，银行保证账户将会释放它们所持有的保证金，并将其放入纽约市的一般账户中）。这时，纽约市就可以用上百万美元的销售税作为担保从新的贷款人手中贷款。

就如同纽约市的例子一样，不需要用任何一部分税收来偿还贷款。纽约市能够从其他的一般税收中支付所有的贷款利息。税收**截留**只是一种担保、支持的机制。这一机制非常有效，能够用来降低贷款人的违约风险。

印度有一项更强大的地方税收截留政策。这一机制在泰米尔纳德邦（State of Tamil Nadu）成功地支持了当地污水处理系统的贷款。**地方政府拥有**这一特定的税收，但是由**州政府筹集**。地方政府、州政府与地方政府的贷款人签订一项协议，协议规定，如果当地政府没能及时地偿还贷款，那么贷款人向州政府追索，州政府**截留**足够的地方税收以弥补尚未支付的利息。土耳其也有相似的税收分享结构。

墨西哥的联邦政府和州政府根据法律规定分享特定的税收。由于是联邦政府和州政府共同分享税收收入，这些资金被称为**股份**（Participaciones）。这些股份由联邦政府收集。如果州政府想要借款，就会允诺用自己的一般税收来偿还贷款和利息。与此同时，州政府可能会保证，当其不能正常支付利息时，贷款人可以到联邦政府去追索，联邦政府在法律上有义务**截留**州政府的税收份额，并且向州贷款人支付他们应得的利息。标普的报道称，2009年在墨西哥发行的市政债券80%由联邦和州政府共同发起的股份协议支持，但是其中并不包括地方交通项目债券。

还有另外一种税收截留版本，可以被称为**超级税收截留**（Super Tax Intercept）（"超级"在这里就是"大于"的意思）。回忆一下，在上面的例子中，纽约州也拥有5%的销售税中的3%。这部分钱属于州，而不属于市。然而，如果州政府真的想要帮助市政府，而且州政府不想发行由自己担保的债券（或者像阿根廷的案例，并没有足够的信用来发行债券）的话，那么州政府可以将自己的那部分税收份额也用于担保市政府发行的债券。

像前面提到的那样，这些信用担保机制并不是偿还债务的资金来源，而是防止贷款人无法得到偿还的担保。但是这样的策略是强有力的，能够减轻投资者对无法获得偿还的担心，从而使投资者愿意接受更低的利率和更长的投资期限。这使得当地政府拥有更低的项目贷款成本，打破了风险与成本交替螺旋上升的势头。

税收截留并不是发展中国家降低贷款成本唯一的信用支持机制。相同的截留概念可以应用于预算转移（Budget Devolution）。中央政府基于规则建立一个永久的、直接为地方政府提供偿还资金的机制，这些资金可以被地方政府的债权人截留，即向这些人提供担保。这种方式，可以称为转**移截留**（Devolution Intercepts）。

转移截留可以为债务提供有力的支持，有助于降低利率并且延长期限。转移截留和非主权担保并不是非常好的方法，但是也比其他一些方法要有效。

18.6　外部资金担保

策略5涉及用现金提供担保，但与储备基金不同，其资金主要来源于政府计划等其他渠道。因此，尽管发展中国家不重视主权担保，但是一些缺少主权担保的项目可以由像国家开发银行一样的中央政府直属金融机构来担保。

美国清洁水州立滚动基金拥有约1 000亿美元的规模，是世界上最大的致力于环境金融项目的基金，这一基金本身就是一个外部资金担保来源。所有50个美国州政府和波多黎各自由邦都参与了这一计划，由州政府进行管理。自1987年成立以来，美国国会以多种形式资助清洁水州立滚动基金，这些资金被拨付给国家环保署，再按照国会赞成的原则分发给各州。依据《清洁水法案》，为了获得清洁水州立滚动基金的支持，各州从国家环保署每获得5美元就必须从财政中拨出1美元。

清洁水州立滚动基金是一个贷款基金，仅仅用于贷款——该基金连1便士都不能用做补助资金。①滚动基金的资金是**滚动使用**的，这些资金由州政府贷款给社区污水处理系统，随着贷款的偿还，这些基金又回到了州政府，之后基金再被贷款给社区并再次回收，如此反复，整个基金体系是一个封闭的环。为了从国家环保署获得联邦基金的支持，各州都必须在清

---

① 不同于由美国《复兴与再投资法案》拨付给清洁水州立滚动基金的特殊基金。

洁水州立滚动基金的资金和所有其他州政府拥有或控制的基金之间建立法律防火墙。这意味着滚动基金不会被挪用于任何其他目的。财政紧张时州长或州议员也不能挪用这笔资金。

如今，清洁水州立滚动基金的**规模**是1 000多亿美元，这意味着有超过1 000亿美元的项目得到了资助。清洁水州立滚动基金的**净资本**是400多亿美元。净资本等于（1）国会贡献的资金，加上（2）由州以1∶5比例匹配的资金，以及（3）已经借出的资金的利息收益。项目**规模**和**净资本**之间的差异被称为**杠杆**。清洁水州立滚动基金的杠杆比率大约仅仅为2∶1。

标普跟踪研究市政债券违约问题长达1个世纪。用来资助公共污水处理项目的债券历史违约率大概为0.04（也就是2 500∶1）。2011年1月，标普又提出了公共污水处理项目债券担保者的一个新的总杠杆比率，认为如果担保者想要维持最高的投资级评级（AAA），最大的杠杆比率不能高于75∶1。净资本4 00亿美元，杠杆率为75∶1，清洁水州立滚动基金有潜力撬动3万亿美元的资金。

为什么清洁水州立滚动基金这个案例对讨论信用增级非常重要呢？因为这51个州都拥有提供担保的法律权限，而且理论上他们联合担保的资金超过3万亿美元，可以评级为AAA。

注意，清洁水州立滚动基金所提供的担保并不是法律意义上的政府担保。当州立滚动基金提供担保时，文件中明确说明担保的唯一来源就是基金的净资产。换句话说，这些滚动基金的担保并非来自于任何政府的法律承诺，而是通过巨额的现金来担保的。

一想到这类"外部资金担保"，就能联想到银行的信用证（Letter of Credit）。银行的信用证以银行的股权，即银行自筹的资金作为担保。类似的，清洁水州立滚动基金的担保则由每一个基金的净资产给予支持，仅仅是依靠现金，并没有法律上的承诺。

国际上有很多"外部资金担保"的例子。菲律宾就有著名的地方政府单位担保公司（Local Government Unit Guaranty Corporation，LGUGC）。另外，每一个斯堪的那维亚半岛国家都有某种形式的滚动基金来为当地政府债券提供信用增级或担保。

18.7 法律担保

法律担保是一种强制性合同，如果一方没能及时足额地偿还债券，另一方将承诺为该债券承担全额的偿还义务。如果你将 1 000 美元借给你的邻居，该邻居富有的叔叔书面担保了该项债务，在你的邻居没能按照约定的时间和数额偿还贷款时，你可以拿着这份书面担保到法庭要求这位叔叔付款。

担保中需要考虑的另外一个方面是担保人和借款者之间的融资关系。如果我走进一家投资银行的办公室，告诉经理我想要发行 1 000 万美元的债券，毫无疑问他会表示出怀疑和轻蔑。但是如果我递给他一封来自美国财政部长的信，信中说美国政府将为我提供担保，他将印象非常深刻并且立即处理。有了担保，我的贷款将会获得很长的期限和很低的利率。

现在让我们反过来想一下，假设我同意担保美国财政部所有在外发行的规模约为 17 万亿美元的贷款，你认为这会使国债的利率更低吗？不会。因此，这里的关键在于任何一个担保者的价值都与他的信誉等级直接相关。

法律担保对政府而言是一个沉重的话题，原因显而易见。当政府如纽约市担保了一种债券时，债券的数量 100% 依赖于担保人也就是纽约市的信誉。

当我们说"依赖于担保人的信誉"时，意味着两件事：首先，如果宪法规定了债务限度，担保数额就要按照法定的债务限度进行计算。也就是说，当政府为债务做担保时，他们也在消耗自身的借款可获得能力。政府很有可能一边在借钱，一边又在贷出资金。

其次，从国际信用评级机构的角度来说，担保一份债务也可能对担保人的信用额度有负面的影响。影响包括以下两方面：

一方面，信用机构会评估政府（公司的）的总体融资能力。对于城市，它们会评估社会财富、税收以及当地政府的预算，并且就政府及时、足额地偿清债务的可借资金进行评估。如果政府发行在外的债务低于这一数额，同时政府和社区有良好的秩序，那么政府将会被授予 AAA 的评级；反之，债务越接近这一数额，信用评级将会越低。一旦信用评级低于投资级，也就是低于 BBB-，那么担保的价值将会非常有限。

另一方面，法律担保和信用评级需要关注的是，很多对可持续发展和可再生能源项目有强烈需求的国家的信用评级却很差。

根据标普的评级，信用评级为 AAA 的国家及地区包括澳大利亚、加拿大、丹麦、芬兰、德国、中国香港、列支敦士登、荷兰、挪威、新加坡、瑞典、瑞士和英国（注意美国并不在这份名单中）。在标普发布的 128 个国家的信用评级中，AAA 级国家及地区有 13 个，占总数的 10%。

而这 128 个国家及地区中大概有 55 个国家没有投资级的评级，也就是低于 BBB-，属于**投机级**，非投资级的债券也被称为垃圾债券。

附件 A 中列出了这 55 个非投资级的国家。看到这个列表，你可能会有些吃惊。希腊和葡萄牙榜上有名并不会出人意料，它们的信用困境在过去几年屡上新闻；委内瑞拉和阿根廷都是非常富有的国家，但是历史上曾经拖欠账单；然后是格鲁吉亚和白俄罗斯，15 个苏联加盟共和国中只有这两个列入了垃圾债券名单；最后是匈牙利、约旦、土耳其，这几个都是现代工业化国家。

这些国家需要气候变化和可再生能源项目，而在国际资本市场上，这些项目有时候缺少信用。在这种情况下，它们可以用担保来提升信用水平。但是如果国家自身的信誉评级非常低，它的担保也不会有什么价值，结果是这类项目将会遭受更短的贷款期限和更高的利率，这也就意味着能实施的气候项目也就更少。

18.8　金融担保保险

策略 6 就是利用金融担保保险（Financial Guaranty Insurance）来提升信用等级。如果你能获得这样一份保险，并且经计算购买保险较划算，就可以使用这种策略。

第11章中提到过，在次贷危机以前有15家金融担保保险公司，在2005年度发行的4 000亿美元的市政债券中，大约60%的份额是由这15家公司担保的。但到了2011年，担保公司只有一家了。在我写此书之时，这样的担保公司仅剩两家了。

美国市政债券担保公司（American Municipal Bond Assurance Company，AMBAC）诞生于1971年，是美国第一家金融担保公司，这个公司只为市政债券提供担保。第二个进入该领域的公司是在1973年成立的市政债券保险联合会（Municipal Bond Insurance Association，MBIA），由安泰（Aetna）、消防员基金（Fireman's Fund）、旅行者（Travelers）、信诺保险（Cigna）和大陆保险（Continental）这五个大型保险公司组成的财团联合注资成立，也只担保市政债券。

20世纪80年代中期以前，整个行业就由两家公司垄断，一直利润丰厚。

从20世纪80年代中期到20世纪90年代，这一小行业由最初的2家公司扩展为15家公司。市政债券担保公司和市政债券保险联合会所获得的利润非常高，简直无法形容，其他的投资者也如羊群一般涌入。这时出现了第一个危险信号：**行业竞争**。

当行业内出现了15家公司时，第二个危险的信号来临了，多家公司在行业中竞争，自然要削减保险税率，对那些新来的想要在行业内立足的公司尤为如此。随着保险税率的削减愈演愈烈，利润也随之陡降，投资者们在担保行业掘金的幻想随之破灭。

紧接着，第三个危险信号也出现了，这就是**担保债务凭证**（Collateralized Debt Obligations，CDOs）。随着利润的疯狂暴跌，在担保传统市政债券的领域，太多的竞争者只能一起夺取越来越少的订单，公司逐个远离了传统市政债券担保市场，被诱惑进入了担保债务凭证业务领域。担保债务凭证主要是为次贷①债务提供担保。担保传统的市政债券没法赚钱，但

---

①　译者注：次贷是次级按揭贷款，是给信用状况较差、没有收入证明和还款能力证明、其他负债较重的个人的住房按揭贷款。相比于给信用好的人放出的最优利率按揭贷款，次级按揭贷款的利率更高。

是担保债务凭证利润丰厚。因此，旧的市政债券保险行业，现在自称为金融担保保险行业，一头扎进了这片未知海域。

说它们仅仅是犯了一个错误，应该是21世纪最粉饰、低调的评价了。金融担保保险公司完全错误地计算了这些担保债务凭证担保的次级抵押贷款中承载的风险。但也并非是个例，就连信用评级公司也错误地计算了风险，并且继续给予这些公司AA或者AAA的评级，即使在它们的风险组合随着次级贷款变得越来越膨胀的时候依然如此。最后，整个帝国终于崩塌了。

随着次贷的贷款价值比①超过100%，银行开始调整利率，人们开始意识到成千上万的房主根本支付不起更高的利率。当购房者无法支付那些已经被原始银行卖成担保债务凭证的贷款时，担保债务凭证也开始违约。一旦发生违约，投资者将会到金融担保人那里寻求保障。这些融资担保保险公司根本无法支付这些巨额损失，最后，整个行业又一次陷入崩塌中。

但是，就如同凤凰涅槃一样，这一行业还是会再次发展起来。2011年的时候有1家公司，第2年第2个公司开始运营了。至少有一个评级机构认为在未来的几年中会有更多的金融担保公司进入市场。

因此，你应该用市政债券保险来提高你的交易的信用水平吗？如果有效的话，当然要用。也就是说，如果债券保险会降低你的利率且降低的幅度足够覆盖保险费成本，就应该用。

就像在第11章中提到的，由于债券担保公司曲折的发展历史，它们担保的债券有时还比不上相同评级的无担保债券。换句话说，如果评级为AA的A市发行了一种债券，而只有BBB评级的B市发行了一种相同的债券，并购买了一种AA评级担保公司的保险，你将会看到A市的债券利率比B市的要优惠一些。

因此，处理债券保险时要确定这两个债券发行人发行的债券按照何种利率进行交易，确定没有保险时债券将要在哪个市场发行，然后征询两家

---

① 译者注：贷款价值比指贷款金额与抵押品价值的比率。

保险公司的报价，并验证较高的信用评级是否能使利率节省的成本超过保险的费用，从而降低支付额。

通用的规则是保险费用只能占债券有保险和无保险时的利息差价的一半以下。换句话说，如果债券在没有保险的时候能够获得5%的利率，有保险的时候能够获得4.5%的利率，那么保险费用将大概占0.2%，这意味着你的总利率是4.7%。你将节省5%和4.7%之间的差额0.3%。

因此，信用增级不仅仅是华尔街的光鲜术语，相反，这一术语包含着通过增级项目的信用评级来降低利率（或许也能够增加期限）的方法和机制。

无论何时，只要遇到环境或可持续项目或可再生能源项目，我们的目标就是降低融资成本。为此，我们应该考虑这些能够帮助我们提高信用级别的策略。

- 如果可能的话，尽量避免使用股权，股权成本太高了。这一原则在这本书中已经提到了好几次。

- 将融资分拆成优先级（A档）和劣后级（Z档）等若干档。

- 让国际开发银行（或者诸如自筹储备基金一样的州立机构）购买会最先受损的部分，即Z档。

- 当有很多项目需要同时融资的时候，让每一个项目都为自筹储备基金贡献份额，这将会构成一个像Z档一样或仅仅高于Z档的更接近风险的融资档。

- 如果在国际上融资，让发展中国家集资设立另一个最接近风险损失的资金层。

- 寻找外在担保或债务保险资金。

- 寻找一个信用较好的政府来提供担保。

- 检验金融担保保险是否可用以及是否值得购买。

永远记得我们的总目标是以尽可能低的成本为最多的人提供最大的环境效益，而信用增级是实现最小成本的方法之一。

第 19 章

税 费

有效的税费设计会降低提供环境公共设施服务的成本。更低的费率意味着可以实施更多的污染治理项目。这一章将讨论各种各样的税费以及这些税费是如何降低项目成本的。

19.1 什么是"好税费"

以下是比较成熟的供水和污水处理系统税费设计的主要特征：

• **收入盈余/成本回收**：税收产生的稳定收入要等于供水或污水处理服务的成本。

• **经济效率**：水价能够反映财务、环境方面以及其他由于消费者用水决策而施加于经济系统的成本。

• **公平**：平等对待所有消费者。换句话说，就是对消费者的收费要等于消费者施加于公共服务系统的成本。

• **节约资源**：定价决策不应该激励水资源的不当使用。

• **净收入的稳定性**：即使在需求量低于一般水平的情况下，价格水平的设定也应该保证有足够的收入以支持运营成本。

• **透明度**：为了让每个消费者能够计划其用水量，需要让消费者充分理解水价的定价结构。

• **实施便利**：定价结构的设计不应该对公共设施施加巨大的行政管理

成本压力。

● **满足支付能力**：收费水平不应超过消费者的偿付能力。

上述列举的各项宗旨为公共设施管理者确定水费水平提供了指引。但这些宗旨并不一定能够同时满足。本章将会重点讲述影响公共设施资金稳定性的两大要素：成本回收和经济效率。公平和满足支付能力等问题将会在书中的其他章节讨论。

19.2 税费应覆盖项目全成本

制定税费标准时，公共设施管理者应该至少能收回成本。如果公共事业企业不需要负担新工程建设费用（比如负担工程成本），那么税费水平应该等于总的运营现金费用。设计税费的一种方法是从运营预算（等于总现金成本）开始，除以购买供水服务的家庭总数，即得出为了补偿运行系统成本每个家庭应缴纳的税费。

公共设施建设不可能100%依赖拨款，公共设施供应商一般都需要支付一部分建设成本。公共事业企业支付的项目建设成本越高，每户的水费就越高，因为企业会将项目成本传递给家庭。下面用一个案例来说明如何确定社区水费。假定一个社区需要更新换代供水系统，所有的供水成本都由公共事业企业负担。分析以下几个情景：（1）项目资金100%来自于财政拨款；（2）75%的财政拨款，其余25%依靠贷款；（3）50%的财政拨款，50%依靠贷款；（4）25%的财政拨款，75%依靠贷款。在以上这些不同的情景下，最关键的要素是贷款期限和利率。依照税收收入必须等于项目支出（建设和项目运营成本）的原则，考虑税率和期限对税费的影响非常重要。降低项目支出与提高税收收入同样重要，都能够保证税收不至于超出消费者的支付能力。

假定公共设施服务于1 000个家庭，整个设施的运行成本是1万美元[①]，每个家庭支付10美元的税费，覆盖整个项目的运行成本。一个项目

---

① 支出包括能源、劳动力、化学品及管理成本。

包括了更新换代新设备和修理设备，总成本是 1 500 美元，年度运营成本 550 美元。表 19-1 反映的是不同融资组合对税费水平的影响。

表 19-1　　　　　　　不用融资选择情景下的税率水平

融资选择	年度运行 成本/美元	年度项目 成本/美元	年度总成本	全成本回收税费 /每户一美元	税费比率 变化
100%拨款	10 550	0	10 550	10.55	5.5
75%拨款，25%贷款 （5年期，利率10%）	10 550	112.5	10 662.5	10.66	6.63
75%拨款，25%贷款 （10年期，利率5%）	10 550	56.25	10 606.5	10.61	6.06
50%拨款，50%贷款 （5年期，利率10%）	10 550	225	10 775	10.78	7.75
50%拨款，50%贷款 （10年期，利率5%）	10 550	112.5	10 662.5	10.66	6.63
25%拨款，75%贷款 （5年期，利率10%）	10 550	337.5	10 887.5	10.89	8.88
25%拨款，75%贷款 （10年期，利率5%）	10 550	168.75	10 718.75	10.72	7.19
100%贷款 （5年期，利率10%）	10 550	450	11 000	11	10
100%贷款 （10年期，利率5%）	10 550	225	10 775	10.78	7.75

ª在等额本金法下，还款额逐年递减。在这个例子中，项目年均成本相当于第一年的支付额，支付额逐年递减。

　　如表 19-1 所示，在全成本回收税费系统中，公共设施供应商需要支付的项目成本越高，对税费的影响就越大。另外，长期较低利率的贷款对成本（也就是税率）的影响比短期贷款对其影响要小。

19.3 税费设计方案的选择

假定全成本回收方法不变，一项公共设施的供应商有很多设计税费框架的方法。为了阐明每一个税费设计方案的特点，下面采用一个案例来演示可供选择的每一种税费设计方案：

假设一项供水设施服务于 100 个消费者，不同消费者的购水量如下：

- 25 个消费者购买 500 立方米的水。
- 50 个消费者购买 1 000 立方米的水。
- 25 个消费者购买 1 500 立方米的水。

19.3.1 固定费用与按流量计费

➤ 固定费用

区分税率水平的第一个方法是确定是使用固定费用还是按流量计费。固定费用指的是每个月向消费者收取的固定费用，与用水量无关。

如果没安装水表就没法准确计量用水量，也没法按流量收费。在这种情况下，只能使用**单一税费**或**固定费用**。

在确定固定费用水平时，公共设施运营商首先要确定其供水的总成本，包括公共设施的总成本加上维护、修理的费用。其次则是要确定不同"种类"的用户，因为商业用户比居民用户用水量大，因此一般居民用户的税率水平都低于商业用户。

固定费用法有两个缺陷：首先，消费者没有节约水的激励，因为使用额外一加仑的水是免费的。其次，当水的使用量伴随着人口和经济的增长而增长时，为满足不断增长的需求，用水量大幅提升，而运营商收取的是固定费用，将越来越难覆盖其运营成本。

在我们的例子中，所有的 100 个消费者，尽管他们消费不同的水量，但都收取同样的费用（每个月 20 美元），见表 19-2。

表 19-2   固定费用法的水费总额

耗水量	总费用
500立方米	20美元
1 000立方米	20美元
1 500立方米	20美元

> **按流量计费**

如果所有用户或大部分用户都安装了水表，就能监测每个用户的用水量，自然就可以根据用户的每月用水量收费。在设定价格时，流量计费应按照提供给消费者的每一单位水量的边际成本来设定。

在单一水价的情况下，没法向消费者征收额外的固定费用以弥补增加的管理成本[①]。而在按流量计费的情况下，边际成本应该包括提供额外一单位水所必需的行政成本和供水成本。每个消费群体（以不同的耗水量划分不同的群体）的收费总额等于其消费的水量乘以每单位水价。在以下部分，我们会讨论按流量计费的其他方式。

按流量计费和固定费用的不同点在于前者的费用总额取决于消费水量，因此，每个消费群体的费用都是不一样的。以0.02美元每立方米[②]的水价计算，总价格见表19-3。

表 19-3   按流量计费的水价总额

耗水量	总费用计算	总费用
500立方米	500*0.02美元	10美元
1 000立方米	1 000*0.02美元	20美元
1 500立方米	1 500*0.02美元	30美元

---

① 水费的管理成本在按流量计费的时候是与税费分开计量的，而在固定费用的方式中必须统一计算。
② 每立方米相当于268加仑。

➤ 多重税率

一项税费可以单独地按流量计费或收取固定费用，也可以由二者组合而成，这就是多重税费（Multipart Tariff）。在这种情况下，固定费用部分主要覆盖的是保证公共设施能够向每个消费者供水所需的基础设施成本（例如，供水设施建设费用、水量数据采集与计费方面的成本），按流量计费则反映了向每个消费者供水的单位成本。

固定费用之所以在根据消费者需求的水量计价之外单独计量，是因为不论消费者消费多少水量，这部分都要保障公共供水设施能够提供服务所必需的投入。在这个例子中，固定费用应该是每个群体（如家庭）10美元，而统一的按流量计费则是每立方米的水0.02美元，见表19-4。

表19-4　　　　　　　　　　　多重税率法的水价总额

耗水量	总费用计算	总费用
500立方米	10美元+500*0.02美元	20美元
1 000立方米	10美元+1 000*0.02美元	30美元
1 500立方米	10美元+1 500*0.02美元	40美元

注意，这样收取总费用比固定费用法和按流量计费法都高出10美元。

➤ 按流量计费的类型

有一些具体的按流量计费的方法，保证既可以回收成本，又可以实现收费的公平性、可支付性以及经济效率。以下详细介绍四种定价方法：

➤ 阶梯式累进价

理论上，阶梯式累进价可以同时实现以下三个目标：

1.满足可支付能力原则：即为贫困人口以可负担的价格提供维持其生存的必需用水量

2.满足效率原则：对最高价格区的消费者按照用水边际成本收费

3.满足成本回收原则：筹集足够的税费收入以覆盖项目成本

然而，实际上，由于其设计不完善，阶梯式累进价通常无法满足以上三个目标。很多的阶梯式累进价设计都不能满足弥补成本和实现经济效率的目标。很多情况下，可能是因为高档区的价格定得不够高，而且/或者是补贴区的水量标准设计过高，所有居民消费者的消费量从来不会超越这一水量线。

使用多重税率方法时，阶梯式累进价只影响到了按流量计费的部分，固定费用部分不受任何影响。运用此方法计算每个消费群体的总费用时，首先需要划定价格分区以及每个分区许可的用水量。消费者将会支付固定费用与在每个分区中所消费的水量与单价相乘的结果的和。

在我们的例子中，分档如下（见表19-5）：

- 第一档：最初消费的500立方米的水，每立方米0.01美元
- 第二档：501立方米到1 000立方米，每立方米0.02美元
- 第三档：高于1 000立方米，每立方米0.03美元

表19-5   阶梯式累进价法的水价总额

耗水量	总费用计算	总费用
500立方米	10美元+500*0.01美元	15美元
1 000立方米	10美元+500*0.01美元+500*0.02美元	25美元
1 500立方米	10美元+500*0.01美元+500*0.02美元+500*0.03美元	40美元

请注意：在表19-5中，阶梯累进制的500立方米用水量如何导致第三档费用较第二档费用呈现指数型增长。

> **阶梯式累退价**（Decreasing Block Tariff，DBT）

阶梯式累退价与阶梯式累进价正好相反。运用阶梯式累退价，按流量计费在第一档分区的费用是最高的。之后，费用将逐级递减。

这样设计反映出在原水供应量充足的情况下，大型工业用水户能够使得公共设施在水源开发、运输和处理过程中获得规模经济，因此实现较低的平均成本。但是，这种水价设计很快就不再受欢迎，一方面是因为全球供水的边际成本都比较高，人们越来越倾向于激励大型用水户节约用水；

另一方面是由于这种设计通常导致高水量用户缴付相对较低的平均水价，也使其逐渐失去政治吸引力。

在阶梯式累退价的例子中，我们会继续使用10美元的固定费用和分档的条件，但是每单位水的费用不同，见表19-6。

- 第一档：最初消费的500立方米的水，每立方米0.03美元
- 第二档：501立方米到1 000立方米，每立方米0.02美元
- 第三档：高于1 000立方米，每立方米0.01美元

表19-6　　　　　　　　　　　阶梯式累退价法的水价总额

耗水量	总费用计算	总费用
500立方米	10美元+500*0.03美元	25美元
1 000立方米	10美元+500*0.03美元+500*0.02美元	35美元
1 500立方米	10美元+500*0.03美元+500*0.02美元+500*0.01美元	40美元

注意前两组用户的总费用如何比用阶梯式累进价法高出10美元，而最大用水量客户的费用则不变。

> **季节性定价法（Seasonal Pricing）**

有时供水的边际成本会随季节的变化而变化。在这样的情况下，用水税费的设计可以提醒消费者，水供应的成本会随着季节的变换而有所不同。对有花园和其他高耗水用途的家庭而言，夏季的用水量相对较多，且户外用水量的增加较为明显，而室内的用水量基本全年不变。

当供水的边际成本随着季节的变化而变化时，公用设施供应商就可以在用水高峰季节（通常是夏天）收取更高的价格，而在用水低谷季节（通常是冬天）收取更低的价格。

在这个例子中，我们使用统一的按流量计费法，即不管消费的水量多少，每单位的水价都一样，以关注夏季收取更高税费带来的影响。假设全年各个时段消费量都是稳定的，固定费用是10美元，季节性费用分别见表19-7、表19-8。

表19-7	夏季水价总额	

耗水量

夏季水平	总费用计算	总费用
500立方米	10美元+500*0.02美元	20美元
1 000立方米	10美元+1 000*0.02美元	30美元
1 500立方米	10美元+1 500*0.02美元	40美元

表19-8	冬季水价总额	

耗水量

冬季水平	总费用计算	总费用
500立方米	10美元+500*0.01美元	15美元
1 000立方米	10美元+1 000*0.01美元	20美元
1 500立方米	10美元+1 500*0.01美元	25美元

- 冬季：每立方米0.01美元
- 夏季：每立方米0.02美元

季节性或者/和分区定价（以下将会讲述）都可以与上述三种计费方式（固定费用、阶梯式累进价和阶梯式累退价）合并使用，因为这些框架都只是对所选定框架中的时间（季节性定价）和地点（分区定价）进行的简单调整。

➤ 分区定价法

分区定价法适用于供水边际成本随着消费者所处地区而发生变化的情况。在这种情况下，供应商可以向生活在高生活服务成本地区的人们征收更高的流量费用，向生活在低生活服务成本地区的人们征收更低的流量费用。

另外，为偏远地区供水时，如需要输送到更高海拔的地区，增加了泵水成本，因此费用更高。分区定价就是要给消费者一个经济信号：居住在这些区域需要承担更高的供水成本。然而，这种模式只有在成本显著高于其他地区的情况下才适用——实际上，消费者的成本都不同，一项可行的税费在一定程度上反映的是平均成本。

在分区定价的例子中，我们会继续使用10美元的固定费用和分区域的条件进行征收，水价总额分别见表19-9和表19-10。

表19-9　　　　　　　　　　　区域一水价总额

耗水量

区域1	总费用计算	总费用
500立方米	10美元+500*0.02美元	20美元
1 000立方米	10美元+1 000*0.02美元	30美元
1 500立方米	10美元+1 500*0.02美元	40美元

表19-10　　　　　　　　　　　区域二水价总额

消费水平

区域2	总费用计算	总费用
500立方米	10美元+500*0.03美元	25美元
1 000立方米	10美元+1 000*0.03美元	40美元
1 500立方米	10美元+1 500*0.03美元	55美元

- 区域一：每立方米0.02美元
- 区域二：每立方米0.03美元

当公共设施供应商根据每个消费者向供水系统施加的成本来收费时，能实现全成本回收和经济效率目标。如果对所有的公共设施消费者而言，运输水的成本都是一样的，根据成本设定单位水价，按流量计费是最有效的。当向用水大户输送水的成本低于一般用水客户时，应当采用阶梯式累退水价。当消费水的边际效用较高时，通常采用阶梯式累进水价，这时用水需求量较大的客户需要缴纳的费用也更多。

19.3.2　水税费的监管

世界上有很多不同类型的公共设施供应商，包括公共机构（本地或全国的）、国有企业、受监管的私人公司以及未受监管的私人公司等等。以上都是大型的公共设施体系，还有很多被当地水资源委员会管制的小型（通常在农村）体系。公共设施体系的规模大小和法律地位是决定是否需要对其收费进行管制的重要指标。

● 社区供水体系（小型的）是自我管理型，社区可以集合在一起讨论决定每户家庭接入社区供水系统应该收取多少费用。

● 中型和大型的城市供水体系就需要价格管制来保证定价的公平性。

公共水利设施将价格定在最有利于社会大众利益的水平上，即价格设定满足供应商弥补其服务成本及未来的修缮和维护费用即可，而且供水服务要尽量覆盖（几乎）所有的本地居民。在不受价格管制的情况下，私人企业的供水价格一般都会比较高，因为很容易形成**自然垄断**。

自然垄断的目标就是自身利益最大化，因为有市场力量的存在，这一目标容易实现。因此，垄断商家往往会对它所提供的水定最高的价。这个价格对市场而言是非常难以接受的，会剥夺贫困人群最基本的生活服务。因此对私人水公司的管制要有效防止这类的市场失灵。

➢ 监管的类型

一般监管包括两类：**经济监管和社会监管**。经济监管包括任何可以管制私人水公司价格的政策和规定。社会监管主要负责经济监管以外的部分，如监管供水设施的水质标准。此外，需要有独立的政府部门来监测供应商设定的水价以及提供的水质。一般不需要一个部门同时完成这两个任务，但对一些小型供水体系，有时需要一个机构身兼双职。在发展中国家，经常出现缺乏政策执行力的问题。执法是以良好的法律基础为前提的，而且对不合规行为的惩罚要有一定的强度，以起到阻止其违法和发生不当行为的效用。

政府需要在公共设施运营商、消费者维权组织和其他利益相关方共同参与的情况下做出价格管制决策。监管机构可以为公共设施供应商提供多种合理的定价方法。其中一个重要的宗旨是价格应该定在公共设施供应商可以补偿提供服务的成本加上未来的修缮和维护费用的水平上。要给予运营商每年调整价格的权利，如每年根据通货膨胀水平对价格进行调整，这种情况不需要每次都向监管机构申请。

➤ 独立的财务和管理审计

对公共设施定价和进行水质监管是监管机构最重要的职责。供水设施的价格和水质标准只有经独立的第三方机构审核了数据的准确性之后，才可以向监管机构进行报告，这是唯一能保障社会利益的方法。监管机构以及水利设施供应商需要共同确定一个第三方，一个真正独立的检测机构，每年对其财务情况和水质情况进行评估。第三方最有可能提供一个对监管机构和供应商都客观的分析。

税费设计是降低环境成本的一个重要议题。税费设计得合理，则可以减少消费者的成本负担，从而余留更多的资金来支持环境治理项目。

[第20章]
气候变化和可再生能源

这一章我们主要关注应对气候变化和发展可再生能源。因为发展可再生能源可以减少二氧化碳——温室气体的一种——的排放。因此,本章将把应对气候变化和发展可再生能源放在一起讨论。

20.1 起 因

在两万年前最后一个冰河期结束后,地球就开始慢慢变暖。而且,在太阳光照地表的过程中,大气层中的五种气体——水蒸气、二氧化碳、甲烷、一氧化二氮和臭氧会吸收地表反射的太阳光,使之在地球表面和大气层中多次反射,形成温室效应,阻碍地球表面散热。很多自然过程会释放温室气体,人类每年还会排放450亿吨的二氧化碳加剧"温室效应",加速全球变暖,因此,有必要为了减缓全球变暖而限制温室气体排放,而减少二氧化碳的排放需要花费资金。这就需要环境金融。

1992年在里约热内卢举办的"联合国环境与发展大会"(United Nations Conference on Environment and Development,UNCED)也被称作"里约峰会"(Rio Summit),**气候变化、温室效应、温室气体以及全球变暖**等词汇在这届峰会上成为全球共识。

20世纪60年代,美国乃至全世界就开始关注气候变化,关注人类生存的环境。1969年,联合国大会决定召开会议商讨环境治理政策。1972

年 联 合 国 人 类 环 境 会 议（United Nations Conference on the Human Environment，UNCHE）在斯德哥尔摩召开，同年美国国会也通过了《清洁水法案》。

11年后，我们仍然笼罩在工业化对环境造成的负面影响中。联合国秘 书 长 创 立 了 世 界 环 境 与 发 展 委 员 会（World Commission on Environment and Development，WCED），该委员会以极具影响力和活动能力的主席格罗·哈莱姆·布伦特兰夫人（前挪威总理）的名字命名为"布伦特兰委员会"（Brundtland Commission）。

1987 年 10 月，"布伦特兰委员会"发布了报告《我们共同的未来》。报告首次定义了**"可持续发展"**。他们将"可持续发展"定义为"既满足当代人的需求，又不对后代人满足其需求的能力构成危害的发展"。此外，《我们共同的未来》为 1992 年召开的"地球峰会"（Earth Summit）打下了基础，也正是在地球峰会上诞生了气候变化的概念。1992 年的里约峰会提出了两大主题：（1）发展化石燃料的可替代能源；（2）依靠公共交通来减少汽车尾气排放。持续了 6 个月的里约峰会宣布了两大宣言：（1）《21 世纪议程》，这是实现可持续发展的行动纲领；（2）《里约环境发展宣言》，提出了实现可持续发展的 27 项准则。

而迄今为止，地球峰会最重要的成果是《联合国气候变化框架公约》（以下简称《公约》）的谈判。这个开创性的《公约》的目的在于"使对大气质量有不良影响的温室气体保持在一个较为稳定的水平"，195 个国家在该条约上签了字。

《公约》中有一个条款就是各成员需要在每年聚集起来商讨如何推进谈判进程，这些会议被称为"缔约方会议"（Conferences of the Parties）。1997 年，缔约方会议在日本京都召开并达成了著名的《京都议定书》（以下简称《议定书》）。《议定书》提出限制发达国家排放六种温室气体，包括二氧化碳、甲烷、一氧化二氮、六氧化硫、氢氟烃、全氟化碳。排放标准设定在 1990 年的水平。换言之，每个发达国家应该将这六种气体的排放降低到 1990 年的水平。除阿富汗、安道尔共和国、加拿大、南苏丹和美国以外，其他联合国成员均签署了《议定书》。《议定书》建立了一个针对温室气体尤其是二氧化碳排放的配额分配体系，并允许交易这些排放配额或减排信用。由此催生了在英国的"欧洲交易体系"（European Trading Scheme，ETS），其他英语国家对使用"Scheme"这个词比较谨慎，就用"System"这个词来代替。

《议定书》还首创了"清洁发展机制"（Clean Development Mechanism，CDM）。假设发展中国家要建化石能源发电厂或工厂，如果在发达国家建设这类企业会面临减排要求，符合要求需支付高额的费用。发展中国家电厂的减排成本比在发达国家低很多。发展中国家和发达国家的企业可以达成协议：发达国家的企业可以为发展中国家企业的减排付费并获得减排信用。这些减排信用被称为核准减排量（Certified Emission Reduction，CER）。《公约》执行委员会（Executive Board，EB）会在交易前核证提交的减排量。拥有"核证减排量"的企业可以避免更新设备的高额花销。

同时，《议定书》还设计了一个类似的机制，称为"联合履约机制"（Joint Implementation，JI）。附件1国家可以在附件B国家投资并获得排放信用"等效减排单位"（Equivalent Reduction Units，ERUs）。附件B是指在转型中的经济体（Economies in Transition，EIT）。附件1国家与附件B国家均受减排限制，因此，当附件1国家在附件B国家投资环境项目成本更低的时候，就可以通过联合履约机制获得"等效减排单位"。俄罗斯和乌克兰将成为联合履约机制的主要参与者。

2009年，在哥本哈根举行的第15届缔约方会议成为全球气候变化/可再生能源历史性的一刻。发达国家缔约方承诺到2020年，每年为发展中国家提供1 000亿美元，支持发展中国家的气候变化项目。然而，颇令人沮丧和悲伤的是，发展中国家认为每年1 000亿美元将是很大一笔补贴。而依我愚见，发达国家为气候变化项目每年提供1 000亿美元几乎是不可能的，更别说是以补贴的形式。这一切都凸显了设计合理的环境金融政策以保证以最低的成本为改善环境提供资金支持的重要性。

20.2　气候变化和可再生能源的金融政策

这一切与金融政策有什么关系？金融政策又如何在应对气候变化和发展可再生能源中起作用？答案非常简单。上述1992年里约峰会上提到的两大主题是：（1）发展化石燃料的替代能源；（2）依靠公共交通来减少汽车尾气排放。那么应该如何替代化石能源呢？我们需要提高化石能源价格，降低可再生能源的价格。怎么能够让人们走出自己的汽车而去乘坐公共交通工具呢？应该使开车比乘坐公共交通工具成本更高。

问题的答案显而易见，而付诸实践却又举步维艰。讨论下一步之前，大家要注意，无论是可再生能源还是公共交通都应该既经济实惠又极其可靠。这就得说说可再生能源。过去的10年，风车和太阳能电池板成了可再生能源的典范。由美国能源局创设的著名的房屋评估清洁能源计划一开始是为了支持太阳能的发展，接着又扩展到了支持可再生能源和能效项目。风能和太阳能的问题就在于可靠性[①]。没有阳光的时候，就不会有太阳能。不刮风的话，也不会有风能。10年前人们对可再生能源储存、电池乃至整个产业的突破有着极大的期待。然而，这些最终都没有实现，也招致了很多投资者的不满。因此，太阳能和风能并不是解决化石能源问题的灵丹妙药，但它们确实会发挥很大的作用。比如，美国的西南部气候炎热，日照丰富，太阳能可以降低空调费用。另外，在很多发展中国家的农村地区，太阳能和风能可以为没有电厂或离电厂数英里远的聚居区提供电能。那么，什么样的金融项目可以为之提供最大的激励呢？

我们在第1章就提到过的"房屋评估清洁能源计划"就是一个很好的案例。这个项目听起来不错，只是这个首字母缩略词略显笨拙，整个名称的含义是"房屋评估清洁能源计划"，单看这个名称，也没有传达出多少有效信息。这个项目的实质是如果你在自家屋顶安装了太阳能电池板，就

---

① 潮汐能也有同样的问题。

可以拿着账单到市政厅领取支付这一项目的支票。之后，你可在未来的20年偿清这笔资金。引入"资产评估"是因为市政厅以资产抵押的手段作为贷款保证。这个项目设计的精妙之处在于如果你出售安装有太阳能电池板的房屋，新房主将获得太阳能电池板发电所产生的收益，同时新房主也需要以财产税的形式每年支付余下的费用。

来比较一下，如果以二次抵押的方式支付太阳能电池板的费用，获得了银行7年期、7%的利率、总额为2万美元的贷款，每年的花费是3 711美元，相当于每月309美元。在房屋评估清洁能源计划的支持下，能够以5%的利率获得20年期同等数额的贷款，每年需要偿还给这个城市1 605美元，相当于每月134美元。你会选择哪一种呢？很明显，这类项目为做出精明环境决策提供了强有力的资金激励。

在第3章，我们讨论了另外一个类似的情形——纽约的生物质能项目。一个富有的医生拥有好几幢相邻的房子并安装了生物质能设备，花费6万美元现金。据项目承包商说，医生在发现他的电费每个月减少1 000美元后非常兴奋。他还夸耀说，他将会在60个月也就是5年内收回全部成本。

你认为会有多少人愿意等待5年以收回其环境投资的成本呢？非常少。

而如第3章所述，如果这位医生所在的地区有房屋评估清洁能源计划，他就可以拿着6万美元的账单去当地政府借款，支付给承包商。地方政府会为他以及其他居民（这是我们所希望的）发债以帮助其偿还欠款。生物质能系统会持续使用30年，所以应发行30年期、年利率5%的债券。这样，这位医生每个月向政府支付325美元。也就是说，每个月支付325美元，却节省了1 000美元。他每天都会节省下来一部分钱，而不是5年都在干等。

现在让我们对这两个例子进行更深层次的分析。太阳能电池板每个月能帮你节省150美元的电费（一年1 800美元），而安装太阳能设备的成本是1 605美元，你还是可以省钱。

但是如果你每个月只能节省100美元（一年1 200美元），情况又如何呢？如果纽约的医生每个月只能节省200美元而不是1 000美元，情况又如何呢？太阳能电池板每年会增加405美元的额外花费。此外，你无法在5年收回生物质能的成本，你永远也无法收回！你还想安装太阳能电池板或者生物质能设备吗？当然不会，那怎么办呢？我们应该如何为此提供额外的激励呢？

答案是：补贴！

希望你已经读了本书"补贴的诅咒"一章（第15章），了解到补贴是有害的、浪费的甚至有时是有破坏性的；希望你也读了"补贴和偿付能力"的内容（第13章），四个适于运用补贴的条件中有两个分别是可以增强环境项目的可支付能力以及有利于引进新的技术，这两个条件对太阳能和风能都适用。

在太阳能电池板的例子中，如果有5 000美元的补贴，太阳能电池板的成本就会下降到15 000万美元。这样，城市的年还款额为1 200美元①，这与电费账单所节省下来的钱是一样的。为引进太阳能和风能而运用补贴是否合理呢？当然合理。这也增强了项目的可支付性。通常，当我们谈及可支付能力时，多指的是贫困人口拥有的财产有限，因此无法支付相应的费用。但在第13章中提到的运用补贴的四个条件，其中之一就是"激励人们去实施有价值的环境项目"。因此，在这种情况下，我们讨论的可支付能力是让未必贫困的人群实施环境治理项目。如果可以节约资金或者至少收支相抵，就会有很多人行动起来。但是如果不能提供这种支持，人们就不会行动。所以，我们需要适当地使用补贴，将其与其他优质的环境金融支持项目组合起来，激励人们去改善环境。这也正是我们推进可再生能源技术发展的途径。

最后提一下引进新的可再生能源技术需要注意的地方。如前所述，太阳能、风能、潮汐能和生物质能都有天然的局限性，太阳不可能总挂在当空，风不可能一直不停，潮涨潮落每天各一次，只有在植物收割时才能获

---

① 20年期、年利率5%的15 000美元的市政债券。

得生物质能原料。而在另一方面，大坝水电站能够整日不停地发电，海军舰艇上模块化的核电站、地热能、来自动物粪便或藻类的生物质能、海浪（与水藻一样，现在仍未被发掘，但在未来有可能成为可再生能源的载体）、燃料电池以及核聚变①等有潜力持续提供能源。

以上各能源领域的科学家和其他专家需要决定哪一项技术最能减少温室气体的影响，并为这项技术提供补贴。现在我们关注一下里约峰会上的另外一个重点：让人们少开车，多乘坐公共交通工具。目前主要的城市交通工具有三种：火车（或者地铁）、轻轨和快速公交。当然，迄今为止，快速公交是最便宜的。尽管如此，公共交通的费用还是比较高。所以，从环境金融政策的角度看，首要目标是将项目的年还款额降得越低越好，保证政府能以最低成本、最大利益的准则实施项目。

在发展中国家，实现最低的年还款额通常依赖于延长贷款期限，而不是尽量地降低利率。利率很关键，但期限更为关键。将年利率6%、100美元贷款的偿还期限从5年延长为6年，年还款额将从23.74美元减少到20.34美元，下降约14%。而将利率从6%下降到5%，仅仅将年还款额从23.74美元下降到23.10美元，下降了大约3%而已。

很多发展中国家的项目依赖于本国银行业或国际开发银行的优惠贷款。发展中国家银行系统的主要特征之一就是贷款期限被缩短。之所以呈现这样的特征，原因很多，首先是流动性不足，发展中国家借款人的财务账户不按照国际财务报告准则（International Financial Reporting Standards，IFRS）进行管理，必然导致贷款文件不透明，不满足进入二级市场的条件，从而导致贷款缺乏流动性。这说明一旦发展中国家的银行发放了一笔贷款，在整个还款期限内就只能是一笔普通的贷款。

同样，还有很多其他原因使得发展中国家的项目无法从国际资本市场上获得资金。除了非标准化的财务以及不透明的贷款文件外，法律、法规以及合同的执行力、货币兑换等也都构成了获得海外资金的阻力。为一个

---

① 20世纪70年代，纽约科学技术基金为州里主要的大学开发核聚变提供了补贴。我们仍然在期待着结果。

陌生且并不坚挺的货币提供即期的兑换业务是一回事，而为其提供长期贷款就是另外一回事了。

但也有例外的情况：葡萄牙的银行对巴西的债务很感兴趣，西班牙的银行对拉丁美洲的金融项目也很感兴趣。过去20年，西班牙和葡萄牙的银行在这些主流国际银行不敢触及的新兴市场中获取了丰厚的收益。它们也曾有几次引火烧身，最有名的就是曾染指苏联债务，但是他们对巴西和拉丁美洲的债务的兴趣依然不减。

为了获得国际贷款市场上的资金，并得到尽可能长的贷款期限和尽可能低的利率，城市交通项目可以使用信用增级的方法，包括自筹资金储备以及二级损失准备金等等。国家开发银行也应该发挥特殊作用：购买这些融资的第一损失（这些概念在第18章的"信用增级"部分都提到过）。另外，这些发展中国家的项目应该使用来自于出口信用机构（Export Credit Agencies，ECAs）（为外国供应商的设备提供担保的机构）以及多边投资担保机构（Multilateral Investment Guaranty Agency，MIGA）的担保，或者是私人政治风险保险。优质的担保和政治风险保险是从国际贷款市场获得资金所必备的额外支持。

最后，考虑到股权成本较高，如果有可能，应该尽量避免公私合作伙伴关系或其他形式的股权结构。新的风险投资的报酬率达到了20%～25%，在发展中国家，这个比率高达40%，这就违背了用最低成本来融资的目标。只有在当一个私人企业在项目中扮演关键角色，或者私人公司投入股本更有利于合作的情况下，才需要考虑运用股权融资工具。

对于很多快速公交系统工程，车票会覆盖公共汽车的成本，但并不覆盖基础设施建造成本。此时需要政府为公交系统建设和基础设施融资提供补贴。该项目获得最优厚的借款期限和条件的关键是在所有的项目文件中将公交车和基础设施融资用交叉违约条款[①]联系起来。这就意味着有了两个重要的资金偿还渠道：车费和补贴。这是有决定性意义的，

---

①　编者注：交叉违约条款是指若本合同项下的债务人在其他贷款合同下出现违约，则也视为对本合同违约。本合同的债权人也可以向债务人追索债务。

本地的交通管理部门可以用这两项收入共同偿还工程债务。更重要的是，如果本地交通部门违约，则根据三方协议，政府发放补贴的部门要向工程财务代理人直接支付补贴。贷款方/投资方和本地交通管理部门的关系是债务人与债权人的关系，这其中存有绝对的商业风险。而更高级别的政府部门与投资人的关系中不存在商业风险而是政治风险。如果政府没能兑现这一承诺，则属于政治行为，其后果则由政治风险保险承担。

总而言之，国际资本市场能够提供最长的期限和最低的利率，而从国际资本市场获得资金的关键是为项目融资方案提供来自多边投资担保机构或私人保险机构的包含政治风险保险在内的信用增级。

使用寿命决定了一项资产能够获得资助的最长期限。从国际资本市场上获得资金的一个主要的好处是贷款期限能够覆盖工程各组成部分的服务寿命。

以快速公交系统为例，整个体系由四个部分组成：（1）基础设施和停车场；（2）公交车；（3）重型设备；（4）包括汽车、办公设备以及装饰材料在内的物件等。这些资产相对应的使用寿命如下：

（1）基础设施和停车场：20年

（2）公交车：12年

（3）重型设备：10年

（4）汽车、办公设备以及轻型设备：5年

表20-1计算了一个典型项目的年度债务偿还额。该项目包括20公里的运行距离，150辆均价30万美元的公交车（总共4 500万美元），且每天服务15万～20万位乘客。这样一个项目需要5 500万美元的道路和楼房建筑费用、500万美元左右的重型设备费用以及500万美元左右的轻型设备费用，总费用达11 000万美元。

如表20-1所示，将贷款期限延长到资产的使用寿命期对客户需求的现金流最有利。

本章需要考虑的最后一个问题是：这些补贴从何而来？答案是各类税费收入。征收税费也许永远无法被大众接受和欢迎，但却是迟早的事。现

表20-1　　　　　　　　　　　　　项目年还款额　　　　　　　　　　单位：美元

	5年	10年	12年	20年
基础设施（20年）	14 508 861	8 950 997	8 071 982	6 460 279
公交车（12年）	11 870 887	7 323 543	6 604 349	6 604 349
重型设备（10年）	1 318 987	813 727	813 727	813 727
轻型设备（5年）	1 318 987	1 318 987	1 318 987	1 318 987
总计	29 017 722	18 407 254	16 809 045	15 197 342

在连一个访问地球的外星人都会说：人类需要气候变化政策。如果通过发展可再生能源应对气候变化，我们就需要对非可再生能源征碳税来补贴新技术。

如果想让人们乘坐公共交通工具，应该使开车的成本高于乘坐地铁的成本。实现的方法有很多，征收汽车尾气排放税就是其中之一，排放越多，税赋越高。另外的方法就是提高汽油的税收以及降低公共交通车费。

同样，也有其他方法来应对特殊的气候变化问题。这里需要提到在第1章中困扰全世界港口的集装箱货车碳排放的例子。为了解决这个问题，需要对进入港口的每一个集装箱和每吨货物征税，来为替换老旧的火车、清理码头的水污染和雨水、清淤和其他改善港口环境的项目等提供资金。为了公平竞争，还需要修改《北美自由贸易协定》，规定在加拿大、墨西哥和美国同时征税，以防止轮船为规避这些费用而选择其他港口，导致北美大陆在竞争中处于劣势。

在国际层面上，可选择的收入来源渠道更少，一方面是因为会招致公众的反对，另一方面也由于存在政府间的不信任，尤其是在处理资金的问题上。也许，目前唯一一项较为合适的国际税收就是对航空货物及客户里程收税。正如在第7章中提到的，2010年整个飞行年（2010年5月到2011

年 4 月）仅在美国，包括国内和国际航线在内，就有 817 743 551 000 英里的航空乘客里程①。如果对乘客每英里征税 1 美分，每年能产生 80 亿美元的税收——这还只是在美国。每英里收税 10 美分也不会对美国航空造成很大的影响，这样每年在美国就可以产生 800 亿美元的税收。如果这些资金 100%用于补贴，可以支付 1.2 万亿美元的气候变化和可再生能源的项目。

2010 年，在美国有 7 304 348 000 吨/英里的油耗。如果对 1 吨/英里征收 1 美元的税收，会产生超过 73 亿美元的额外收入，可以为超过 1 000 亿美元的气候变化和可再生能源项目提供支付。总而言之，为了减少人类活动造成的温室气体排放，策略之一是要用可再生能源取代化石能源。补贴的设计对以更加高效和无阻力的方式推动这种转变至关重要。只有为必要的补贴筹集资金阻力才最小。我们如果不鼓足勇气采取行动，面对减缓全球变暖的过程仍将碌碌无为。

---

① 来源于美国交通数据局一直到 2011 年 4 月的美国航空运载交通数据，可在 http://www.bts.gov/xml/air_traffic/src/index.xml 中查询。

第21章

总量控制与配额交易计划

总量控制与配额交易旨在利用自由市场的力量来降低目标污染物减排的成本。从财政政策的角度看，并不需要对总量控制与配额交易计划进行过多的干预，而仅需要站在一旁为其喝彩。当其发挥作用时，它可以降低减排的成本，但问题是，这一机制并非时刻都奏效。

在环境金融领域，有两种主要的互补方法：（1）传统的项目融资；（2）市场机制。基本上所有的环境治理项目都是通过传统的债权和股权方式融资的，其主要难题是实现项目成本最小化，而非收益最大化。

在改善空气质量领域以及近期的改善水质领域，都在运用一种新的机制——自由市场机制，即通过总量控制与配额交易计划来实现。政府根据预期将达到的政策目标设定可允许排放的污染物总量水平，合法的市场参与者通过从政府那里购买或分配获得排污的**配额**（Allowances）、**抵消**（Offsets）或信用（Credits）。

假设污染者 A 可能排放 100 吨二氧化硫，但是政府仅分配给他 90 吨的配额。污染者需要采取减排措施，如果 A 可以把排放量降低到 80 吨，就可以出售多余的 10 吨排放配额。而另一个污染者 B，在面对代价高昂的污染减排项目时，可能会认为购买污染者 A 出售的排放配额要比自己承建一个减排项目更加合算。

这种机制有两方面的资金效应：首先，出售配额的收益可以减少卖家（污染者 A）的减排成本；同时，它也减少了买家（污染者 B）遵守法规的成本。因此，通过排放配额交易，污染者A和污染者B的减排总成本要低于它们各自承建减排项目的总成本。这与环境金融中降低环境治理项目成本的目标是一致的。

在污水处理领域也引入了这一机制，尤其是切萨皮克湾流域——全美最易受到污染的水体之一。在不久的将来，我们会看到，许多社区的扩张会由于其污水处理厂的排污许可量而受到限制，因为每座污水处理厂都受到国家污染物减排系统许可制度的约束。当污水处理厂的污水处理量达到制度规定的上限时，就不能再处理更多的污水，导致无法建立新的管道连接且无法扩展社区规模。如果开发商想要在社区内增加500户家庭，则必须购买等价相应的信用额度，然后将这些信用额度上交给污水处理厂。污水处理厂只有在向监管机构证明其拥有与超额污水处理量相当的信用额度时，才能在超出许可限制的情况下运转。全国目前有好几个包括污水处理厂在内的点源污染在总量控制与配额交易计划下进行配额交易。但迄今为止，全国只有宾夕法尼亚州实施了能同时处理点源和非点源污染的总量限制与配额交易计划。该计划由宾夕法尼亚州基础设施投资管理局组织管理。

宾夕法尼亚州基础设施投资管理局的工作一直很出色，并且举办了好几次成功的配额拍卖，但是该计划的运行由于受到了州政府其他更高层级问题的影响而受到了很大的限制。宾夕法尼亚州由两大水系冲积形成。东部是萨斯奎哈纳河（Susquehanna River），西部是阿勒格尼水库和莫农加希拉河（Monongahela River），它们在匹兹堡交汇形成俄亥俄河（Ohio River）。宾夕法尼亚州不允许两个不同流域开展配额交易。而且，萨斯奎哈纳河是宾夕法尼亚州真正的主要水系，但是，中南部的一小块地区属于波托马克河流域。萨斯奎哈纳河和波托马克河都属于切萨皮克湾流域，但是宾夕法尼亚州不允许同一流域里的两个不同水体间的信用交易。

因此，在这里你可以看到一些政治性因素。州政府不想纳入一些水污染严重的河流，因为其合规的成本十分高昂（这里的污染者一般会购买信用而不是实施减排项目），也不想纳入一些非常清洁的河流，因为其合规成本非常低。

这就提到了一个不仅仅困扰宾夕法尼亚州基础设施投资管理局的营养物交易计划，也困扰其他总量控制与配额交易计划的难题。这个难题就是"**热点地区**"（Hotspots），即潜在的危险区域。

2005 年国家环保署出台了清洁空气州际规划（Clean Air Interstate Rule，CAIR），为二氧化硫和氮氧化物制订了总量控制与配额交易计划。计划开始时是雄心勃勃的，其信用额度在芝加哥商业交易所（Chicago Mercantile Exchange，CME）的交易很活跃。

现在二氧化硫和氮氧化物都被法律界定为**标准大气污染物**（Criteria Pollutants），会对人类的健康和福利造成损害。尽管如此，这项交易计划仍被迅速推进，直到某一天一个污染者购买了 SO_2 信用额度而不是安装更加昂贵的净化设备。一位住在这个污染者下风口的居民将这个污染者告上了法庭，因为他必须呼吸肮脏的空气，而如果这个污染者安装了净化设备，他呼吸到的就会是良好的空气。法庭最终判定原告胜诉并否决了清洁空气州际规划。

国家环保署接着出台了被称为"清洁空气州际规划之子"的跨州空气污染规划（Cross State Air Pollution Rule，CSAPR），一般会被不小心地拼读为"卡斯帕"（Casper）。法庭也是因为同一个问题判定该规划无效，即下风向地区会成为潜在的危险区域。法庭不允许存在热点地区。在撰写这部分的时候，跨州空气污染规划诉讼案正上诉到美国最高法院。

我不是一个先知，更不用说预测搬上法庭的案子。然而，我认为跨州空气污染规划不可能幸存，宾夕法尼亚州基础设施投资管理局的营养物交易计划也一样。我的理由很简单，虽然这些总量控制与配额交易计划确实降低了减排成本，但法庭是不可能仅仅因为某个企业能够从某个人那里购买廉价的排放配额就允许其污染下风向的空气或者下游的水域。

而碳排放总量限制与配额交易（以下简称碳交易）与上述两个问题不同。二氧化碳不存在热点区域问题，碳排放是一个全球性问题，不会有原告来抱怨逆风碳排放者，也不会有法庭禁令来反对碳信用交易计划。

但是，碳交易有其独特的难题，这两个主要难题与维持碳价格时面临的错误估计和经济波动这两种不确定性有关。由于高估了排放总量的"上限"，碳配额的价格大幅度下跌，最终好几个碳交易计划都失败了。因为在配额上限很高的情况下，几乎没有几家企业需要购买碳信用。由大西洋中部的9个美国城市构建的区域温室气体减排计划（Regional Greenhouse Gas Initiative，RGGI）就因此遭遇了失败。2013该计划进行了改革，规定了更严格的限额总量和最低定价。

碳交易计划面临的第二个难题是经济波动。在经济增长时期，工业繁荣，可能人人都需要碳信用，碳排放价格会迅速上涨；反之，在经济衰退时期，没人需要碳信用，碳排放价格会迅速下跌。这就是区域温室气体减排计划面临的一部分难题，其最大的受害者是在2013年濒临崩溃的欧洲碳排放交易机制（European Greenhouse Gas Emission Trading Scheme）。在撰写这部分的时候，欧洲碳排放交易机制正在开展恢复工作，而加州空气资源委员会——世界上最优秀和最尖端的空气质量管理机构之一，已经开展了一项雄心勃勃的新的碳交易计划。加州空气资源委员会花费了大量的时间和努力来从其他交易计划的错误中吸取教训，然而他们成功的几率依然很小。

准确地计算数万吨的碳是一项工作量可以接受且可行性高的工作。或迟或早，总归可以较为准确地计量。而应对经济的上下波动则是另外一回事。不过，在市场具有充足的灵活性的情况下，如果采用最低限价机制，即当需求不足时机构可以一个确定的价格购买信用，市场运作最终还是会成功的。

值得注意的是，一定要从"以最低的成本为最多的人提供最大的环境效益"这项准则中学到一个重要的道理：创造环境效益的成本越低，就可以提供越多的环境效益。如果总量限制与配额交易市场能够降低总体的减排成本，更多的环境效益将会接踵而至。与此同时，如果承建环境治理项目的成本足够低，就会有更多的这种项目得到开发。

[第22章]

如何降低成本

　　正如本书在最初提到的那样，环境金融的最终目的是以尽可能低的成本为最多的人提供最大的环境效益。这是第一条核心准则。第二条核心准则是降低环境治理的项目成本。本书之前一直在反复讲，如何真正降低成本——如何从 A 到 B，估计你读得都有点倒胃口了。下面，针对我们在制定环境政策以及面对如何为改善环境而埋单的问题时需要考虑的重要因素做一个简要的总结。毫无疑问，降低成本和增加偿债可用现金额是相辅相成的。因此，也应该是制定环境金融政策时考虑的一个关键要素。

减少系统成本是增加偿债可用现金额的第一步

　　美国国家环保署在研究其 1972—1987 年之间约 700 亿美元的补贴建设项目时，发现了很多浪费现象。多数项目都存在过度建设的问题，而且在运营上也出现了很多浪费。为什么不浪费呢？反正大量的补助金都是免费得来的，没有人会注意到运营预算做得很"宽裕"。因此，为了减少系统成本，我们需要对项目进行比较，邀请专家对系统的运作进行评估，不要让以往浪费资金和资源的事情再次发生。

按量计费

　　明确环保公共服务体系采用阶梯式定价。下一加仑的水一定比前一加仑的水更贵，这就会增加偿债可用现金额；同时从某种程度上来说，也能鼓励水资源节约。

筹集资金/改变行为

　　如前所述，阶梯式定价在筹资的同时改变了行为（鼓励节约），其他政策也一样，机动车排放税会驱使消费者选择更有效、污染更少的交通工具。增加燃油税和征收碳税也有同样的效果。

续表

根据使用寿命来融资

依据新设备的使用寿命来融资。未来能从设备中享受到好处的人们应该承担他们应该担负的那部分费用。

最长期限

当寻找融资方案时，应选择期限最长的方案，这样对地方税纳税人来说年还款额最低。

最低利率

请记住利率是风险和时间的函数。长期利率比短期利率高。但是使用较长期限的债券极大地减少了年还款额，带来的影响远远大于利率随着时间的流逝而缓慢增长。因此，你要留意的不是时间，而是利率风险。要通过降低损失风险来降低利率。

信用增级

第18章描述了一些通过信用增级机制降低利率的策略。如果你正准备为一个项目融资，或者正在为一个环境融资项目投票，就应该检验每一种策略，选取其中最有利于降低利率的策略。

担保

就达到最终目标——以尽量低的成本为最多的人提供最大的环境效益而言，担保可能是最重要的因素。请记住第16章模拟中的数字：在资金量相同的情况下，如果选择补贴贷款，只能支持81个项目，而担保则可以支持543个项目。

补助资金在前期一次性支付

当项目的可偿还能力出现问题时，可利用一次性前端补贴将项目成本降到可偿还的水平。

善用补贴

只有在真正需要的情况下引导个人采取高于法律要求之上的环境治理行动时才能使用补贴。应尝试取消无差别的、为富裕人口和非必需人群统一提供的补贴。

胡萝卜加大棒

当你准备实施环境政策规制的同时，也要为人们——尤其是贫困人群——遵从管制提供激励。

成本收益原则

环境金融的游戏规则就是以尽可能低的成本为最多的人提供最大的环境效益。在你的所有项目中都使用成本收益分析，来帮助你识别哪些项目是真正符合这一规则的项目。

希望这本书可以令你相信我们在制定环境政策的过程中需要关注融资，环境金融的最终目的就是以尽可能低的成本为最多的人提供最大的环境效益，就是通过利用书中谈到的策略尽量降低环境治理项目的成本。

具有非投资级别主权债券评级的国家名录

以下是根据标准普尔（Standard & Poor's）评级得出的具有非投资级别或者投机级别信用评级的国家名录以及其各自的评级。

阿尔巴尼亚	B+
安哥拉	BB–
阿根廷	B–
孟加拉国	BB–
巴巴多斯	BB+
白俄罗斯	B–
伯利兹	B–
贝宁	B
玻利维亚	BB–
波斯尼亚	B
布基纳法索	B
柬埔寨	B
喀麦隆	B
佛得角	B+
库克群岛	B+
克罗地亚	BB+
多米尼加共和国	B+
厄瓜多尔	B

埃及	CCC+
萨尔瓦多	BB–
斐济	B
加蓬	BB–
格鲁吉亚	BB–
加纳	B
希腊	B–
危地马拉	BB
洪都拉斯	B+
匈牙利	BB
印度尼西亚	BB+
牙买加	CCC+
约旦	BB
肯尼亚	B+
黎巴嫩	B
马其顿	BB
蒙古	BB–
黑山	BB–
莫桑比克	B+
尼日利亚	BB–
巴基斯坦	B–
巴布亚新几内亚	B+
巴拉圭	BB–
葡萄牙	BB
罗马尼亚	BB+
卢旺达	B
塞内加尔	B+
塞尔维亚	BB–
斯里兰卡	B+
苏里南	BB–
突尼斯	BB–

土耳其	BB+
乌干达	B+
乌克兰	BB
委内瑞拉	B
越南	BB−
赞比亚	B+

第 10 章贷款利率的计算过程

在没有费率的情况下，20 年期、利率 5% 的 20 万美元贷款的年还款额为 19 268.46 美元。计算过程如下：

$$200\ 000 = \frac{A}{1+5\%} + \frac{A}{(1+5\%)^2} + \cdots + \frac{A}{(1+5\%)^{20}},$$

则

$$A = 200\ 000 \times \frac{5\%}{1 - \frac{1}{(1+5\%)^{20}}} = 19\ 268.46$$

而在有费率的情况下，借款本金相当于 204 000 美元，5% 的利率水平下每年还款额为 19 653.83 美元。计算过程如下：

$$204\ 000 = \frac{A}{1+5\%} + \frac{A}{(1+5\%)^2} + \cdots + \frac{A}{(1+5\%)^{20}}$$

则

$$A = 204\ 000 \times \frac{5\%}{1 - \frac{1}{(1+5\%)^{20}}} = 19\ 653.83$$

而实际可用的借款为 20 万美元，计算真实利率时，年还款额应该由真实本金 20 万美元来承担，计算过程如下：

$$200\ 000 = \frac{19\ 653.83}{1+r} + \frac{19\ 653.83}{(1+r)^2} + \cdots + \frac{19\ 653.83}{(1+r)^{20}}$$

可由财务计算器解得真实利率水平 r 为 5.29%。

↘ 中英文术语表

英文	中文
A	
Albany	阿尔巴尼（纽约州首府）
Allegheny Reservoir	阿勒格尼水库
Allowances	配额
American Municipal Bond Assurance Company（AMBAC）	美国市政债券担保公司
American Reinvestment and Recovery Act （ARRA）	美国复兴与再投资法案
American Rivers	美国河流协会（非营利组织）
American Water Works Association （AWWA）	美国水工程协会
Anecdotal System	现实案例信息系统
Animal Waste Management System（AWMS）	动物废物管理系统
Annex 1 countries	附件1国家
Annual debt service payment （ADSP）	年还款额
Annual debt service payment schedule	年还款额计划表
Annual payment method	年支付法
Annual percentage rate（APR）	年度利率
Asian Development Bank （ADB）	亚洲开发银行
Assured Guaranty Ltd.	(美国)保险担保有限公司
B	
Balloon loans	大额尾付贷款
Balloon payment	尾付款
Balloon payment loans	大额尾付贷款（气球膨胀式尾付贷款）
Balloon payment method	大额尾付法（气球膨胀式付款法）

英文	中文
Bay Restoration Fund Act （BRFA）	海湾环境修复基金法案
Bay Restoration Surcharge	海湾环境修复附加费
Best Management Practice （BMP）	最佳管理实践
Biological nutrient removal（BNR）	生物脱氮除磷
Blue Ribbon Panel	蓝丝带小组
Bond Anticipation Notes （BANs）	待付税款票据
Bond counsel	债券顾问
Bond insurers	债券担保人
Brundtland Commission	布伦特兰委员会
Bus rapid transport （BRT）	快速公交
"Buy American" requirement	"购买美国货"的要求
Buy-down	一次性前端补贴
"Buy New York" policy	"购买纽约货"政策
C	
California Air Resources Board（CARB）	加利福尼亚州空气资源委员会
Call capital	未缴股款
Cap-and-trade programs	总量限制与配额交易机制
Cash available for debt service （CADS）	偿债可用现金额
Center for Disease Control	(格鲁吉亚) 疾病防控中心
Central Valley	中央河谷
Certified emission reduction （CER）	核证减排量
Chesapeake and Atlantic Coastal Bays Trust Fund	切萨皮克湾和大西洋沿岸海湾信托基金
Chesapeake and Atlantic Coastal Bays Green Fund Oversight and Accountability Committee	切萨皮克湾和大西洋沿岸海湾绿色基金监督与问责委员会
Chesapeake Bay	切萨皮克湾

英文	中文
Chesapeake Bay Foundation （CBF）	切萨皮克湾基金会
Chesapeake Bay Restoration Fees	切萨皮克湾恢复费用
Chicago Mercantile Exchange （CME）	芝加哥商业交易所
Clean Air Act （CAA）	《清洁空气法案》
Clean Air Interstate Rule （CAIR）	清洁空气州际规划
Clean Development Mechanism （CDM）	清洁发展机制
Clean Water Act（CWA）	《清洁水法案》
Clean Water State Revolving Fund （CWSRF）	清洁水州立滚动基金
Climate change	气候变化
Collateralized debt obligations （CDOs）	担保债务凭证
Common SFR	共同储备基金
Community affordability	社区可支付能力
Community social service funds	社区社会服务基金
Compounding	复利
Conference of the Parties	缔约方会议
Consumer Price Index （CPI）	居民消费价格指数
Cooperative for American Relief Everywhere （CARE）	美国援外合作署
Council of Infrastructure Financing Agencies （CIFA）	基础设施融资事会
Coverage/coverage ration	覆盖率/偿债保障比
Credits	信用
Crosscutters	"捷径政策"
Cross State Air Pollution Rule （CSAPR）	跨州空气污染规划
Cross-subsidy	交叉补贴
D	
Davis-Bacon Act	《戴维斯－培根法案》

续表

英文	中文
Debt service coverage	偿债保障
Decreasing block tariff（DBT）	阶梯式累退价
Department of Energy （DoE）	美国能源局
Devolution intercepts （DIs）	转移截留
Drinking Water State Revolving Fund（DWSRF）	饮用水州立滚动基金
E	
Earth Summit	地球峰会
Economies in transition（EIT）	转型中的经济体
Enhanced nutrient removal（ENR）	营养物质强化去除项目
Environmental appraisals （EA）	环境评估
Environmental Finance and Budget Subcommittee	环境金融和预算分委会
Environmental Financial Advisory Board（EFAB）	环境金融咨询委员会
Environmental Finance Center （EFC）	环境金融中心
Environmental Impact Statement （EIS）	环境影响声明
Environmental Protection Agency（EPA）	（美国）环境保护署
Environmental Working Group	环境工作组（美国的环境健康非政府组织）
EPA's Office of Policy Analysis and Review	国家环保署政策分析与评估办公室
Equivalent reduction units （ERUs）	等效减排单位
Equivalent residential unit （ERU）	等效住宅单位
Equivalent service unit （ESU）	等效服务单位
Essential service tax stability	基本服务税的稳定性
European Trading System（ETS）	欧洲交易体系
European Union Greenhouse Gas Emission Trading Scheme	欧洲碳排放交易机制

续表

英文	中文
Executive Board （EB）	执行委员会
Exit strategy in private equity	私募股权投资的退出策略
Export Credit Agencies（ECAs）	出口信用机构
Event of Non-Compliance	违规事件
F	
Fannie Mae	房利美
Federal Housing Finance Administration （FHFA）	美国联邦住房金融管理局
Federal National Mortgage Association （FNMA）	联邦国民抵押贷款协会
Financial Industry Regulatory Authority （FINRA）	金融业监管局
Financial Control Board （FCB）	金融控制委员会
Financing of the Chesapeake Tributaries	切萨皮克湾支流融资项目
Fixed-income mutual fund	固定收益类共同基金
G	
General obligation bonds	一般责任债券
Georgian Ministry of Health	格鲁吉亚卫生部
Georgian Ministry of the Environment	格鲁吉亚环境部
Global Environmental Facility （GEF）	全球环境基金
Global Missions Committee of the Episcopal Diocese of Maryland	马里兰主教管区全球行动委员会
H	
Hotspots	热点地区
Hurdle rate	门槛回报率
I	
Increasing block tariff（IBT）	阶梯式水价
Individual affordability	个体可支付能力

英文	中文
Institute for Energy and the Environment （IEE）	能源与环境研究所
Intergenerational Fairness	代际公平
Internal Revenue Service	国税局
International Center for Environmental Finance （ICEF）	国际环境金融中心
International development banks （IDBs）	国际开发银行
International Financial Reporting Standards （IFRS）	国际财务报告准则
International Rural Water Foundation	国际农村水利基金会
J	
Joint Implementation （JI）	联合履约机制
K	
Kinzua Dam	金祖阿大坝
Kyoto Protocol	《京都议定书》
L	
Letters of Credit	信用证
Level payment loans	等额本息贷款
Level payment method	等额本息法
Level principal payment loans/bonds	等额本金支付贷款/债券
Lifeline rates	生命线费率
Light rail transport （LRT）	轻轨交通
Local Government Unit Guaranty Corporation （LGUGC）	地方政府单位担保公司
Loan guaranties	贷款担保
Loudoun County	劳顿郡（位于弗吉尼亚州）
Low Income Household Energy Assistance Program （LI-HEAP）	低收入家庭能源援助计划

续表

英文	中文
M	
Manus Manumlavat	有来有往，互相帮助（拉丁格言）
Margin	边际
Maryland-Asia Environmental Partnership	马里兰－亚洲环境伙伴
Maryland Water Quality Finance Agency （MWQFA）	马里兰州水质金融管理局
Median household income （MHI）	中等家庭收入
Member of the Appraisal Institute （M.A.I）	评估机构的高级会员
Monongahela River	莫农加希拉河
Municipal Assurance Corporation （MAC）	市政保险公司
Municipal Bond Insurance Association （MBIA）	市政债券保险联合会
Municipal bonds	市政债券
Municipal revenue bond	市政收益债券
Municipal Securities Rulemaking Board （MSRB）	市政证券规则制定委员会
Municipal Separate Storm Sewer Systems （MS4）	市政独立雨水管道系统
Multilateral Investment Guaranty Agency （MIGA）	多边投资担保机构
Multipart tariffs	多重税费
N	
National Environmental Fund （NEF）	国家环境资金
National League of Cities （NLC）	全国城市联盟
National Pollutant Discharge Elimination System （NPDES）	国家污染物减排系统
National Water Authority	（格鲁吉亚）国家水资源管理局
Nature Conservancy	大自然保护协会
New York City School Board	纽约市教育委员会
New York Job Development Authority	纽约就业发展局
New York State Department of Economic Development	纽约州经济发展局

续表

英文	中文
New York State Science and Technology Foundation	纽约州科技基金会
No margin of error	无损失缓冲空间
Non-Point Source （NPS）	非点源（污染）
North Atlantic Treaty Organization （NATO）	北大西洋公约组织
North American Development Bank （NADbank）	北美开发银行
North American Free Trade Agreement （NAFTA）	北美自由贸易协定
Nutrient Credit Trading Program	营养物信用交易计划
O	
Official Statement （OS）	（债券募集）说明书
Offsets	抵消信用
Ohio River	俄亥俄河
Overcollateralization	债券超额抵押
P	
Participaciones	股份
Peace Corps	（美国）和平部队
Pennsylvania Infrastructure Investment Authority	宾夕法尼亚州基础设施投资管理局
Potomac River	波托马克河（注入切萨皮克湾）
Primary market	一级市场
Principle of insurance	保险原则
Priority Funding Areas （PFAs）	优先资助区
Property Assessed Clean Energy （PACE） Program	房屋评估清洁能源计划
Public-Private Partnerships （PPPs）	政府企业合作伙伴关系
Publicly Owned Treatment Works （POTWs）	公共污水处理设施
R	
Recurring revenues less cash expenses	经常性收入扣除现金支出

英文	中文
Recurring revenues	经常性收入
Regular cash income	经常性现金收入
Resource Conservation and Recovery Act of 1976 （RCRA）	《1976年资源保护和恢复法》
Regional Greenhouse Gas Initiative （RGGI）	区域温室气体减排计划
Rent escalator clauses	租金自动调增条款
Republic of Georgia water project	格鲁吉亚共和国安全饮用水项目
Request for Proposal （RFP）	方案征集书
Return on Investment （ROI）	投资收益率
Rio Summit	里约峰会
Revenue Anticipation Notes （RANs）	收益预期票据
Rollover	展期
Rule-of-thumb	经验法则
S	
Seasonal pricing	季节性定价
Second loss reserve （SLR）	二级损失准备金
Second loss guaranty fund	二级损失担保金
Secured creditors	有担保的债权人
Securities and Exchange Commission （SEC）	美国证券交易委员会（SEC）
Self-funded reserves （SFR）	自筹资金储备
Seneca Nation	塞内卡族
Shell Oil Foundation （SOF）	英国壳牌石油基金会
Social Investment Fund	（格鲁吉亚）国家社会投资基金
"Soft": loans	"软性"贷款，指项目一旦无法实现，则贷款转变为补贴
Special Tax District （STD）	特别税区

英文	中文
State Committee for Housing and Communal Services	（乌克兰）房屋及公用服务委员会
State of Tamil Nadu	泰米尔纳德邦（属印度）
State Revolving fund （SRF）	州立滚动基金
Stormwater fee	雨水费
Stormwater runoff	雨水径流
Superfund law	超级基金法，1980年美国《综合环境反应、赔偿和责任法》的另一名称
Super tax intercept	超级税收截留
Surrender value	初始投资价值
Susquehanna River	萨斯奎哈纳河
T	
Tax Anticipation Notes （TANs）	待付税款票据
Tax-increment district （TID）	租税增额融资特区
Tax Revenue Intercept （TRI）	税收截留
Term	期限
Time/value theory of money	货币的时间/价值理论
Title insurance	产权保险费
Tokoma Park	塔科马帕克市（位于马里兰州）
Total payment method	总支付法
Tranches	（资金分拆后的）部分
True Interest Cost （TIC）	真实利率成本
U	
United Nations Conference on Environment and Development （UNCED）	联合国环境与发展会议

续表

英文	中文
United Nations Conference on the Human Environment（UNCHE）	联合国人类环境会议
United Nations Environment Programme （UNEP）	联合国环境规划署
United Nations Framework Convention on Climate Change（UNFCCC）	联合国气候变化框架公约
Union-scale wage	工会水平的工资
United Nations Development Corporation （UNDC）	联合国开发公司
US Agency for International Development （USAID）	美国国际开发署
US Bureau of Labor Statistics	美国劳工统计局
US Department of Agriculture （USDA）	美国农业部
US Department of Health and Human Services	美国卫生与公众服务部
US Saving Bond	美国储蓄国债
US Treasury Bonds	美国国债
V	
Vehicle Emissions Inspection Program （VEIP）	车辆排放检测项目
Voluntary Environment Improvement Bonds（VEIBs）	自愿改善环境债券
World Commission on Environment and Development（WCED）	世界环境与发展委员会
World Bank （WB）	世界银行
World Resources Institute （WRI）	世界资源研究所
World Wildlife Fund （WWF）	世界自然基金会
Z	
Zaire	扎伊尔（刚果民主共和国的旧称，有扎伊尔河，发源于刚果民主共和国）

人名	中文
Abbas Ghassemi	阿巴斯·加塞米
Averell Harriman	埃夫里尔·哈尔曼
Bill Locker	比尔·洛克
Donald Trump	唐纳德·特朗普
Doug Siglin	道格·西格林
Edward Koch	爱德华·科赫
Edward Schevernadze	爱德华·谢瓦尔德纳泽
Francis Bacon	弗朗西斯·培根
Herbert Hoover	赫伯特·胡佛
Jag Khuman	佳格·胡曼
John Gougar Mellencamp	约翰·科戈尔·梅林坎普
John J.Boland	约翰·J.博兰
Martin O'Malley	马丁·奥马利
Maryam	马里亚姆
Michael Curley	迈克尔·柯利
Nicholas Stern	尼古拉斯·斯特恩
Paul K.Marchetti	保罗·马尔凯蒂
Peter C. Goldmark, Jr.	小彼得·C.戈德马克
Richard D.McCarthy	理查德·D.麦肯锡
Robert K.Brenner	罗伯特·布伦纳
Ronald Reagan	罗纳德·里根
Tom Bates	汤姆·贝茨
William Donald Schaefer	威廉·唐纳德·舍费尔
Winston Churchill	温斯顿·丘吉尔

大学名	中文
George Washington University School of Business	乔治·华盛顿大学商学院
Johns Hopkins University	约翰·霍普金斯大学
Maxwell School at Syracuse University	美国雪城大学麦斯威尔学院
New Mexico State University	新墨西哥州立大学
New York University	纽约大学
Princeton University's Woodrow Wilson School	普林斯顿大学伍德罗·威尔逊公共与国际事务学院
University of Maryland	马里兰大学
University of Oklahoma	俄克拉荷马大学
Vermont Law School	佛蒙特州法学院

书名	中文
Handbook of Project Finance for Water and Wastewater Systems	水和污水处理系统的项目融资手册

公司名	中文
Aetna	美国安泰保险金融集团
Avis （Car Rental）	安飞士汽车租赁有限公司
Cigna	美国信诺保险集团
Continental	美国大陆保险公司
Fireman's Fund	美国消防员基金保险公司
Fitch Ratings	惠誉国际信用评级有限公司
Hertz	赫兹汽车租赁跨国集团
Lewis Publishers	刘易斯出版社
McGraw-Hill	麦格罗·希尔公司
Millennium Challenge Corporation	世纪挑战集团
Moody's Investors Service	穆迪投资者服务公司
Raftelis Financial Consultants，Inc	莱弗特莱斯金融咨询公司
Shea & Gould	谢伊·古尔德律师事务所
Standard & Poor's	标准普尔公司
Taylor & Francis	泰勒弗朗西斯出版集团
Travelers	美国圣保罗旅行者保险公司